顏炳罡著

# 整合與重鑄

## ——當代大儒牟宗三先生思想研究

臺灣學生書局印行

# 整合與重鑄
## ——當代大儒牟宗三先生思想研究

目次

# 引言

自八十年代以來，當代新儒家的研究在海內外逐漸成爲學術界關注的熱點。伴隨著這一研究的深入，牟宗三先生的研究又成爲這一熱點的核心，成爲當代新儒家研究的理論焦點所在。一九八二年，夏威夷國際朱子會議曾一度集中討論牟宗三的思想，一九八三年，加拿大多倫多國際中國哲學會議也將其思想作爲大會的主要議題之一。九十年代以前，研究牟先生的論文並不多見，然而，一九九一年在台北舉辦的國際當代新儒家學術研討會上，有關牟先生思想的研究論文竟占去了全部論文的大半。一九九二年十月，山東大學主辦了國內外第一次「牟宗三與當代新儒家學術研討會」，竟收到了數十篇研究文章，引起海峽兩岸輿論的強烈反響！

由傳統儒家的研究走向當代新儒學，由當代新儒學走向牟宗三，似乎反映了近十年來儒學研究的邏輯進程。當然，這一邏輯進程展現在當代中國學壇決非偶然，這裡存有極爲深刻的現實原因和歷史原因：一方面，它昭示了中國當代學人正由對傳統的關注轉向對當代問題的關心，由純理論的研究走向對現實問題的探討，當代新儒學比傳統儒學更貼近現實；另一方面，牟宗三是當代新儒學的集大成者，是當代新儒家最有力、最富有權威的發言人。他的理論體系足以代表中國傳統哲學向現代轉進的新形態，牟先生所提出的「儒學第三期發展」問題，「本內聖之學以解決新外王」問題，道德理性與科學的關係問題等等，這些問題決非是他個人的問題，也不僅僅是當代新儒家的問題，而是整個民族的文化問題、時代問題。因此，它是二十世紀的中國學人誰也無法回避的問題。人們可以不贊同牟宗三先生的思想觀點，但卻無法回避他所提出的問題，牟宗三研究熱點的形成也就自然「勢有必至」了。

## 一、本儒家智慧方向，整合當代中國科學主義與人文主義兩大思潮之爭

當代中國文化問題是中國文化向何處去的問題，中國文化向何處去的問題也就是依何種方式建設何種形態的新文化問題。圍繞這一問題，近代以來的思想家們展開了激烈的爭論，這就是人們常說的中西古今之爭。由中西古今之爭形成了影響中國當代乃至未來的四大思潮，即以毛澤東、艾思奇、李達等爲代表的馬克思主義思潮，以嚴復、胡適爲代表的科學主義思潮，以蔣介石、陳立夫爲代表的新中山主義思潮和以梁漱溟、熊十力爲代表的儒家人文主義思潮。就文化構成的源頭說，馬克思主義思潮和科學主義思潮同源於西方文化傳統，新中山主義思潮與儒家人文主義思潮同源於中國文化傳統。就文化的功能說，馬克思主義和新中山主義同屬於政治意識形態，科學主義和人文主義則屬於未官方化和意識形態化的文化學說。暫時拋開政治意識化的馬克思主義和新中山主義不論，就純思想文化言，科學主義和儒家的人文主義也經歷了由形成走向對立、由對立走向整合及重新鑄造思想體系的過程。牟宗三先生的思想體現了立足儒家人文主義立場，整合當代兩大思潮的傾向。

衆所周知，近代以來，中國文化受到了西方文化的嚴峻挑戰，這個一向以天下中心而傲視

環宇的泱泱大國，不得不重新估價自己，評判西方，並在此基礎上作出新的價值選擇。這一價值選擇的過程既是中國人不斷認識西方、學習西方的歷史過程，也是中國人深刻地自我反省和痛苦地自我否定的歷史過程。學習西方，由欣羨西方的堅船利炮到社會制度乃至全部西方文化，反思傳統，由感到中國科技器物落後到社會制度落後乃至樣樣落後，這種社會思潮的雙向互盪終於激起了以整體反傳統和全盤西化爲標誌的新文化運動。陳獨秀、胡適等以是非兩極選擇模式來衡量中西文化，迫使人們做出徹底拋棄傳統，接受西方民主與科學的選擇。胡適以新派人物必須「走極端」爲口實，指陳我們民族罪孽深重，認爲必須借助西方文化的朝氣和銳氣來打掉我們民族的暮氣和惰氣。在陳、胡等人看來，中國文化一無是處，根本不存在走向現代化的內在要求和潛力，只有西方的民主與科學才能救中國政治上、學術上、道德上的一切黑暗，把中國引向光明。他們在中國當代史上疾呼民主與科學，的確功不可抹，他們抨擊傳統，偶爾亦能擊中要害。但他們由之走向科學萬能論和理智一層論，進而否定中國文化的基本價值，則失之偏頗。然而這種偏頗又使他們在當代中國開啟了一條科學主義的長河。

伴隨著新文化運動的發展，在中國又形成了一股人文主義的大流。新文化運動前的文化爭論無一不與政治理想有關。在那裡，先進與保守判別是一目了然的。新文化運動後，這種現象雖然在有些領域依然存在，但文化爭論的中心議題，變成了科學主義與人文主義之爭，如果再用先進思潮與落後思潮來涵蓋這時期的文化討論就不那麼切合原旨了。許多有識之士對西學的大量湧入，中國文化的悲慘命運，表示極度的不安。第一次世界大戰後，西方文化的弊端進一步曝光，整個西方世界彌漫著一股悲觀主義的情調。許多人士擔心中國文化的失落，西方文化的湧入，可能使我們未獲其利，先蒙其弊，所以要求回到孔孟。梁漱溟、張君勱、熊十力等人的思想或多或少受到上述情形的刺激和影響。他們認爲孔孟的思想，尤其是孔孟所開闢的心性之學，人生態度，仍然是一種有生命的價值存在。梁漱溟一反當時盛行的中西文化是非兩極對立的陳調，以意欲爲價值坐標，重新確立中西印文化的意義方位。他認爲以意欲向前要求爲其根本精神的西方文化是人類文化的第一條路向，而以意欲調和持中爲其根本精神的中國文化是人類文化的第二條路向，而以意欲反身向後要求爲其根本精神的印度文化是人類文化的第三條路向。這就用文化路向的多元主義否定了陳、胡等人的文化線性進化論。張君勱一反科學主義的論調而認爲人的尊嚴和自由比富強更重要。他說：「十九世紀以來，以圖富強之故，而犧牲人類，今思反之，寧可犧牲富強，不願以人類作工廠之奴隸牛馬焉」。[1]這裡的價值取向標準無疑是儒家的。熊十力似乎對當代文化之爭取超然的態度，實質他對上述問題也有深刻的思考，尤其是他指出量智有能亦有限，只有主宰量智的本心之性智才能洞曉宇宙眞相，徹悟人生之大源，這種即理性超理性主義是對理智一元論的有力衝擊。梁、張、熊等人充分肯定了中國心性之學的現代價值，從而與陳、胡等人的論調根本區別開來，但二者也有相似之處，那就是他們都把中國文化的道德理性與西方的民主與科學視爲不相容的對立。在陳、胡等人看來，要實現民主與科學就必須否定中國文化。他們用科學代替一切，甚至代替人的尊嚴和自由。他們由強調科學始，到泯滅人的自由和尊嚴終。梁、張、熊等人強調了中國文化、道德理性的價值，護住了人文世界的獨特性，但又有意無意地貶擬西方的民主與科學。他們由強調人的自由和尊嚴始，到犧牲人類富強終。科學主義是見物不見人，人文主義是見人不見物。當代中國文化同當代世界文化一樣，無可奈何地自我分裂了。

中國當代文化的這種自我分裂有著歷史的必然性，而由這種分裂走向整合更有其歷史的必然性，繼陳、胡、梁、熊等之後而起的一代大哲牟宗三先生，力圖超越科學主義和人文主義之爭，重新整合當代中國文化，鑄造中國哲學的新形態。

就立場而言，牟宗三先生依然是人文主義者，他的學術使命就是重建儒家式的人文主義。但他的人文主義已經與梁漱溟、熊十力、張君勱等人有很大的不同，他立足於儒家人文主義立場又試圖超越這一立場，以消融科學主義的合理因素，整合兩大思潮的衝突。就對儒家心性之學的頌揚、肯定和疏解言，他並不遜於梁、熊、張諸人，就對中國文化缺陷的揭露，對西方文化的接納說，他亦不亞於陳獨秀、胡適等人，當然，不具有胡適等人的感情，卻遠比他們透闢、系統和深刻。

牟先生與梁、熊、張諸公不同，他不再向中國文化考證科學與「德謨克拉西」，而是當下承認中國文化並沒有民主與科學，順中國文化生命形態，亦不會產生民主與科學，甚至認爲民主與科學是中國文化之生命——道德理性形態的對立物，認爲中國文化只有經過自我否定，來一個「轉折上的突變」才能開顯民主與科學。這些思想與胡適等科學主義者有著相似之處，但胡適等輩對中國文化缺失的探討似乎仍停留在駢文、律詩、八股、小腳、太監、姨太太等具體現象的列舉上，並沒有穿透這些表面現象進而探究造成這些現象的原因。牟先生不僅探討了中國文化之所以未出現民主與科學之故，而且還明確指出，其指陳中國文化缺失之目的，在於「蕩滌腥穢開出中國文化健康發展之途徑」。[2]

牟先生雖明確指陳了中國文化的不足，但他反省、批判中國文化的目的並不是爲了拋棄傳統文化，而是爲了更好地發展傳統文化。他認爲中國文化未實現民主與科學「乃是超過的不能，不是不及的不能」，民主與科學的實現并不是簡單的移植，而是中國文化自我發展，自我完善的環節，這就保留了與科學主義根本相左的儒家人文主義立場。立足於這個立場，融納科學主義的合理見解，整合當代人文主義和科學主義兩大思潮之爭，重鑄中國當代哲學乃至中國文化，是牟宗三先生的重要思想特徵。

## 二、探幽索微，實現對中國文化的「相應了解」

學術界對牟宗三先生的思想評價衆說紛紜，褒貶不一，但有一點是公認的，那就是他們都肯定了牟先生對中國哲學的研究，尤其對宋明理學的研究作出的重大貢獻。

一九九一年十二月，牟宗三先生在台北當代新儒學國際研討會上作了主題演講，他從胡適講起，一直講至梁漱溟、熊十力、馬一浮，並涉及大陸學者馮友蘭。他認爲胡、馮二人對中國文化，尤其是中國哲學未能達到相應了解，而他所尊重的梁漱溟、熊十力、馬一浮三先生對中國的了解亦有缺陷，他本人所作的工作只是對中國哲學作了初步的「相應了解」。「相應了解」就是「客觀的了解」或「正解」，正解就是正確了解的意思。牟先生曾把理解分爲三種，他說：「了解有感性之了解，有知性之了解，有理性之了解，彷佛一二，望文生義，曰感性之了解。義義釐清而確定之，曰知性之了解。會而通之，得其系統之原委，曰理性之了解。」❸在牟先生那裡「相應了解」、「客觀了解」、「理性了解」是一回事。

牟先生對中國文化尤其是中國哲學的了解當以《才性與玄理》、《佛性與般若》、《心體與性體》等著作爲定準。《才性與玄理》是論魏晉玄學，《佛性與般若》是論南北朝隋唐佛學，《心體與性體》是論宋明理學。

牟先生論玄學，由王充的「氣性」和劉邵的「才性」作引線，系統反省了人性問題由先秦至兩漢的發展。復由劉邵《人物志》對人之藝術性品鑒，引出全部魏晉名士與玄學義理。他認爲名士有三類：一類是貴戚名士，如何晏夏侯玄等，一類是學人名士，如王弼、向秀、郭象等，一類是純名士，如荀粲、樂廣、王衍、劉伶等。在他看來，名士是「天地之逸氣，人間之棄才」。他以爲名士有極可欣賞處，亦有極可詛咒處。從清談、玄思、玄智的方面說，是極可欣賞、亦有積極之價值、然而從其傷風敗俗的方面說，亦有極可詛咒處。從情感方面說：牟先生對魏晉名士的清逸、俊逸、風流、逸乎俗外、超然物上之風姿神韻讚嘆不已，不無嚮往之情。從理智的角度說，他又以爲魏晉名士不能己立立人，己安安人，是消極的、病態的、虛無主義的，從而又不能不給予根本否定。

牟宗三對魏晉玄學名理予以系統疏解，從王弼之易學革命談起，中經王弼之老學，向、郭之注莊，至阮籍、嵇康之名理終，其中不乏眞知灼見。衆所周知，王弼易學一掃漢人之象數，開出以哲理解易之新途，對此牟先生評論說：「王弼之功績即在扭轉此質實之心靈而爲虛靈之玄思，扭轉圖畫式的氣化宇宙論而爲純玄理之形上學，此在思想上大進步也。」❹寥寥數語，王弼之易學地位清楚地顯露出來。他評價王弼之老學亦甚精當，認爲王弼對老子「確有其相應之心靈，故而獨發玄宗，影響來者至鉅」。❺他之疏解王弼之注老，往往根據自己對老學之理解順王弼之理路進而疏解之，這種疏解是立足於老學見王弼之得失，故常有勝於王弼的高論妙語。

牟先生從「逍遙」義、「迹冥」義、「天籟」義、「養生」義、「天刑」義，「四門示相」義等，多方面對向秀、郭象之思想作了疏導和發揮。他認爲向、郭的一大貢獻就是將《莊子》的「詭辭爲用」之玄智模型發展爲迹冥圓融。他指出：「無爲無不爲，是道家的普遍原則，無爲是本，是冥，是所以迹，而無不爲是末，是迹。而郭之「即迹即冥，非迹非冥，斯乃玄智之圓唱，聖人之極致。」[6]並認爲這種迹冥圓融，千古同契。

他認爲竹林名士乃正宗名士，而阮籍、嵇康是其中之傑出者。阮籍顯情，爲浪漫主義文人型，而嵇康顯智，是哲人型。「阮以氣勝，嵇以理勝，同歸老莊，而音制有異。」「阮爲文人之老莊，嵇則稍偏於哲人之老莊，然皆不及向、郭之發明奇趣，振起玄風也。」[7]在阮、嵇之間，他更著重哲人型的嵇康，認爲嵇與王弼、向秀、郭象皆有極高之哲學心靈。

最後，牟先生以自由與道德爲題對魏晉玄學作總體評價。他認爲王弼、向秀、郭象之玄理對道家思想的發展與完善，對整個中國學術之發展，皆有其價值與貢獻，然而對社會生活與時代風氣則造成了極大之流弊。一是士大夫「祖尚浮虛」，二是一般知識分子生活放蕩，不守禮法，自然與名教即自由與道德發生了嚴重衝突。王弼之「名教出於自然」，郭象之「名教即自然」，皆試圖解決這一衝突，然而由於道家思想中「內在的道德性」不立，故而根本不能使二者達到眞正的統一，以消融時代的衝突。

魏晉玄學家們客觀地表現了自由與道德的矛盾，但他們並不向建立「內在的道德性」即克服此矛盾的路向走，而是㈠向「非道德、超道德的自然無爲之主體」伸展，㈡向浪漫文人之「感性主體」伸展，故而此矛盾永遠不能克服。前者所表現的自由是率性適眞之自由，此種自由之精神是陰涼暗淡之精神，後者率性適眞之自由結果表現爲情欲之奴隸，轉而不自由。前者之自由是太陰教之自由，太陰即月亮，象徵著清涼、柔順、暗淡、消極，而儒家經由「內在的道德性」所建立的自由是太陽教之自由，太陽象徵著剛健、勇猛、積極。儒道之別就是太陽教與太陰教之別。

他指出，儒家的太陽教之自由和道家的太陰教之自由是中國文化固有之兩教，太陰教之自由對太陽教之自由有輔助消導之功能，甚至可以說它是太陽教之自由系統的保護神。

牟先生雖然認爲玄學的出現是中國文化離開本位之歧出，但他又充分肯定了玄學的歷史價值，即它是儒教太陽教的保護神。這樣，牟先生就在中國文化的內在結構中爲玄學定了位。同時，他又指出：玄學之陰涼暗淡之精神再繼續陰涼下去，就是佛學異軍突起，玄學正是中國消化佛學的橋梁，這又從中國哲學邏輯的進程中爲玄學定了位。這一縱一橫，一經一緯，代表了牟先生對玄學的總評價。

魏晉玄學是中國文化之大開，而接下來南北朝隋唐佛學是中國文化生命進一步大開。牟先生研究佛學既不是爲了全身心地體悟佛家境界，也不是爲理清佛學的來龍去脈，而是要徹法源底，弄清佛學對中國哲學的影響。

《佛性與般若》是牟先生的佛學論著的代表作。他認爲佛學的基本問題就是佛性與般若的問題。般若就是般若智，這種智不是經驗之知，經驗之知有所知亦有所不知，而般若知無知而無不知，它能超越幻有，把握眞如實際。他認爲般若是一切大小乘之共法，不是大小乘或別教、圓教的區別點。眞正決定大小乘及別教、圓教之不同的是佛性問題。佛性有兩方面內容，一是成佛之所以可能的問題，一是成佛依何形態而成佛才是究竟的問題。前者是成佛的超越根據問題，後者是悲願問題。小乘是「恩不及物，智不窮源」，其悲願不足，智慧不深。大乘佛學皆講成佛不捨衆生，悲願雖大，然而能否窮法之源又將它們分成不同的形態，即成佛必須依圓滿形態而成佛，才是眞實圓教。在佛性問題上，牟先生以爲只有天台智者大師對應法身、解脫、般若三德而言三因佛性才是對佛性最恰當的理解。

牟先生在對般若和佛性作了說明之後，就前後期唯識學、華嚴宗、天台宗等的基本義理作了系統的闡述。他認爲唯識學有前後期之分，《地論》師和眞諦之《攝論》宗爲前期唯識學，玄奘之唯識學爲後期唯識學。前期唯識學向眞心走，建立起眞心系統，後期唯識學向妄心走，建立起妄心系統。眞心系統以自性清淨心爲主體，以虛妄熏習爲客塵；而妄心系統以妄心爲主，以正聞熏習爲客。眞心系視如來藏爲自性清淨心，妄心系視如來藏爲自性清淨理。就實踐的存有論言，眞心系統是縱貫縱講，妄心系則爲橫攝系統。而眞正實踐的存有論只有在縱貫縱講系統中才能完成。這是說，妄心系統在積極地展示「生死流轉」和消極地說明「涅槃還滅」中，其中之「遍計執」和「染依他」，含有一現象界的存有論，即執的存有論。不過，由於它未能積極向此用心，需要我們今日依康德對知性所作的超越分解之思路來積極地完成這現象界的存有論，因爲它是科學知識之所以可能的前提條件。但妄心系統未能證成無執的存有論，這一存有論需在眞心之縱貫系統下才能完成。由此，牟先生認爲眞心系統高於妄心系統。

牟先生由遍計執聯想到現象界的存有論，復由現象界的存有論聯想到它的科學價值，這正是在佛家的最無價值處發現其價值，在其麻煩處找到了方便。牟先生不僅在學識上言人所未言，更有在理論上起死回生、化腐朽爲神奇之妙術。

牟先生由前後期唯識學，一路平鋪，論及華嚴宗。他認爲華嚴宗是前後期誰識學發展的最高形態，也是順分解之理路發展出的最後形態。與唐君毅、方東美等諸多佛學研究者不同，牟先生並不認爲華嚴宗是佛學在中國發展的最圓滿形態，他認爲就理論形態言，天台宗高於華嚴宗。故而，他用大量篇幅疏解天台之義理。

在時間上，天台宗早於華嚴宗，但牟先生認爲時間上的先在並不等於邏輯、義理上的先在，先於華嚴宗的天台宗才是佛學在中國發展的最圓滿形態。在他看來，天台宗所宗的《法華經》高於其他經典，因爲其他經典都是特殊的教義和教法，而《法華經》則是佛意問題，佛之本懷問題，是權實迹本問題，是高一層的問題。其他經典處理問題的方式是分解陳鋪，而《法華經》是批判疏導，是開權顯實，發迹顯本。

天台高於華嚴，還因華嚴宗判教不盡，不是佛教的最後形態故。華嚴宗將佛所說的一切教義分爲五類，即五教：小乘教，大乘始教，大乘終教，頓教，自判爲別教一乘圓教，判天台宗爲同教一乘圓教，這樣在華嚴宗那裡就出現了兩個圓教。華嚴宗必須「緣理斷九」而成佛，天台宗即具九法界而成佛，隔與不隔是華嚴與天台的分水嶺。圓教只能是一，不能是多，化掉「一隔之權」，才是眞圓，這就是天台宗。

華嚴宗判教固然不盡，而天台宗之「五時八教」之判教亦不盡。由此牟先生對天台宗之判教加以修正，將東流一代佛教做出自己的評判。他認爲藏、通、別、圓、共五教可概括佛學的一切教相系統。藏、通、別、圓是實教，共是共法，即般若教，是虛教。細言之，即小乘藏教，大乘通教，大乘別教，圓教，並般若共教。重新判釋東流一代佛教是牟先生《佛性與般若》一書的最大成果。

牟先生對南北朝隋唐佛學的研究，從《般若經》說起，論及前後期唯識學至華嚴宗、天台圓教，工程宏大，波瀾壯闊，跌宕起伏，最後萬流歸海，沙水盡然。牟先生的研究既是哲學的，亦是佛學的、史學的，當然主要是哲學的。他爲了研究的邏輯需要往往顛倒時間的順序，這種研究方法是相當大膽的。

近代以來，佛學的研究相當熱鬧，然而熱鬧的是與西方經驗主義相應和的唯識宗和思辯色彩既濃又巧的華嚴宗，至於天台宗，則頗受冷落。牟先生之獨標天台之義理，顯示了他獨特的哲學慧識與知見。牟先生對天台宗雖然給予了很高的評價，但他同時又認爲天台之圓教並非是大中至正之圓教，其存有論亦不是積極的存有論，其形上學也不是眞正「實踐的形上學」，而是「解脫的形上學」，而大中至正之圓教是儒教。牟先生的儒家立場是極爲明確的。

牟先生對原始儒學也曾作過大量研究，但他著力最多、最能反映其學術水準的研究領域是宋明理學。他傾八年之心血，完成《心體與性體》三大冊，凡百餘萬言的著作，十年後，又出版了《從陸象山到劉蕺山》實爲《心體與性體》之第四冊。牟先生認爲，宋明儒學就是「性理之學」，或曰「心性之學」「內聖之學」。這個內聖之學的終極目標，是使人成聖、成仁者、成大人，使人在有限之生命中取得一無限圓滿之意義。就教言，它是「成德之教」，就學言，它是「道德哲學」。這種道德哲學本身就有一「道德的形上學」。道德的形上學就是依道德的進路來接近形上學，即由道德的進路對一切存在作「本體論的陳述」與「宇宙論的陳述」。在先秦，此路由《論語》，《孟子》，至《中庸》、《易傳》，大體規模已具，宋明儒者正是依據先秦儒者之弘規，充分完成或實現之。

在長達六百年的宋明儒學發展中，牟先生以周濂溪，張橫渠、程明道、程伊川、朱晦庵、胡五峰、陸象山、王陽明、劉蕺山九人爲義理骨幹。周濂溪、張橫渠、程明道爲北宋前三家，前三家是由《中庸》，《易傳》之圓滿頂峰開始逐漸回歸於《論語》、《孟子》。周濂溪「默契道妙」，對《易傳》、《中庸》之誠體、神體、寂感、眞幾體會極深，但對《論語》和《孟子》則知之甚少。張橫渠思參造化，言「天道性命通而爲一」，對《論語》和《孟子》已甚能注意，但客觀方面較突出，主觀方面的比重則不夠。至程明道主、客兩方面皆圓實、飽滿，使心體與性體通而爲一，建立起「一本」圓教之模型。至此，宋明儒學由《中庸》，《易傳》回歸到《論語》、《孟子》，才眞正成熟。至程伊川，宋明儒學之義理架構開始轉向，他既不同於北宋前三家，亦不能與先秦相呼應，只是將性體收縮凝鍊爲「只是理」，即「只存有不活動」之靜態之理，使心與性成爲後天與先天、經驗與超驗、能知與所知之對待。這一轉向爲朱熹所欣賞，並爲朱子充分完成之。

胡五峰所創立的湖湘學是北宋前三家之嫡傳。他承前三家之理路，言以心著性，盡心成性。他不同於朱熹之順取之路，正式言「逆覺體證」。然而他的學說被朱子的權威壓下，數百年後，宋明儒之殿軍劉蕺山默契胡五峰，集「以心著性」之大成。

陸象山既不是承北宋前三家理路而來，也不走伊川、朱子的順取之路，而是直從孟子入，由讀《孟子》而自得之。因而陸學就是孟子之學。王陽明承陸象山之學脈而言致良知教，亦是孟子學之精神。陸王之學是一心之遍潤，一心之伸展。陸王系對主觀尤爲注意，但對客觀之性體卻未能給予充分注意。如是，宋明儒學之三系徹底窮源而備：

胡五峰、劉蕺山系，此爲宋明儒學之嫡傳；陸象山、王陽明系；程伊川、朱子系。前兩系皆以《論語》、《孟子》、《中庸》、《易傳》爲標準，可會而通之爲一大系。陸王系是由《論》、《孟》滲透至《易》、《庸》，而北宋前三家和胡、劉則是由《易》、《庸》回歸《論》、《孟》，二者在同一圓圈裡相往來。這樣三系仍同歸於兩系，胡劉和陸王爲一系，伊川、朱子爲一系。前者較合先秦儒家之古義，爲宋明儒學之大宗，後者則是儒學之旁枝，爲另一系統。

牟先生將朱子從儒學正宗地位上拉下來，主要有兩個原因，一是朱子將知識與成德混在一起，使道德不能顯道德之本性，知識亦不能顯知識之自性；二是他將超越之理和後天之心對立起來，使心性不一，心理不一，使儒家之自律之道德轉爲他律之道德。當然，這兩者只是表現，其最終原因是因爲朱熹對道體、性體體會爲「只存有不活動」，而陸王胡劉則體會爲「即存有即活動」。他一再聲明他無意貶視朱子的學術貢獻，只是爲了恢復歷史的眞相。更何況繼別爲宗並非不偉大，「朱子之系統亦自有其莊嚴弘偉處，如其本性而明澈之，亦當屬可喜之事，非貶視也。此兩系統一縱一橫，一經一緯，經之縱亦須要緯之横來補充」。❽

牟先生對宋明儒學研究的貢獻至少有三點，其一是他將二程明確地區別出來，馮友蘭先生早在三十年代雖有這種提法，但馮是依據陸王和程朱兩系劃分大小程，牟則依三系說來區分大小程。其二，開出了胡五峰、劉蕺山系的獨立意義。其三，將朱子從宋明儒學正宗的地位上拉下來，視陸王、胡劉爲宋明儒學乃至整個儒學之正宗、大宗，而伊川、朱子是「別子爲宗」、是旁枝。這些觀點都是對幾百年來宋明儒學研究的眞正挑戰，這種挑戰雖不能說就是不可振撼的千古鐵案，然而它卻將宋明儒學的研究推向了新高度。

牟先生無論是論儒、論佛、還是論道，都給人一種獨步高樓，「望盡天涯路」之感。其立意之高遠、思維之敏銳、見解之深刻，使他無愧於一代大哲的稱號。

中國哲學的研究，從胡適的《中國哲學史大綱》算起也有近八十年的歷史了，中間經數代學者的努力，蔚然成爲世之顯學。然而八十年來，中國哲學研究領域的最大弊端就是用西方哲學的框子規範中國哲學，這種研究方法往往是先帶著西方哲學的思維框架，去抽取中國古代學者的材料，然後將這些材料按照自然觀、認識論、方法論、倫理學等幾個套子分別塞進去，再說上幾句官樣的話，權作定性分析，就算萬事大吉了，用這種模型寫出的哲學史，最上乘者爲西方哲學在中國的表現，並不是眞正意義上的中國哲學。與此相反，牟先生則完全以中國人的心態看中國哲學，他雖精通康德、懷特海、黑格爾等西方哲學家，但這些都不是他用來解釋中國哲學的框架，而只是用來發現中國文化，中國哲學優劣特點的參考坐標。

以西方的觀念來解釋中國文化，中國哲學，永遠也不能實現對中國文化、中國哲學的相應了解，然而它又是中國哲學研究中無法越過的歷史階段，因爲在歐洲文化等於人類文化、現代文化的大背景下，它證明了中國智慧的存在，不過這種證明卻是以喪失自我爲代價的。牟宗三的貢獻在於他認取中國文化的主體精神，實現了對這一歷史階段的超越。

## 三、本內聖之學如何開出新外王：「良知自我坎陷」爲中國文化近代以來的自我變革作理論補課

牟宗三先生曾言，幾十年來，他一直在思考如何由內聖之學解決新外王的問題。內聖就是指道德理性之實踐，外王是指治國、平天下之德業，新外王就是民主與科學。本內聖之學解決新外王，就是由中國文化轉出民主與科學。

由內聖開出新外王，實際上這裡有兩層含義：一是爲什麼要由內聖開出新外王的問題，一是怎樣才能開出新外王的問題。由第一個問題牟先生全面探討了中國文化之所以未出現民主與科學之故，由第二個問題他探討了中國文化如何才能實現民主與科學。

牟先生認爲，中國的學問是生命的學問。與西方文化源頭之一的古希臘文化首先把握自然不同，中國文化則首先把握生命，中國人由如何調護生命和安頓生命，開出了心靈世界和價值世界，開出了「內聖外王」之學。內聖外王之學，就是仁學，中國的文化系統就是仁的文化系統，或「是仁智合一而以仁爲籠罩者的系統」。❾由是牟先生獨造了一系列概念來對比中西文化的各自特徵，就中西文化的根本精神說，他認爲中國文化是「綜和的盡理之精神」下的文化系統，西方文化是「分解的盡理之精神」下的文化系統。就這兩種文化的根本精神所展現的方式言，他認爲中國文化是「理性之運用表現」，西方文化是「理性之架構表現」。就中西政治思想所展現的理路言，他認爲中國文化的政治理路爲「理性之內容表現」，西方文化的政治理

路爲「理性之外延表現」。就中西文化常、斷所依據的原則言，他認「以理生氣」爲中國文化所以悠久的超越原則，西方文化周期斷滅所依據的原則爲「以氣盡理」。在他看來，中西文化皆爲盡理，也都表現理，然而中西之理的意蘊並不相同，中國文化所盡之理是道德理性之理、政治之理，西方文化所盡之理是自然之理、知識之理，凡此等等，都是牟先生獨造的詞語。用這些詞語來解釋繁雜的中西文化問題、哲學問題，顯示了他獨特的生命氣質和學術格調，然而卻是由不斷的積學積思而成，非徒然儻來之一悟也。

中西文化比較自嚴復算起，也有一百多年的歷史了。百餘年來，學者們爲此付出了巨大的辛勞。他們大都力求弄清中西文化的優劣得失，以尋求中國文化的新出路。然而科學主義者往往強調中西文化的時代差異，而人文主義者則突出強調中西文化的民族差異。強調時代差異，往往認爲西化是中國的必由之路。強調民族性差異，往往認爲只有中國文化的復興，才能救中國今日的苦難。所以中西文化的比較問題，不僅僅是學術問題，更是中國向何處去的時代問題。牟宗三先生對中西文化的比較同樣是關聯著時代問題而言，可以說他比較中西文化的問題是爲了克服中國文化的危機，爲中國文化在現代社會的進一步發展開出一條新途徑。

牟先生認爲，「中國的文化生命之向上透，其境界雖高，而自人間之實現『道德理性』上說，卻是不足」。這種不足是說「中國以前儒者所講的『外王』是不夠的」。⑩中國文化生命在以往的發展中充分實現了內聖，但在外王方面卻有嚴重的不足，即沒有產生近代的民主與科學。中國文化之所以沒有產生民主與科學，歸根到底是因爲在中國的文化生命裡只有「綜和的盡理之精神」，而缺乏「分解的盡理之精神」，只有「理性之運用表現」，而缺少「理性之架構表現」，只有「理性之內容表現」，而缺乏「理性之外延表現」。在他看來，綜和的盡理之精神下的理性之運用表現都是「攝所歸能」，「攝物歸心」，它外投則全心在物，內收則全物在心，消融了主客、能所、心物等對列關係，因而順理性之運用表現而趨，可以成就聖賢人格，德化的治道，智的直覺形態，但決不會產生客觀化的政道（民主）和智的知性形態（科學）。而後者是「分解的盡理之精神」、「理性之架構表現」的成就。因而從根本精神處說，只有由「綜和的盡理之精神」轉出「分解的盡理之精神」，從「理性之運用表現」轉出「理性之架構表現」，方能在終極意義上解決中國文化實現民主與科學的問題。

牟先生與梁漱溟等人文主義者不同，他不再向中國古籍中考證「德謨克拉西」，而是當下承認中國文化沒有民主與科學的事實，並視民主與科學在中國的實現爲中國文化現代化的關鍵。就這點言，牟先生接受了五四新文化運動爲中國文化的發展所規定的歷史主題。撇開牟先生的出發點暫且不談，牟先生對民主與科學的追求與胡適、丁文江等爲代表的科學主義者有共同之處。但他認爲中國文化未實現近代化，未產生民主與科學是「超過的不能，不是不及的不能」，這就保留了儒家人文主義的基本立場。牟先生是立足於儒家人文主義立場，去整合當代科學主義和人文主義的衝突，超越近代以來的文化對立，以實現中國文化向現代化形態的轉化。

牟先生認爲，中國文化只有由「綜和的盡理之精神」轉出「分解的盡理之精神」，才能實現中國文化向現代形態的轉進。然而，如何由「綜和的盡理之精神」轉出「分解的盡理之精神」，由「理性之運用表現」轉出「架構表現」呢？由此他提出了著名的「良知自我坎陷說」。

良知，牟先生亦稱之爲道德理性，自我坎陷即自我否定，良知自我坎陷是說道德理性通過自我否定轉出架構理性，實現民主與科學。他認爲以前儒者所講的外王是由內聖直接推出來的，這種外王是不夠的。民主與科學是一積極的外王，是外王之充分實現、客觀實現，是一種新外王。這種新外王不能從內聖直接形態中推出來，它必須經過一個曲折，來個「轉折上的突變」，才能盡外王之極致。他說：「德性，在其直接的道德意義中，在其作用表現中，雖不含有架構表現中的民主與科學，但道德理性，依其本性而言之，卻不能不要求代表知識的科學與表現正義公道的民主政治。而內在於民主與科學而言，成就這兩者的『理性之架構表現』，其本性卻又與德性之道德意義與作用表現相違反，即觀解理性與實踐理性相違反，即在此違反上遂顯出一個『逆』的意義。它要求一個與其本性相違反的東西。這顯然是一種矛盾。它所要求的東西必須由其自己之否定轉而爲逆其自性之反對物（即成爲觀解理性）始成立」。⓫民主與科學的實現只有通過道德理性自覺地自己否定自己，轉而爲逆其自己的反對物，才能實現。經這一步坎陷，道德理性就由動態轉爲靜態的理論理性，從物我合一之無對轉爲主客對列之有對，從踐履上的直貫轉爲理解上的橫列。這表明代表科學與民主的智從仁智合一的文化模型中冷靜下，暫時脫離仁，成爲獨立之智，成爲「純粹的知性」。這種知性與道德不相干，道德處於中立狀態，民主政治與科學從而具有獨立意義。

「本內聖之學解決外王問題」是牟宗三先生的中心問題，也是牟宗三乃至整個當代新儒家研究領域最具爭議的問題。有人認爲牟宗三「欲圖透過思想的開闢與疏導以解決外王問題的進路，面臨一吊詭而難以舒解的困境，即最後掉入一沒有實踐可能性之空泛的概括性原則中，而無法爲儒家之政治理想在社會上創造新的與具體的展現方式！」[12]而牟門弟子如蔡仁厚、王邦雄、李明輝等確認師說，並努力爲這一學說作解釋工作。在大陸，對這一思想也有不同的看法，一九九二年十月，在山東大學舉辦的「牟宗三與當代新儒家學術研討會」上，「良知自我坎陷」一度成爲討論的中心議題，與會代表由於對這一學說的理解不同，從而作出了極爲不同的評價。

批評牟先生這一學說的人，大都認爲良知自我坎陷說是建立在黑格爾式之「精神的內在有機發展」這一唯心主義本質論的基礎上的，採取的是「藉思想文化以解決問題的方法」。因而他掉入了一個沒有實踐可能性的空泛的概括性原則中，不能爲儒家之政治思想在社會上創造新的與具體的展現方式。認同這一學說的人則認爲，牟先生的這一學說是要通過中西文化道德宗教層面的相互融通，來爲科學民主之在中國文化中心的發展確立內在根據。也有人認爲牟先生的「良知自我坎陷」說解決了民主與科學的問題。

事實上，牟先生以「良知自我坎陷」解決本內聖之學開出新外王的問題並不是一具體的操作手段，而是理論的疏導。故而，到現在爲止，對牟先生這一理論的許多批判都是不著痛癢的。牟先生最近曾說：「我不是政治家呀！我上哪裡去經世致用呢？科學不是耍魔術，不是我說要科學，科學就來了，這種問題是大家的問題、民族的問題、歷史社會問題。」[13]這可以看作是他對所有批評的一種回答。

我們認爲由道德理性開出民主與科學有無必然性可能是這一學說成立與否的關鍵。牟先生認爲由道德理性開出民主與科學有必然性，但這種必然性不是邏輯的必然，亦不是機械的因果必然，而是辯證的必然、實踐的必然性。批判這一學說的人則認爲由道德理性開出民主與科學沒有必然的根據。辯證的必然性是指道德理性只有自覺地自我坎陷、自我否定才能充分實現自己。我們認爲近代的民主與科學雖然較早地出現於西方而不是出現於中國，但它標誌著人的解放和社會的進步，正像「四大發明」出現於中國而造福於全人類一樣，民主與科學是天下之共器，人間之大法，不能爲西方所獨享。如果民主與科學在近代的出現展現了人類歷史有其必然性，那麼它就會遲早展現於中華民族的歷史進程，如果中國文化也遵循人類文化的共由之路的話，那麼它一定也會走上民主與科學。事實上，明末清初，顧、黃、王等思想大師們已開始了對中國文化的全面檢討，透露出企求民主的信息，不幸的是爲滿清入關打斷了這一原有的歷史進程而已。如上述所言成立，那麼中國文化走上民主與科學就有其必然性，而不能說無必然性。

但是，鴉片戰爭後，歐風美雨狂捲中國，它不再容忍中國文化按照原有的節奏、速率自我發展，以民主與科學爲代表的西方文明頻頻叩關，以至成爲中國人追求的目標，加速了中國走上民主與科學的進程。消融西方的民主與科學遠比自中國文化內部孕育民主與科學來得簡捷，因而自中國內部發展民主與科學已無現實的必要。但這並不證明道德理性自我坎陷說沒有意義，實質上它條暢了中國文化由古代向近代發展的生命大流，爲中國文化近代以來的自我革命作理論補課。

「良知自我坎陷」說將中國文化走向現代化的探討由「爲何」的層面打落到「如何」的領

域，即從對中國文化現代化一般性理論探討深化爲現實性道路的尋求。近百年來，學術界對中國文化爲什麼要走現代化討論甚多，但對如何走上現代化卻所談甚少。「良知自我坎陷說」無疑對這一問題的研究具有重要的參考價值和啟迪意義。

總之，「自我坎陷」說有理論的必然性，但無現實的必要性，它的確爲中國文化的近代自我革命作了理論補課，對中西文化的關係，道德與民主、科學的關係也有理論上的疏導之功，然而民主與科學的實現主要是一實踐過程，因而這一學說的理論的解說意義遠大於其現實意義。

## 四、中國文化與哲學的創造性重鑄：「三統之說」與「道德的形上學」

牟先生檢討中國文化之目的，在於重建中國文化，開出中國文化的新形態。他把這一新形態概括爲儒家式人文主義的徹底透出。儒家式人文主義的徹底透出也就是道統、學統、政統三統並建。他說：

> 道統之肯定，此即肯定道德宗教之價值，護住孔子所開闢之人生宇宙之本源。
>
> 學統之開出，此即轉出「知性主體」以融納希臘傳統，開出學術之獨立性。
>
> 政統之繼續，此即由認識政體之發展而肯定民主政治爲必然。⑭

道統是道德宗教，學統核心是科學，政統就是民主政治。道統的肯定，學統的開出，政統的繼續就是儒家人文主義的完成，也是中西文化的自然融和，亦是第三期儒學⑮的骨架與綱維。道統是內聖，學統與政統是外王，或者說是新外王，三統並建之說就是牟先生本內聖之學對現代新外王的解決。

當然，三統之間的地位和作用是不一樣的，道統是一種比科學知識更具綱維性、籠罩性的聖賢之學，是立國之本、是文化創造的源泉，是主導、核心，是政統和學統的生命和價值之源，政統和學統是道德的客觀實現、充分實現，失去了道統，政統和學統就會步步下降，日趨墮落，而失去政統與學統，道統也會日益枯萎和退縮。他以爲，三統之說立，就是「儒家式人文主義」的眞正完成，也就是儒學眞正轉進第三期之發展。

從中西文化的關係上講，三統之說顯然是孔孟陸王心性之學同西方的民主與科學相融和的產物。在他看來，道德宗教即道統是中國文化之所長，而民主與科學是西方文化之所長，爲中國文化之所短。中西文化自然融和，長短互補，西方的民主與科學只有爲中國文化所融納，才能顯示其高美和偉大，保持其永久和不衰，中國文化只有融納了西方的民主與科學，才能開出新的形態，實現其理想。但在這種融和中，中國文化是根本和核心，西方文化是末、是用。可見，在中西文化的關係上，他同樣恪守了儒家人文主義的立場。

牟宗三先生是當代中國最富有創造性的哲學家之一，他一生用力最久，且收穫最豐的是他對中國哲學的創造性重建。長期以來他出入於康德、黑格爾、懷特海、羅素、維特根斯坦等西方大哲之間，又浸潤於儒、釋、道三教之門，中西交互參入，圓融會通建立起龐大、縝密的道德的形上學哲學體系。他的哲學成就代表了中國傳統哲學在現代發展的新水平，傅偉勳教授指出：「牟先生是王陽明以後繼承熊十力理路而足以代表近代到現代的中國哲學眞正水平的第一人。」[16]

道德的形上學是牟先生整個思想體系的核心。他認爲道德的形上學與道德底形上學不同。道德底形上學是道德的形上學研究，是道德哲學，而道德的形上學則是由道德進入形上學，即以道德爲進路滲透至宇宙之本源，是純哲學。他認爲道德的形上學並非是他的首創，儒家自孔子始就涵有向此趨之勢，趨至宋明儒學則充分完成之。他的工作是沿宋明心性之學之理路，融和西方哲學，尤其是康德哲學繼續光大之而已，但他同時又嚴肅地指出，以往儒者只注上達，而忽視了下開，故只能侔於天而不能侔於人。這就使中國傳統的道德形上學只證成了：「無執的存有論」，即本體界的存有論，而缺乏「執的存有論」，即現象界的存有論，而眞正完備的道德形上學，則上通本體界，下開現象界，是全體大用之學。由此他認爲下開不足是中國傳統的道德的形上學的一大缺陷。

然而，在康德，由於處於西方哲學的背景下，認爲人有限而不能無限，人只有感觸的直覺而沒有理智的直覺，故人只能認識現象，而無法認識物自身。從而使他只建立起了「道德的神學」而未能證成道德的形上學。或者說康德只建立了「執的存有論」，而沒有建立「無執的存有論」。而牟認爲他所建立的道德的形上學是中西哲學，尤其是中國哲學與康德哲學相互參證、相互融和的結果。就執的存有論，他主要取自康德，就無執的存有論言，則主要取自中國哲學。正是在這種相互參證中，他「見到了中國哲學傳統之意義與價值以及時代之使命與新生，並見到了康德之不足。」[17]他通過「誦數古人已有之慧解，思索以通之，然而亦不期然而竟達至消融康德之境使之百尺竿頭再進一步。」⑱總之，他的道德的形上學是中西哲學的新綜和、新建構，使中西哲學趨一自然之和諧。

牟先生認爲只有「無執的存有論」才稱得上是眞正的道德形上學。眞正的道德的形上學就是「依道德的進路對於萬物之存在有所說明」。道德的形上學的建立是直接由道德意識展露道德實體，由於道德是依無條件的定然命令而行之謂，因而它是無限的、絕對的，它不是一類名，亦不限於人類，它是無限實體。這一無限的實體不僅是吾人德行之根據，更是宇宙生化之原理。

由道德所呈露的實體爲知體明覺，知體之知不是知識之知，而是良知之知。知體作爲體有三種本質屬性：主觀性、客觀性、絕對性。主觀性是說它是良知，客觀性指它是理，絕對性是說它是宇宙萬有之基。實體是主觀與客體，絕對和無限的統一，是造化的精靈，由此它開存在界。

牟先生繼承發展中國傳統儒家的精神，重建天人性命相貫通的哲學體系。他對「心外無性」、「心外無命」、「心外無理」、「心外無物」皆作了創造性的詮釋，使這些命題更加圓融。應當指出，他賴以建立無執存有論的材料是極其傳統的，但這些傳統的東西在他的詮釋中皆活轉於現代。借助傳統哲學的義理闡述自己的哲學思想，是牟氏哲學之一大特徵。

牟先生認爲，知體明覺之感應只能知物之如相、自在相，即只能如其爲一物自身而圓照之，實現之，但它不能把物作爲對象而研究之、認識之。就是說作爲知體之知與物不分而分，分而不分，一體流行呈現，冥冥爲一，而沒有主、客，能、所之對列。這種知體明覺雖然高明，但它不能開出科學知識，而科學知識對人是絕對需要的。而科學知識開出的關鍵是如何由知體明覺開出知性。由此他又在哲學層面上使用「良知自我坎陷」說。

他認爲知體明覺不能永遠停在明覺之感應中，它必須自覺地自我否定(亦曰自我坎陷)，轉而爲知性。此知性與物爲對，始能使物成爲對象，從而究知其曲折之相。只有經這一步自我坎陷，它始能實現其自己。知體明覺之自我坎陷就是自覺地由無執轉化爲執，坎陷就是下落爲「執」之意。這樣知體明覺就自覺地由無執轉爲執。執就是知體明覺「停住而自持其自己即是執其自己」。知體明覺在神感神應中，原無任何相，即知無知相，意無意相，物無物相，而一執持其自己，知體明覺就顯停滯相。明覺之神感神應就轉化爲了別活動，即思解活動。這正是陸象山所說的「平地起土堆」，「無風起浪」。

知體明覺能自覺地自我坎陷，一方開出能知之主體，一方開出被知之客體，但二者都是現象，前者是能知之現象，後者是被知之現象。由二者之推演，建立起現象界的存有論。

良知自我坎陷說在牟宗三的思想中占有極其重要的地位。它是連結兩層存有論乃至中西哲學的橋樑，是理解牟氏整個哲學體系的關鍵。

現象界的存有論又稱執的存有論，它是對現象作形上學的思考、說明。而現象是「一存在物對一定樣式的感性主體而現爲如此者之謂也。」[19]感性、想像、知性是認識心之三態。感性給予對象，攝取對象，但不能思辨對象。想像形構時空；知性思辨對象，但不能攝取對象。人們的經驗之知從知性起，步步下趨，趨主感性而後止，反過來，「認識心底活動從感性起，步步向後躍起，躍至知性而後止」。[20]由知體明覺之自我坎陷，建立起現象界的存有論，至此道德的形上學「上達下開，通而爲一」，成爲眞實圓滿之教。

關於兩層存有論的關係，牟先生用「無而能有」「有而能無」兩語概括之。執的存有論本來是無的，但依知體明覺之自覺地自我坎陷而有，故而它是「無而能有」，既然它是依知體明覺之自覺的要求而有，則它們亦可經由其自覺地撤銷歸於無，這就是「有而能無」。無而能有，有而能無，進退自如，圓融無礙。兩層存有論的關係，實質上是本末體用的關係，無執的存有論是本，是體，而執的存有論是末，是用。有與無，進與退的主動權全在無執的存有論。兩層存有論的全面打開，道德的形上學才完備地建立起來。儒家的全體大用之學，本末一貫之道才眞正完成。如果說執的存有論主要取自西方哲學，無執的存有論主要取自中國傳統哲學，那麼兩層存有論的關係也就是中西哲學的關係。足見牟先生對中國哲學的創造性重鑄，實質上是以中國哲學爲本以消融西方哲學的產物。

在道德的形上學中，無執的存有論是最高理境，由這一理境進一步向上翻，逼至圓教觀念出現。圓教成而德福一致之圓善問題得解。牟先生以爲，儒、釋、道、耶四教，其中耶教是離教，其餘三教是盈教。在耶教，衆生不能通過自己的道德實踐，以上達天德，衆生與上帝暌隔不通，處於隔離狀態。在儒、釋、道三教都承認人可以通過自己的實踐，朗現無限心，故皆爲盈教。但他認爲離教可以轉化爲盈教，盈教復可爲通教。這是新時代之判教。由離而盈，由盈而通，此爲教之進路。

教分離盈，然盈教又有正盈和偏盈之分，儒教是正盈，佛道是偏盈。正盈和偏盈皆有圓與不圓之別，在正盈中，周濂溪，張橫渠、胡五峰、劉蕺山、陸象山、王陽明是圓實之正盈，而程伊川、朱子則爲不圓之正盈。在佛教，天台是圓教，華嚴爲別教。牟先生講圓教始於講天台，其判教思想亦由佛教之判教理論所開啟。

圓善就是圓滿的善。圓滿的善是說德行與幸福有恰當的匹配關係。這一觀念來自西方，最早試圖解決這一問題的是康德，康德目睹現實社會中有德者未必有福，有福者未必有德，從而認爲德福一致的可能性不可能在現實界被肯定，只應在超現象界中去尋求其可能之根據，於是他建立了兩個設準：一是靈魂不滅，一是上帝存在。牟先生認爲康德順西方傳統所成就的是道德的神學，而中國的儒釋道三教則以無限心說明圓善可能之根據所成就的則是道德的形上學。圓教成而圓善明，至此實踐的智慧學充極而成，哲學思考就此而止，牟先生視圓善爲哲學的最高形態。

牟先生用無限智心代替康德的上帝，認爲「依無限智心之自律天理而行即是德」「無限智心於神感神應中潤物、生物、使物之存在隨心轉，此即是福」，德與福渾是一事，由此可見，牟先生所謂的德福一致並非是現象界的德福一致，而是超現象領域的德福一致。康德所謂的圓善固然不能實現，而牟先生的圓善則只有依靠圓教來實現，當證悟到天刑即是德即是福，地獄即天堂時，圓滿的善就實現了。這實質上是理想主義的解決問題的方式，因爲這本是神學與形上學的事。天下事本不必一一皆求現實地作到也。

牟宗三先生由邏輯走向哲學認識論，由哲學認識論走向文化意識的闡揚，由文化意識走向重建道德的形上學，復由道德的形上學走向圓教與圓善，斬荆截棘，一路向人類理性的極頂攀去。他的一生就是一展開的哲學體系，其學思演進的過程就是這一哲學體系不斷升華的過程。

這說明牟先生幾十年來一直念茲在茲，辛勤耕耘，執著於中國文化及其哲學重鑄的艱鉅工作。

整合與重鑄中國文化及哲學實質上有兩條基本理路，一是以中國文化爲主體，消融西方文化，通過文化與哲學之重鑄，開出中國文化的全新形態，實現中國傳統文化自身的嬗變；一是以西方文化爲主體，消納中國文化的部分因素，通過文化與哲學之重鑄，使西方文化在中國落腳。前者是現代新儒家努力的方向，後者是科學主義或自由主義者努力的方向。前者自梁漱溟、熊十力至牟宗三，儒學由傳統形態完成向現代形態的過渡。牟先生的「儒家式人文主義」的思想體系之完成無疑具有全新的意義，但科學主義者在中國近百年的發展，至今無人創造出一全新的思想體系，這可以說是當代中國的一大憾事。

牟宗三的思想體系是梁、熊等人理路的開拓和光大，它完成了儒學的自我革命，是儒學現代形態的標識，前一段時間，有人曾就「儒學能否現代化」問題展開討論，其實就理論形態言，儒學已經現代化，不存在能否現代化的問題，如果認爲儒學只有在中國恢復官方的統治地位才算實現了現代化，那麼這種現代化既不會實現，也無必要實現。

牟宗三先生爲一代儒宗，當代哲學巨匠。讀其書，思見其爲人，高狂俊逸、獨步千古，冷峻孤峭，矗立荒暮。說他終始條理，集當代儒學之大成，融攝百家，造極當代哲壇，也許並不過分。

我曾與師友言，無十年之功，休妄議牟宗三之哲學思考。自一九八四年讀《道德的理想主義》至今，屈指已十年矣。然我天資愚鈍，雖十年之功也許依然徘徊於牟氏門前。牟先生的理路難以契入，一旦契入猶難超出，這就是本人讀牟先生書的一點感受。

# 註釋

❶ 張君勱《再論人生觀與科學並答丁在君》。

❷ 牟宗三《道德的理想主義》《修訂版序》台灣學生書局，一九八六年九月修六版。

❸ 牟宗三：《心體與性體》·《序》，台灣正中書局，一九六八年十月版。

❹ 牟宗三：《才性與玄理》第一四四頁，台灣學生書局一九八五年四月修訂七版

❺ 同上書，第一二七頁。

❻ 同上書，第一九二頁。

❼ 同上書，第二六九頁。

❽ 《心體與性體》第一冊第五九頁。

❾ 牟宗三《歷史哲學》第一六五頁，台灣學生書局，一九八四年二月八版。

❿ 牟宗三等《中國文化的危機與展望——文化傳統的重建》第三三頁。

⓫ 《政道與治道》，第五七頁，台灣學生書局。一九八三年十月版。

⓬ 陳忠信《新儒家「民主開出後」的檢討》，台灣《社會研究季刊》第一卷第四號。

⓭ 牟宗三《鵝湖之會》，台灣《聯合報》一九九二年十二月二〇日。

⓮ 牟宗三《道德的理想主義》，《修訂版序》。

⓯ 牟先生認爲由孔孟荀至董仲舒爲儒學第一期，宋明儒學爲第二期，現在將轉進第三期儒學之發展。

⓰ 傅偉勳《從西方哲學到禪佛教·哲學探求的荊棘之路》第二五-二六頁。

⓱ 牟宗三《現象與物自身·序》台灣學生書局，一九八四年八月四版。

⑱ 牟宗三《圓善論·序》，台灣學生書局，一九八五年七月初版。

⑲ 《現象與物自身》，第一二九頁。

⑳ 同上書，第一三三頁。

# 第一章　生命與學思的雙向演進

牟宗三先生是中國當代最富有原創性和思辨力的哲學家之一，也是一位頗具權威的哲學史家和邏輯學家。他一生念茲在茲，辛勤耕耘，著作等身，挑李滿天下，取得了舉世矚目的學術成就，成爲學貫中西的一代大儒。爲了眞正弄清這位哲學家思想的來龍去脈，我們不妨首先從其生活的經歷談起。

## 第一節　生命的奮進與時代的感受

### 一、少年時代

牟宗三，字離中，一九〇九年四月二十五日生於山東省栖霞縣蛇窩泊鎮牟家疃村。栖霞，位於山東半島的中部。這裏四季分明，群山環繞。牟家疃位於栖霞東南約三十里一塊群山環繞的小平原上。這裏遠離喧鬧的大都市，又不靠近交通要道，顯得格外的寧靜、恬淡。東北方向上老鷹山在十里之外就止住了腳步，清水河一路歡歌細語，繞過村南，悠悠流去，常年不息。春季到來，清水河兩岸，果樹梨花，競相開放，千樹萬樹，不見邊際，一片銀色世界。一代大哲牟宗三就出生在這裏，並在這裏度過了他的少年時代。

棲霞牟氏是明洪武三年由湖北公安遷來，初祖牟敬祖曾任棲霞主簿。由牟敬祖到牟宗三，牟氏在棲霞已歷十六世，並成爲棲霞的望族。牟宗三祖上世代耕讀相繼，曾出現過像牟應震、牟庭、牟所等有名的學問家。至其父牟蔭清時，家道已式微。牟蔭清，爲人正直，治家嚴整而有法度。母杜氏，賢而慧，生三子二女，長宗和，次宗德，牟先生乃蔭清公之第三子。牟先生在憶及自己的家庭狀況時曾自稱是「一個農家子弟」，「生長於一個多兄弟姐妹的家庭，而天天忙於生活的窮困家庭。」[1]

牟宗三先生的少年時代是中國社會急遽變化的時代。孫中山先生領導的民主革命，幾經坎坷，日趨高漲，並終於推翻了清王朝的統治，建立了民主共和國。然而共和國立，封建與反封建、帝制與反帝制的鬥爭並沒有止息，孫中山、袁世凱、蔡鍔、張勛等都導演過歷史的活話劇。然而這些在大都會曾出現過的驚心動魄的場面，在山高皇帝遠的鄉村，似乎未曾發生過。農民依然是幾千年傳下來的農民，生活依然是祖宗傳下來的生活，依然是日出而作，日入而息。這裏的生活依然是悠閑、恬淡、寧靜、純樸。牟先生的生命就在這種環境中誕生，亦在這種環境中成長。

牟宗三先生對其少年時代的生活作過精彩的描述。請看：

> 清明寒食的春光是那麼清美，村前是一道寬闊的乾河。……平沙細軟，楊柳依依，綠桑成行，布穀聲催。養蠶時節我常伴着兄弟姊妹去採桑。也在沙灘上翻筋斗，或橫臥着。陽

光普照。萬里無雲，仰視天空飛鳥，喜不自勝。❷

這就是生活。這生活是人與天地萬物混一的生活。它遠離都市的文明，沒有染上任何現代的印迹。陽光、白雲、飛鳥、綠桑、細沙、河水等等都是那樣的自然、親切、純眞，這自然、親切、純眞與少年時代牟宗三的那種自然、親切、純眞的恰好融爲一體。

少年時代的牟宗三既沒有沉浸於子云詩曰之中，也沒有那種爲賦新詩強說之愁。伴隨他的只是一種純樸的生活，混沌的生活，一種不識不察、不着不著、無所謂生活不生活的生活。與同伴們東鑽西跑，挖土坑，攀樹木，穿墻角，捉迷藏，天眞無邪，自由自在。牟家疃村中有池塘，初夏時節，一群一群的小魚浮在水面晒太陽，他拿一塊肉骨頭，放在竹籃裏，沉下水去，不大一會兒，一大堆活蹦亂跳的小魚被拖上來了，這樣一而再，再而三，肉味沒有了，小魚也就不上來了。正是與自然界的小動物鬥智鬥謀中尋求著鄉村那特有樂趣，升華著自己。

牟宗三出生北方的鄉村，他沒有富家子弟的那種嬌弱，倒有幾分潑辣。北方孩子的遊戲如溜冰、打瓦、拍球、踢毽，他樣樣行。既然是農家子弟，當然在春耕秋收的農忙季節也要參加勞動。少年的牟宗三，個頭雖不高，但身體却十分壯健。北方農村的力氣活如扛、抬、挑、負，他都能做，水裡泥裡他也能彎得下腰，進得去。十五、六歲時，他竟能背負一百多斤的糧袋走一里多路。爲此他得到了蔭清公的不少誇獎。

少年時代也是人的感情最爲純眞、聖潔的時代，這時感情投入往往是最乾淨無邪的。牟先生在其《五十自述》中記下了他少年時代唯一的一次戀情的流露。一年的冬天，牟家疃來個馬戲團，「正是天氣嚴冷，風雪飄零之時，他們圈一個廣場，先是鳴鑼開場，繼之一個十三四歲的小女孩騎在馬上，繞場一周。矯健的身段，風吹雪凍得紅紅的皮色，清秀樸健的面孔，正合着上面所說的清新俊逸的風姿，但是可憐楚楚的，是女性的，不是男性的，我直如醉如痴地對她有着莫名其妙的感覺。先父嚴肅，不准小孩常去看這類江湖賣藝的把戲，我不知不覺地偷去看了好幾次，我一看見了她，就有着異樣的感覺，既喜悅又憐惜。事後我每想起，這大概就是我那時的戀情。」❸這次戀情是一種單向的投入，這種戀情自然是轉瞬即逝，無果而終。然而它在牟先生記憶的年輪中，刻畫下的印迹則是深刻而鮮明的，以至於他到了晚年每每憶起仍有一種幸福之感。

少年時代是一個人混沌時代。這混沌是說人在這時對自己的過去和未來並沒有清楚的意識，他在天地萬物之中也未能確證自己。這種混沌是任何人也難以超越階段。正因它混沌，所以它才蘊藏無盡的未來。在未來中，他可以成爲一個農夫，一個商人，一個闖蕩江湖的人，一個軍人，一個政客，一個學者……按照傳統的慣例，父母在對子女做出安排時，一般讓老大管家，老二經商，老三讀書。牟宗三自九歲起，其自然生命就漸漸離其自己，走上讀書求知的道路。

## 二、讀書與求學

牟宗三九歲入鄉村私塾，三年後轉入蛇窩泊新制小學，十五歲入栖霞縣立中學。

蛇窩泊在牟家疃略西北方，兩地相距大約一里路之遙，這點路對於一個十幾歲的小學生並不算什麼。由鄉村進入縣城情況就有所不同了，雖說從牟家疃到縣城也不過幾十里路，但在交通很不發達的二十年代初期，對於一個鄉村少年來說就算是出遠門了。「從此以後，我再也沒有與父母兄弟姊妹相處的家庭生活了，再也沒有鄉居的自然生活了。❹」孔子曾言：吾十有五而志於學。牟宗三先生亦自十五歲起正式踏上讀書求學的歷程。

牟先生曾說：「我初入中學，功課都很平常，但也頗用功。每門都可勉強接得上。尤其是英文、數學，我算是好的了。其實我對這兩門並不行。只因下縣風氣初開，一般人都隔得甚遠，根本不發生興趣，而我還勉強接得上，所以倒顯得我行了。」「我在中學時讀國文，學作文，都是相當吃力的，勉強不落人後而已。❺」「在中學時，人都能看懂小說，我獨不能。我覺得看小說也要費力。至於高級一點的小說如紅樓夢、水滸傳之類，我進北大預科始能看得懂。❻」這裏並不排除牟先生自謙的成份，但也大致反映了牟先生那時學習的實際狀況。這一狀況正好反映了牟宗三讀書與求學艱難歷程。

牟認爲他不是一有巧慧的人，他不善於應考，認爲受考是一種可恥的事情，甚至認爲那是一種侮辱，並坦言若在科舉時代，恐怕自己連個秀才也考不取。因爲他不具有那種適應成規的巧慧。他說：「把着手去教我學點什麼事，我全然不能適應，儼若痴呆。那時我的生命被閉住了，靈魂塞住了，我全成被動，好像是塊木頭。左也不是，右也不是，手腳無措處。❼」但他自幼喜歡獨立運思，對自己親手去製作一樣東西有一種獨立自足的興趣。

儘管牟宗三不是一個有巧慧的人，他的心靈和氣質使他無法接受一套外在的機括，一套外在的程式，無論這套機括是自然的語言符號系統，還是人爲的文章結構，他的心靈都難以契接，但他的學術成就足以證明他是本世紀以來最有才華學者之一。他雖不具一般人所謂的小巧慧，但卻具有常人所不具有的大智慧，也許他捨己以從人的接受力不特顯，但他獨立的創造力則特強。他雖自謙自己的國文不行，事實上他並不乏文學才能，只要是讀過其《水滸世界》、《五十自述》等文章或著作的人，都會爲牟先生那富有哲理意蘊的文學才能所折服。他的學術成就誠然來自於他幾十年念茲在茲的辛勤耕耘，但沒有大智慧也無法駕御這些學術積累。

一九二八年春，牟先生告別棲霞中學，前往北京求學。同年暑期考入北京大學預備科。這一年，國民黨的北伐軍占領了北京，結束了李鴻章、袁世凱以來的北洋軍閥的統治，北京出現了短暫的平靜。那時的北京，五四新文化運動的餘塵未燼，各種新思想、新學說依然蕩激著青年學子的心靈，政治氣氛也十分濃烈，這對於從鄉村剛剛來到大都市的牟宗三來說，非常具有吸引力，感到從來未有的開擴、解放，使他一度對政治產生了興趣。然而這種興趣不久就消失了。在課外，他把五四新文化運動風雲人物的書籍都找來看，但眞正對他產生吸引力的是「科學與人生觀論戰」的文章。不過他感到張君勱的文章無光彩，丁文江的文章也無風姿，而吳稚暉的一篇長文（一個新信仰的人生觀與宇宙觀）對他產生巨大吸引力。他直接爲吳氏的那種浩瀚的生命和縱橫的才氣所吸引，爲他那壓倒一切、橫掃一切的氣勢所吸引。他說「我那時思想之受他（吳稚暉）的影響最深，可謂達泛濫浪漫之至極，粗野放蕩，幾不可收拾。文字荒謬，不避骯髒，全爲他所開啟。有一次先父看見了，大爲震怒，責斥何以如此。我當時極爲羞愧，答以外面風氣如何如何。先父則曰：擇其善者而從之，不善者而改之。何可如此不分好歹？外面那些風氣算得了什麼？我當時肅然警醒，心思頓覺凝聚，痛悔無地。大哉父言，一口範住吳氏的浩瀚與縱橫，赤手搏住那奔馳的野馬，使我頓時從漆黑一團的混沌中超拔，那些光彩，那些風姿，那些波瀾壯闊，頓時收煞、降伏、止息，轉向而爲另一種境界之來臨。[8]」

牟從浮泛中超拔出來，心思才眞正沉靜下去，開始讀《朱子語類》。開始他也不知朱子之所云，但讀了一個月之後，心思忽然開了，朱子說著這一句，他常能知道下一句是什麼。在大學預科時，他就對哲學產生了興趣，也表現出了他出色的哲學才能。他說：「我那時的想像非常豐富，慧解也非常強，常覺馳騁縱橫，游刃有餘。稍爲玄遠一點、抽象一點的義理，不管是那一方面的，旁人摸不著邊，我一見便覺容易通得過。[9]」預科過後，牟宗三先生直接升入北京大學哲學系。

北京大學可以說是中國現代哲學的搖籃，衆多的哲學名流或出自北大，或任教於北大。陳獨秀、胡適、李大釗、梁漱溟、張申府、熊十力、金岳霖、馮友蘭等都與北大有著某種關聯。牟在北大學習期間，張申府、鄧高鏡、林宰平、熊十力等仍執教於北大哲學系，金岳霖亦在北大兼課。北京大學開放、自由的學術氣氛，雄厚的師資隊伍，豐富的藏書，爲牟的學習創造了良好的條件。

在四年的大學學習中，對牟先生幫助和影響最大的，在校內是張申府先生和金岳霖先生，在校外則是張東蓀先生。這三位先生當時在中國哲學論壇上都是知名人物，張申府和金岳霖都給牟開哲學課，牟先生在課堂上認識了這兩位先生。至於張東蓀先生則是通過當時國內唯一的哲學雜誌《哲學評論》得以心識的。在這三位先生之中，張申府先生對青年牟宗三的影響尤爲重大。張先生是中國數理邏輯的奠基人之一，他早年介紹和研究羅素哲學，後轉向宣傳唯物辯證法。張是牟邏輯學、尤其是數理邏輯的啟蒙老師，也是其平素最親近、最相契的老師。後來由於牟對張參與政治活動表示不滿，便漸漸與之疏遠。然而牟進入邏輯領域並在邏輯學上取得了重大成就，張實具有引路之功。

當然在大學時期，除了上面所談及的三先生外，林宰平、沈有鼎等先生也曾對牟產生過某種影響，就牟宗三的文化生命而言，所有這些影響都是枝葉之影響，非根本之影響，對其文化生命和學術路向產生決定性影響的是熊十力。

## 三、遇見了熊十力，始嗅到了學問與生命的真意味

熊十力（一八八五—一九六八），中國現代最富有原創性的哲學家之一。他早年曾參加辛亥革命。共和國立，見黨人競權爭利，革命終無善果，轉向對中印兩方學術的探究，決心另闢一條學術救國的道路。曾入支那內學院問佛法於歐陽竟無大師，然由佛深契大易之大化流行，生生不息之理，從中國文化的內在生命處去體驗中國文化活的靈魂和現代價值，後捨佛歸儒，並成爲一代儒宗。二十年代初由梁漱溟推荐入北京大學哲學系講印度哲學，著有《新唯識論》等。

牟宗三是在上大學三年級的時候由鄧高鏡先生介紹認識熊十力。牟在《五十自述》一書中對與熊十力相識的過程有一段生動的描述。他說：有一個冬天的晚上，他去鄧高鏡教授家裏去，鄧拿出熊十力的《新唯識論》給他看，牟一看署款爲「黃岡熊十力造」，覺得十分奇特。牟拿回去後，一個晚上匆匆讀完。第二天，他去還書，問及熊十力是誰。鄧先生答應在第二天

下午中央公園吃茶的約會上予以介紹。第二天，牟準時而到，林宰平先生，湯用彤先生、李證剛先生俱在座。「不一會看見一位鬍鬚飄飄，面帶病容，頭戴瓜皮帽，好像一位走方郎中，在寒氣瑟縮中，剛解完小手走進來，那便是熊先生。他那時身體不好，常有病。他們在那裏閑談，我在旁邊吃瓜子。也不甚注意他們談些什麼。忽然聽見他老先生把桌子一拍，很嚴肅地叫了起來：『當今之世，講晚周諸子，只有我熊某人能講，其餘都是混扯。』在座諸位先生喝喝一笑，我當時耳目一振，心中想到，這先生的是不凡，……我在這裏始見了一個眞人，始嗅到了學問與生命的眞意味。…我當時好像直從熊先生的獅子吼裏得到一個當頭棒喝。[10]」此後他就經常去和熊先生晤談。有一次熊正告牟宗三，你不要以爲自己懂了，實則差得遠。說到懂，談何容易。牟認爲這話對他也是一棒喝。

熊先生對牟的教誨主要不是知識的，而是生命的，是道德人格的。當然熊對牟的教誨是多方面，但牟記憶最深者是熊與馮友蘭關於良知的一段談話。熊十力對馮說：「你說良知是個假定。這怎麼可以說是假定。良知是眞眞實實的，而且是個呈現，這須要直下自覺，直下肯定。[11]」良知是眞實的，是呈現，青年牟宗三聞所未聞，「這霹靂一聲，直是振聾發聵，把人的覺悟提升到宋明儒者的層次。」「由熊先生的霹靂一聲，直復活了中國的學脈。[12]」牟自與熊相識之後到他一九四二年出任成都華西大學講師止，他曾幾度長期朝夕相從熊十力，直到現在對熊仍念念不忘，尊崇有加。他認爲：「儒學之復興，中國文化生命之昭蘇，至先生（熊十力——引者注）始眞奠其基，造其模，使後來者可以接得上，繼之而前進。彼之生命，直是一全幅是理想與光輝之生命。[13]」熊對牟亦十分器重，推崇備至，稱他爲「俊才」。在牟工作與生活發生困難的時候，給予了牟以力所能及的幫助，並將學術生命的傳承寄厚望於牟。師從熊十力對牟宗三的學術發展具有重大意義。四十年代後期，牟由懷特海、羅素、維特根斯坦、康德轉向孔孟，由著意於對西學尤其是西方邏輯學、認識論的疏解、闡釋和建構轉向對中國文化尤其儒家人文主義重建，誠然有著諸多方面的原因，但與熊十力的引路之功有著重大關係。

四年的大學生涯，培育了牟宗三的哲學器識，爲其以後走上哲學的探索之路打下了堅實的基礎。在四年的大學生活中，他除了完成了課堂上的哲學學習以外，在課餘，他大規模地攻讀懷特海的自然哲學與易學著作，沉溺於中西兩方學術之間。在大學生活行將結束的時候，他完成一部易學專著：《從周易方面研究中國之元學與道德哲學》，並由此而得到沈有鼎先生的贊揚。一九三三年，牟告別了求學生涯，回山東任教。

## 四、與梁漱溟的交往

三十年代，國際國內局勢急遽動蕩。一九三一年，九一八事變發生，民族危機空前加劇。隨著東北的淪陷，華北危急，全國危機，已成了鐵的事實。牟宗三正是在這種背景下告別了學習生涯，來到魯西南的壽張鄉村師範教書。

一九三四年秋，牟辭去師範教席，北上天津，在社會科學研究所、與哲學家張東蓀、社會活動家羅隆基常相往來，並由張東蓀介紹，加入由張君勱、張東蓀發起組建的國家社會黨。一九三五年，其第一本學術專著《從周易方面研究中國之元學及道德哲學》在北大同學兼同鄉王培祚的資助下，由天津大公報社出版發行。一九三六年秋，牟去廣州，任教於私立學海書院，後學院解散，牟旋北上。

書院解散後，熊十力便請梁漱溟每月出三〇元錢供牟繼續從自己讀書。梁答應出錢，但提出了具有限制性的三個條件：㈠牟須到山東鄒平梁漱溟的鄉村建設研究院住相當時日，以便了解觀察一下他所從事的事業。㈡牟須讀人生哲學的書，不能光念邏輯。㈢不得做政治之利用。這些條件的提出一方面說明梁漱溟對牟宗三政治態度的不滿和學術傾向的不放心，另一方面說明梁充分利用一切機會，網羅青年，爲自己的政治目的服務。牟宗三一見梁提出的條件，立生反感，欲一怒而拒之。熊十力相勸再三，牟答應借返棲霞省親，便前往鄒平。到後次日見梁。梁問道「來此參觀否？」答曰：「已參觀矣。」又問道：「汝見云何？」牟明確相告：「只此不夠。」梁聞聽對自己滿懷信心的事業如此評價，勃然大怒：「爲何不夠，汝只觀表面事業，不足以知其底蘊。汝不虛心也。」牟說：「如事業不足憑，則即無從判斷。」凡相見，三問三答，極不協調。由是牟不辭而別。[14]自此牟、梁睽隔，終生無由得通。十年後，牟、梁再次以文字相見，關係更趨緊張，一九四六年，牟與錢穆的學生姚漢源在南京自費創辦《歷史與文化》雜誌，梁向牟訂閱該刊，牟借此機緣順便作一長函，對梁從事政治活動極盡規諫。梁竟率爾就牟之函紙作批寄還。牟時值血氣正盛，橫遭貶損，無法吞下，將批答一一剪下，完璧寄還。由此牟梁決絕！幾十年後，梁先生回憶此事，依然是他這人「脾氣眞大！」轉而又言：「沒想到他如今以哲學家名於世矣。」[15]

牟宗三先生不贊成梁的具體事業，不贊成他以「教主」的方式來解決中國的政治問題。認爲梁接不上儒家內聖外王的弘規，把握不住中國文化的大動脈，但對梁之爲人及其學問還是推崇的，認爲梁爲人極有性情，也有思考力，「獨能深入孔教最內在的生命與智慧」，「使孔子的生命與智慧亦重新活轉而披露於人間？」他開啟了宋明儒學復興之門，使吾人能接上宋明儒者之「生命與智慧」[16]這是對梁極高的褒揚。

## 五、困頓歲月

一九三七年，牟宗三在北京出任國家社會黨機關刊物《再生》雜誌的主編。是年，日寇大舉進攻中國，全國人民奮起抗日。秋天，牟由北京出來，於栖霞小住，旋往南京，由南京經長沙往衡山。復在張之洞曾孫、西南聯大學生張遵騮的資助下，隻身去桂林。

一九三八年，牟在廣西田間教中學，課餘，散步於田間地頭，沾浸於對現代邏輯問題的思考，構思「羅輯典範」一書的寫作，在那遠離城市的窮鄉僻壤，許多本來困惑的邏輯問題反而想通了。同年，應張遵騮之邀往昆明，在昆明度過了他一生最爲困頓的時期。

在昆明，張遵騮及牟宗三都認爲謀事並無困難。事實上，在國難當頭危機時刻，許多人從淪陷區逃到昆明，找事做談何容易！牟先生寄人籬下，外表洒脫，而內心十分焦急，張遵騮一面寬慰他，一面東奔西跑爲牟謀職，謀得雲南大學講席，復爲他人頂替。熊十力遠在重慶，亦爲牟天涯漂泊，衣食無著而焦急。乃函告當時北大主事者湯錫予，竭力推荐牟返北大任教，以解除牟昆明絕糧之苦。湯告之，胡適那裡通不過，時胡適已離開北大，做了政府的駐美大使。胡適究竟如何使其通不過，已無從考證。然而牟宗三與胡適在北大有一段不愉快的交往亦是實情。昆明謀事不成，北大任教無望，被迫函告國家社會黨主席張君勱，求其給予幫助。然石沉大海，杳無音信，不久張君勱偕其任交通部長的弟弟張公權往察滇緬公路，經昆明，下榻翠湖旅店。牟先生從當地報紙上得知，逕往張之住處。張一見牟，頗感驚訝。牟問張，「前上函，收到否？」張答從未收到，牟甚爲失望，然還是以眼前之處境，生活之狀況相告，並說明《再生》雜誌在昆明銷路不暢，要求在昆明推銷《再生》雜誌，以謀得五十元生活之需。張說：「你去租房子，開好預算，即囑重慶寄款。」牟時下處境艱難，何談租房、開預算，牟宗三對張的這種裝聾作啞的搪塞之詞甚爲惱怒，含憤而去。暑去秋來，張遵騮須至上海，牟送其至車站，張留下七、八十元錢，以供牟生活之用，牟接過錢，望著那將開動的火車，直覺天昏地暗，日月無光，與患難交、肝膽友無語以別。數十年後，牟回憶說：「當時之慘淡直難形容。我事後每一想及或敘及，輒不覺泣下。」⑰

遵騮走後，牟宗三又致函熊十力。時熊十力正應馬一浮⑱先生之邀，講學於四川樂山復性書院。熊十力力荐牟宗三進書院，馬一浮辭以無款。熊十力乃通過當時的教育部長陳立夫，由教育部出薪，以都講的名義進住書院。牟宗三接熊十力函即啟程赴四川。途經重慶，見張君勱，由於《再生》雜誌主編梁實秋已辭職，張君勱遂以《再生》事相托，勸牟留重慶，牟堅決不肯，遂與張鬧僵。經友人多方勸解，乃答應暫留《再生》處。

牟繼續往嘉定，拜見熊十力先生，船至敘府，接熊十力函，囑其勿來。熊十力住書院，與馬一浮相處極不諧，決然離去。時日本強盜的飛機在四川各地狂轟濫炸，熊十力爲日機炸傷，寄寓璧山，牟往見，師生見面，相對而泣。在璧山逗留數日，返重慶，主《再生》事，次年，以講師名義任大理民族文化書院。

大理民族文化書院解散後，牟返重慶北碚金剛碑勉仁書院依熊十力。勉仁書院爲梁漱溟所辦，但梁在香港辦《光明報》，並不住在書院。然書院諸君子對梁敬若神明，牟與梁不諧，間接依附梁漱溟並不歡暢，如是又是一年。

一九四二年，由唐君毅⑲先生推荐，牟宗三轉赴成都大學任講師。三年後，抗戰勝利，舉國歡慶。牟自成都轉往重慶，任教於中央大學哲學系，始與唐君毅共事。一九四六年春，牟隨中大自重慶遷往南京。時內戰已起，南北交通阻隔，牟與家人久無聯繫，便以自己教授薪水與姚漢源等一起創辦《歷史與文化》，以疏導民族的文化命脈、學術命脈。然終因經費困難只印三期而停辦。一九四七年秋，由牟先生輪任中大哲學系系主任，因與資深的方東美先生發生衝突而轉往金陵大學、江南大學任教，來往於南京、無錫間。一九四八年，與熊十力同赴浙江大學哲學系任教。一九四九年，春天，牟宗三先生由杭州經上海去廣州。同年春夏之交，隻身乘船去台灣，開始了他後半生的漂泊生涯。

## 六、創辦人文友會

牟宗三尚在廣州時，梁漱溟的弟子黃艮庸曾勸他不要去台灣，擔心一去台灣就回不來了。牟對此不屑一顧，決然渡海赴台。牟之赴台，既有政治原因，亦有文化上的原因。

牟宗三先生抱定終生不經商，不做官。不做官，並非不關心政治，更不意味著沒有鮮明的政治立場和態度。大陸的變局，牟不留大陸而去前途渺茫的孤島，就是其政治立場和態度的鮮明反映，亦是其文化立場的鮮明反映。如果他終生從事邏輯學的研究，而不去涉獵生命的學問，或者說他只將其學問停留在抽象的「非存在」領域而不打落到「存在」領域，也許他會另有選擇。他所擔心的是中華文化生命的斷裂。故而他堅守中國文化之儒家立場，站在孔子的角度說話，以對儒家態度，對孔子的態度劃分敵友。在他看來，中國文化是決定中國之所以爲中國的根據，而儒家學說，孔子學說又是中國文化的主流、主體或主位。所以他對大陸以馬克思主義取代儒家文化的地位甚爲不滿，甚至認爲這種取代會使中國文化全部淪喪。由此他無法理解馬克思主義，極力反對馬克思主義。

一九五〇年秋，牟應台灣師範學院（後改爲台灣師範大學）之聘，主講邏輯學、哲學概論、先秦諸子、中國哲學史等課程，他隻身住進台北公館附近的一座幽靜的庭院，取名曰「東坡山莊」，學生出入甚爲方便。諸如蔡仁厚、唐亦男、陳修武、陳癸淼、王淮、陳問梅等就經常出入他的住所，他亦經常在寓所爲學生講課。實際上，在他身邊，圍繞著一大批關心中國傳統文化命運的青年學生。

一九五一年夏，他開始主講台灣師大的人文講習會（後改爲「人文學社」）。人文講習會原是師大的幾位教授和一些從大陸來的青年學生共同組織的非正式的學術團體，牟是該會的發起人之一。該會旨在師生之間相互切磋，以討論中國的命運和前途，探求中國文化的出路。由於學社的擴大，入社人員亦雜而不純，於是牟便應部分同學之請捨去原社，另成立了人文友會。一九五四年八月十四日，在「東坡山莊」舉行了人文友會的首次聚會，並約定以後每兩周舉行一次。從第二次聚會起，改在師大教室進行。參加人數常在三十人左右，有時多達四十人。像蔡仁厚、戴璉璋、曾厚成、周文傑、王淮、陳問梅、陳癸淼、唐亦男等都是人文友會的參加者。人文友會講習的目的在於「疏導時代學風時風病痛之所在，以及造成苦難癥結之所在。如此疏導，點出主要脈絡，使人由此悟入，接近積極健全之義理，重開價值之門，重建人文世界」。[20]人文友會講習範圍十分廣泛，包括古今中西學術思想、哲學思想以及與文化、時代、國家相關的問題。講習的形式主要爲牟先生主講，有同學作記錄，提問、答疑、討論交替進行。一九五六年，牟先生離開了台灣師大，前往東海大學任教。赴任之前，牟先生爲人文友會作了最後一次講習，至此連續兩年的師大人文友會宣告結束。

師大之人文友會結束，並不意味著牟先生此種講學方式的結束，一九五七年十一月，東海大學學生組成了一個類似人文友會的聚會，每週一次，亦在夜間進行，參加者常在百人以上。爲轉化人心，開化風氣，引導青年向上，牟先生不遺餘力。

牟先生不僅是青年學生的師長，亦是青年學生之良友，更是人文友會的精神領袖。在他周圍，團聚著一批摯愛中國文化的青年。他的住所，青年學生出入甚爲方便，大家聚在一起，常數日不散，聽講、討論、下棋、吃飯、睡覺、談天說地，從容自在，無拘無束。當年團聚在牟先生周圍的人物，而今都成了台灣學界的核心人物，如蔡仁厚、戴璉璋、唐亦男、王淮、王邦雄等。

一九五八年元旦，與唐君毅、張君勱、徐復觀聯名發表「爲中國文化敬告世界人士宣言」。這個宣言系統分析了西方人士乃至中國某些人士對中國文化的種種誤解，全面闡述了他們對中國文化、西方文化乃至人類前途的看法，是當代新儒家的綱領性論著。是年秋，牟先生與趙惠元女士結婚，結束二十餘年來隻身飄零的孤單生活。

## 七、講學新亞

一九六〇年十月，牟宗三應香港大學之聘，離台赴港任教，主講中國哲學。一九六八年春，應唐君毅先生之約，由港大轉入香港中文大學研究院及新亞書院任教。

新亞書院是由錢穆、唐君毅、張丕介於一九四九年共同創辦的。它承襲宋明書院講學精神，旁採西歐的導師制度，以人文主義爲教育宗旨，溝通東西學術與文化，試圖在香港這塊殖民地上再植民族的靈根。一九六三年，香港中文大學成立，新亞遂爲其兼併成爲中大之成員書院。新亞研究所乃新亞書院組成部分，一九七五年該所脫離新亞書院而獨立，唐君毅任所長。一九七四年，牟宗三從中文大學退休後，專任新亞研究所教授。一九七八年，唐君毅先生去世，一九八二年，徐復觀亦歸道山，牟宗三成了新亞精神的象徵，成爲當代港台新儒家的精神支柱。

一九七六年以後，牟先生抽出相當多的時間往台講學，先後在中國文化大學、台灣師大、台南成功大學、台灣大學、東海大學等校講學，尤以在台灣大學講學的時間爲最久。一九七七年，被台灣哲學學會推選爲常務理事。

一九八〇年七月應韓國退溪學研究院理事長李東俊之邀，赴南朝鮮作學術訪問，台師大教授戴璉璋、韓國學者梁承武同行。先後訪問了成均館、陶山書院、啟明大學等校，並作了多場學術演講。一九八四年，獲台灣行政院頒發的本年度文化獎。一九八七年，獲香港大學榮譽博士學位。

## 第二節 牟宗三思想之邏輯發展

牟宗三先生的思想轉進大致分四個階段。大學時代爲第一階段，其代表作爲《從周易方面研究中國之元學與道德哲學》。大學畢業到赴台以前爲第二階段，其代表作爲《邏輯典範》和《認識心之批判》。第三階段爲在台灣講學時期，代表作有《歷史哲學》、《道德的理想主義》、《政道與治道》。第四階段爲在港講學至今，代表作有《智的直覺與中國哲學》、《現象與物自身》、《圓善論》、《心體與性體》等等。四個階段先後繼起，依次呈現，存在著邏輯上的聯繫和義理上的勾連。第一階段爲直覺的解悟，第二階段爲架構的思辨，第三階段爲文化意識的發皇，第四階段爲道德形上學之重建。

### 一、直覺的解悟

大學時代的牟宗三，對柏格森的創化論，杜里舒的生機哲學，杜威的實用主義，達爾文的進化論等皆有所接觸，這些成套的、新奇的觀念，皆有助於他那外在的、想像式的直覺解悟。不過這時的牟宗三對西方哲學的傳統，尚未有親切的體認和深層的了解。然而，對羅素之哲學、數理邏輯、新實在論，頗感親切，但亦不能作獨立思考。這時期，他用力最久、最感興趣的是懷特海的哲學及易經。用懷特海的有機宇宙論來闡發、理解周易，並由之發現了中國哲學的義和之官的智的傳統。

牟宗三對易學的了解，涉獵是相當廣泛的，對漢易、晉宋易、清易皆有所觸及和研究。然其代表作《從周易方面研究中國之元學及道德哲學》亦無意對周易作系統的介紹，而是試圖通過對《周易》的研究去闡述中國古代的元學及道德哲學，或者說去發掘那種懷特海式的有機宇宙論和科學哲學觀。他說：「本書之作，不在宣傳方法，不在宣傳主義，不拘守倫理人事，不喧嚷社會基礎，但在指出中國純粹哲學與純粹科學之問題」。㉑他認爲周易從六十四卦到八卦，從八卦到乾、坤、陰、陽，到《序卦》，《雜卦》、《彖傳》、《象傳》、《說卦》、《文言》，形成了一個有機有神有理的美構。他說：「《周易》全是以「卦象」或「符號」來表象世界。卦象間的關係即是表示世界的關係；解說卦象即是表示吾人對於世界之知識」。㉒將象數義理聯繫起來，視《周易》系統爲一有機的整體，無疑是深刻的見解，這一見解的形成充分體現了牟宗三豐富的想像力。

他根據《周易》全書的結構，指出《周易》含有四方面的意義：「數理物理的世界觀，即生生條理的世界觀」。「數理邏輯的方法論，即以符號表象世界的『命題邏輯』觀」。「實在論的知識論」，「即以彖象來界說或類推卦象所表象的世界之性德的知識論」。「實在論的價值論，即由彖象之所定所示而昭示出的倫理意謂」。㉓他認爲《周易》物理方面的原則是「陰陽」，是「變易」，是「生成」，可以用「易」字來表示之；數理方面的原則是「序理」是系統，是「關係」，可以用「序」字代表之；符號表象世界是卦爻，可以用「象」字表示之；倫理的原則是「意謂」，是「價值」，可以用「象」來表示之。在他看來，這四層含義至爲重要。他說「不把握住此四含意，不能明周易，或甚至可說不能明中國思想」。㉔《周易》這四層含義實際上是牟先生發掘出來，並加以闡發的。《周易》本身並不如是談。《周易》言象數義理占，用一套卦爻系統去表詮、解說世界，然而表詮、解說本身並非是目的，它的目的在預測人們社會活動的吉凶成敗，而它對世界的表詮和解說不過是爲其預測的功能提供理論依據而已。至於後人舍占不談，將《周易》的理論廣泛應用於天文、曆律、醫學、音樂、軍事、武術等領域，使其「範圍天地而不過，曲成萬物而不遺」那不是原來的《周易》，而是後人心目中的《周易》，當然，《周易》是一開放的系統，不同時代的學者，依據自己時代的精神，對《周易》作出自己的解說，不僅不是對《周易》的背叛，相反是對《周易》的發展，對《周易》的貢獻。以此來衡量牟宗三對《周易》的表述，我們認爲他亦有功於易學。

牟先生認爲《周易》一書，前兩條含義爲漢清易學所發揮，第三種含義則無人繼承，第四種含義則爲晉宋易所明。而「漢清的易學是動的、科學的、物理的、象數的；晉宋的易學受佛老之影響，是靜的、玄想的、倫理的」。並認爲漢清易學爲物理後學（Meta-Physics），晉宋易學爲倫理後學（Meta-Ethics），這些分析都潛藏著深刻的哲學器識。但通觀全書，人們不難發現其中不少論斷在今天看來未免顯得稚氣，然而稚氣之中，亦見其乾淨利落。

「從周易方面研究中國之元學及道德哲學」一書，事實上也存在着其他一些嚴重不足。其一它基本上是用西方哲學的觀念、思維方式、理論架子、價值取向去規範中國哲學，發現中國哲學，衡定中國哲學，其本意誠然是爲中國哲學鳴不平，證明中國哲學之純粹哲學及科學哲學之存在。然而，卻不知不覺地落入了西方中心主義的窠臼，且這樣一來還難免有牽強附會、生拉硬扯之嫌；其二，此書中的結論雖顯嚴整，然也有一些顯得過分大膽。如講胡煦是中國的最大哲學家，在中國只有公孫龍和他始可足稱「哲學」這個名目等，諸如此類武斷的結論並不少見。

當然這並不否認該書的價值，該書從具體部分入手，去俯視探索中國哲學的整體性特徵，在學術研究中具有特殊意義，任何學術研究不僅需要從整體、宏觀的角度去俯視微觀的部分，而且還需要從局部，從微觀中去探索整體、宏觀的特徵。而後者在中國文化研究領域至今尚不多見。而「從周易方面研究中國之元學及道德哲學」一書則是這種研究之代表作。這種研究學術的路向至今仍有借鑒、參考價值。時至今日，該書有些觀點仍有啟發意義，甚至是千古不變之言。就牟宗三本人的思想轉進言，這部書具有過渡意義。他對《周易》的研究是其思辨和邏輯興趣的結果，而通過對《周易》的系統研究，又進一步激發了他的思辨邏輯興趣。在他看來，《周易》之卦爻系統就是數理邏輯或符號邏輯，他說：「卦可以是一個邏輯命題，爻亦可以是一個邏輯命題。卦是復合命題，爻是簡單命題。命題之合仍爲命題。從這方面看，是謂『數理邏輯』或『記號邏輯』」[25]。牟並未由此深入探討中國哲學中的記號邏輯，而是回歸到邏輯本身，對邏輯系統進行了長期卓有成效的研究。他的思想也就由直覺的解悟轉進到架構的思辨。

## 二、架構的思辨

從大學畢業至離開大陸是牟宗三先生客觀悲情特別昂揚之時期，就思想之演進言，他完成了由直覺的解悟到架構思辨的轉變，復由從架構的思辨轉向具體解悟。這時期，其代表作有《邏輯典範》和《認識心之批判》。大學畢業後，牟除了寫一些政論、時論外，在學思上迅速由對中國純粹哲學和科學哲學的探討，轉向對邏輯系統的廣泛深入研究。

牟先生于抗戰時期在大陸原有「邏輯典範」出版於商務印書館。此書嫌龐大而蕪雜，牽涉又廣，分際不清。來台後，乃作廢，決定把它打開，重寫爲兩部：一爲「理則學」，一爲「認識心之批判」。「理則學」具備四個系統：一、由亞里士多德決定的「傳統邏輯」，亦稱「一般邏輯」；二、由來布尼茲決定的「邏輯代數」，此則將傳統邏輯的三段推理表現得更爲確定而形式化；三、羅素與懷悌海數學原理中所陳列的「數理邏輯」，此則將邏輯代數中的項目演算轉化爲命題演算，此亦曰「眞值函蘊」系統（system of Material implication）。四、爲美國路易士所造的「嚴格函蘊」之系統（system of Strict implication）。此系統之所以出現，蓋由於路易士見到有某種邏輯眞理如構造一符號系統中之基本公設需要既足夠又必要，既獨立又相干，這「既獨立又相干」之邏輯眞理非眞值函蘊所能表示也。西方形式邏輯（符號邏輯）發展至今有高度進步。然至今爲止亦只有此四系統，再未見有其他系統之出現。

學者必須先精熟這些符號系統，然後進一步再對於這些系統有一種解釋，這當原於邏輯哲學問題。關於這種解釋當有兩層。一層是形式主義的解釋，或曰約定主義的解釋。就這些符號系統空無內容，純是形式的推演，且都是套套邏輯式的推演（tautological deduction）而言，便是形式主義的解釋。就這些符號系統之爲多元的而言，它們開頭的基本觀念或定義都無唯一的必然性，都要視隨意的選取約定而定，這便是約定主義的解釋。當時此說甚爲流行，因此，有所謂多元邏輯之說，一如幾何之有歐氏幾何，又有非歐幾何，有三度空間，又有四度空間（隨相對論之出現）乃至n度。如此，邏輯便無必然性與定然性。此說表面觀之，似甚有理。其實仔細一想，似是而非。符號系統可多，邏輯不能多，即是說，人類的理性思想不能有異樣。你就是反邏輯你也不能不邏輯地反之，你必須自身同一，你不能反而又不反，你不能自相矛盾。就是形式主義、約定主義所解釋的符號系統之多也不能無限多，也不能隨意多。因爲構造一個空無內容的套套邏輯式的推演系統必有其基本句法，如眞值函蘊，嚴格函蘊、全稱、偏稱，肯定、否定等，構成這些基本句法必依靠一些羅素所叫做的「邏輯字」（Logic-words），如「是」、「不是」，「一切」，「有些」，「與」，「或」，「如果——則」，這些都是邏輯字（意即不是物象字）。邏輯字不能無限多，一如構成一種自然語言如中文，也必須有些虛字，如之、乎、者、也、矣、焉、哉，這也不能無限多。這裡只有七個。以前的讀書人常說：之、乎、者、也、矣、焉、哉，安排妥當就是好秀才。安排妥當就是文章通順，否則就是文章不通。

構成邏輯句法的邏輯字既不能無限多，所以對於符號系統的約定解釋就不能無限隨意。就古今已有的四個系統而言，傳統邏輯的A、E、I、O所構成的三段推理式（此亦曰屬關係的定言，言推式，理即主謂式）便用到了是與不是（表示質的肯定與否定）一切與有些（表示量的全稱與偏稱），屬關係的假言推理式則用「如果則」，屬關係的選言推理式則用「或」。翻爲邏輯代數，再翻爲邏素的數理邏輯（即眞值函蘊系統），亦不出傳統邏輯中質、量、關係三類邏輯字。這三個系統皆未用到「程態」這一類邏輯字。眞（實然），可能、不可能，必然，這一類便是程態邏輯字。路易士的嚴格函蘊系統便用到了程態邏輯字，最基本的是「可能」。凡不矛盾的就是「可能的」，凡可能的不一定就是突然的，亦不一定就是必然的，凡矛盾的就是不可能的，凡「可能假是不可能的」便是必然的。因此，眞，可能，不可能，必然，這些邏輯眞理，在嚴格函蘊系統裡都能表示出來。但在羅素的眞值函蘊系統裡，眞就等於必然，假就等於不可能，這只是眞假二值系統（Truth-falsehood System）。曰眞值函蘊只是眞假二值之簡稱。因此，邏輯字到嚴格函蘊系統都已用盡，因此，再無新的代表純邏輯的符號系統被創造出來。因爲邏輯中把知識判斷分類只爲爲質、量、關係、程態四類，這種分法至康德時還仍是如此，即至今日，也未見有任何變更。這一點既確定，則符號系統之多便不能隨意無限多。因此，牟對於空無任何內容只是套套邏輯式的推演系統之解釋，便須有進一步的解釋，即除形式主義、約定主義的解釋外，還須進一步再對之作理性主義、先驗主義的解釋，如是方能保住邏輯底唯一安然性及其定然性。

對空無任何內容的套套邏輯式的推演系統要作理性主義的解釋，首先牟先生須視之爲思辨理性自身之展現。這思辨理性亦曰辨解理性或曰知解理性或曰成功理論性的理性，此是相對實踐理性而言，總之亦可曰邏輯理性。如是，這思辨理性自身之展現，依康德亦可曰純粹理性之展現。這純理之所以如此開展而爲純理是有其一定的法則的。人們首先注意到三條思想律。但牟先生則注意到三條思想律底基本條件是對偶性原則（Principl of Duality）：“a+(-a)=1”。由此對偶性原則之建立，然後有排中律：av-a，然後順a與-a各有其同一律a=a，-a=-a，與矛盾律-(a,-a)，-{-a.-(-a)}。這四條基本法則是任何思想所必須遵守的，同時也就是純理自身之開展。一個三段推理和一個套套邏輯式的推演系統是同質的。這是知解理性之必然，這不是由經驗歸納而如此的。故進至這種解釋曰理性主義的解釋，這必然亦函著是先驗主義的解釋。

吾人以如此解釋的邏輯來提練我們的知性，這名曰純粹知性。將這樣解釋的邏輯來撐開我們的認識心以明其成功知識的全體大用，這便是牟先生「認識心之批判」一書之所表達。故由「理則學」與「認識心之批評」兩書便表示出牟先生所謂「架構的思辨」。牟先生原以為「認識心之批判」可以代替康德「純粹理性之批判」。其實這差的遠。後來牟先生覺得「認識心之批判」雖自成一套，然這只能表示知性之邏輯性格，而康德那一套則是表示知性之存有論的性格。知性之邏輯的性格易解，而知性之存有論的性格，所謂知性為自然（現象界的自然）立法，則甚難通透明白。不但中國人難明，即經驗主義實在論的英美人，至今亦難明白。不但英美人難明，甚至德國新康德派如加西勒亦未肯坦白肯定此說。然而康德則認為此說乃不可移。牟先生為徹底消化康德，使之百尺竿頭進一步，不但要通透明白此說，且承認人可有純智的直覺，使其所謂智思界（本體界），最重要的是「自由」與「物之在其自己」（物如），不只是一「設準」，且是一「呈現」。至於靈魂不滅與上帝存在則不在此內，因為這是屬於基督教神學中事，而中國則只有儒釋道三教，並無神學也。因此，牟先生最後所成就的是道德的形上學。然達至此境是牟先生四十歲後經過四十餘年不斷的積學積思長途的歷程而後至。其實際經過如下述。

牟宗三自大學畢業到離開大陸的十餘年間，是中國社會急遽變化的時期。民族的災難，國內的戰亂，無一不激起這位浸潤於架構思辨之境的哲學家的思考，激起一種客觀悲情。他由純抽象的思辨之境進入對歷史文化的關注是其思想演進之必然，亦是現實刺激所使然。

## 三、德性的顯揚

牟宗三在台灣、香港兩地講學，屈指已有四十餘年。這四十年，是他在學術上取得輝煌成績的四十年，在這一時期，他先後出版了二十餘部專著或譯著，發表論文數百篇，使其成爲在當代新儒家中最富有思辨色彩和最富有原創性的思想家，成爲一位能與當代世界上任何一位哲學家相媲美的東方哲人。

牟先生的這四十年，實際上又可劃分爲兩個階段，從四十年代末到五十年代初是爲第一階段，從六十年代初到今是第二階段。第一階段是其文化意識最爲昂揚之時期。四十年代後期，他雖潛心於純哲學問題的研究，然而，由於現實的刺激，他已十分關心中國歷史的命運和文化的前途。一九四六年，他創辦了「歷史與文化」，借助這一刊物向國人大聲疾呼：對近百年來的民族命運要作出眞正的反省，以昭甦國魂，喚起士心，認取孔孟精神。到台以後，他沿著這理路全面拓展，遂有《道德的理想主義》，《政道與治道》、《歷史哲學》之創作。在這些著作中，他將西方文化拉進來，作爲全面反省和徹底檢討傳統文化優劣得失的參照。這個時期是其「文化意識及時代悲感最爲昂揚之時。」四十年代所蘊蓄的文化意識，至此始全部瀉出，一發而十年之久。即使是六十年代中期所著的《心體與性體》、《才性與玄理》乃至更晚而成書的《佛性與般若》，亦未走出這種意識的籠罩，同樣爲這種意識所周流貫注。這一意識的集中體現就是由孔子的仁所生發的道德理性。其主旨在於「批抉中國文化之癥結，以期蕩滌腥穢，開出中國文化健康發展之途徑。」[26]這樣就使他由藝術性興趣之不容已轉到道德上的擔當不容己。在這時期，他系統闡發了儒學第三期發展之問題，提出了「三統」並建之說，即承續由孔孟所開闢的宇宙、人生之大源，以光大道統；完成近代以來的民主建國，以建立政統；開出獨立的知性領域，以完成學統。牟先生一生所思考的問題就是如何由內聖而開出新外王的問題，那麼這時期是其學術發展的關鍵時期。

## 四、哲學的重鑄

六十年代初，牟宗三先生由台來港講學至今，這是其思想發展的最後階段。這一階段既承續了前一時期的工作，又邏輯地開進到了新階段。這個時期是他融攝西方文化，建立自己的理論體系的時期。《智的直覺與中國哲學》、《現象與物自身》、《圓善論》等是這一時期之代表作。在這些著作裏，他提出並論證了道德的形上學或曰實踐的形上學的哲學構想，指出：道德的形上學含有兩層存有論，即執的存有論和無執的存有論，或曰現象界的存有論和本體界的存有論。現象界的存有論是其架構思辨時期對哲學思考的進一步升華，它是科學與民主的哲學基礎。本體界的存有論即眞正的形上學，它是由孔孟所開闢，由宋明理學家們所充分完成的心性義理之學。良知自我坎陷說則是聯結兩種存有論的中樞。他認爲執的存有論主要取自康德哲學，無執的存有論則主要取自中國傳統哲學。兩種存有論的融貫不隔，亦即中西哲學、中西文化的消融與升進。

在完成了道德的形上學之後，牟宗三先生沿無執的存有論繼續攀緣，以孟子的天爵與人爵，所性與所樂爲基本義理，解決康德在西方哲學的背景下提出然而又無法解決的德福一致問題即圓善問題。爲使圓善問題得眞正解決，復引入了佛教天台宗之圓教思想，他以儒家義理爲尺度，重新審視天台之圓教，道家之圓教，認爲皆非圓實教或眞圓教，只有以道德意識爲入路的儒家之圓教才是大中至正之圓教，才是圓實教。「圓教成而圓善明」，哲學思考就此而止，哲學之究極形態才最後建立起來。

牟先生的一生思想之發展就是一展開的哲學之體系。他的思想步步深入，層層展開，前後期存有邏輯上的先後繼起和義理上的勾連。其思想的每一步轉向都意味著升入了新的層面，而新的層面的升入同時又意味著開闢了更加廣闊的思想天地，最後消融中西百家之學，建立起博大、精深之思想體系，成爲一代大哲學家，造極當代儒門，完成儒學由傳統向現代形態的轉進。

牟先生現今已八十有五，仍活躍於港台學壇，一九九〇年十二月，台北舉辦「當代新儒學國際研討會」，他發表了長篇演講。九二年十二月十七日，第二屆新儒學國際研討會在台北召開，牟先生由港赴台參會，並作了題爲「中國文化發展中的大綜和與中西傳統的融會」的演講。牟先生是當代新儒家中第二代學人僅存之代表，他的言行甚爲國內外學者所關注。其影響也在衝出華人世界且正逐步具有世界性。

## 注釋

❶ 牟宗三等《生命的奮進》第一三二頁，時報文化出版事業有限公司，一九八五年三月出版。

❷ 牟宗三《五十自述》第四—五頁，鵝湖出版社，一九八九年一月出版。

❸ 同上書，第十五頁。

❹ 同上書，第二一頁。

❺ 同上書，第二二頁。

❻ 同上書，第二三頁。

❼ 同上書，第六頁。

❽ 同上書，第三五頁。

❾ 同上書，第四二頁。

❿ 同上書，第八六頁。

⓫ 同上書，第八八頁。

⓬ 同上書，第八八頁。

⓭ 牟宗三《生命的學問》第一一七頁，台北三民書局，一九八四年七月第三版。

⓮ 牟宗三對此在《生命的學問》和《時代的感受》兩書中均有回憶。其中在《時代的感受》一書中寫到：「我從廣州返北平，熊先生（熊十力）要我藉回鄉之便順道拜訪梁先生，梁先生要我參觀他的鄉村建設。我們見面只三問三答，便談不下去了。梁先生問我：「你參觀了沒有？」答：「參觀了」。又問：「你參觀後感覺怎樣？」我說：「梁先生想以這種鄉村建設的方式解決中國政治問題似乎不夠，做不到！」梁先生很詫異，又問我：「你怎麼說不夠呢？你表面看的不能代表我心中的理想」。我說：「鄉村建設是你的事業，你以爲能代表你，才要我去參觀的，既然不能代表你，什麼能代表你呢？旁人無法判斷」。接著梁先生又把我教訓了一頓，說：「你不虛心」，這樣我就告辭了。」第二四二—二四三頁）。

⓯ 參見蔡仁厚《牟宗三先生學行紀要》。

⓰ 《生命的學問》第一一二頁。

⑰《五十自述》第九七頁。

⑱馬一浮（一八八三—一九六七），名浮，字一浮，浙江紹興人，與熊十力、梁漱溟並稱現代儒者三聖，其人學識淵博，爲我國當代理學名家。

⑲唐君毅（一九〇九—一九七八），四川宜興人。受業於方東美、熊十力諸人，一九三七至一九四〇年任華西大學講師，一九四四年任中央大學哲學系主任，一九四九年與錢穆、張丕介創新亞書院，與牟宗三同爲當代新儒家的精神領袖。

⑳韋政通《儒家與現代中國》第三〇二頁，台灣三民書局，一九八四年七月初版。

㉑牟宗三《從周易方面研究中國之元學及道德哲學》〈自序〉，天津大公報社印行，一九三五年版。

㉒同上書，〈導言〉。

㉓同上。

㉔同上。

㉕同上。

㉖《道德的理想主義》〈修訂版序〉。

# 第二章　徹法源底

## ——儒釋道三家義理之疏解

「誦數古人已有之慧解，思索以通之」，以期重建中國文化，開出中國文化的現代形態，是牟宗三思想體系的重要特徵。五十年代以後，牟先生傾注了大量的精力從頭疏導中國文化，故有《歷史哲學》、《名家與荀子》、《才性與玄理》、《心體與性體》、《佛性與般若》、《從陸象山到劉蕺山》等著作的寫作。《歷史哲學》與《名家與荀子》的相當部分是疏導原始儒家；《才性與玄理》從哲學史的角度看是疏導魏晉玄學，但從義理的角度說則代表了牟先生整個道家的基本看法；《心體與性體》和《從陸象山到劉蕺山》是疏導宋明儒學，它也展現了牟先生對整個理學的基本傾向；《佛性與般若》是疏道南北朝隋唐佛學，它反映了牟先生對整個佛學的基本態度。從頭疏解儒釋道三家義理是牟宗三先生本內聖開新外王這一核心工作的重要一環，是建立其整個思想體系的基礎工程。因而由此而了解牟宗三的整個思想體系，也許是一條方便之路。

## 第一節　由靈光爆破到創制建國——論儒學的原始形態

牟先生原計劃寫《原始典型》以疏導先秦儒道兩家，然而，至今未能如願。這一事實告訴我們牟先生至今尚沒有一部系統講述原始儒家的著作。他對先秦至兩漢儒學的疏導集中反映在《歷史哲學》、《道德的理想主義》、《名家與荀子》、《心體與性體》等書的有關章節中。牟先生對儒學原始形態的疏導是其全面反省和檢討中國文化，尤其是儒釋道三教義理的開始，為加深對牟先生這種疏導的理解，讓我們先看看他的疏導方法。

### 一、生命的證悟與客觀的了解——歷史文化研究法

在歷史文化的研究上，牟宗三先生堅決反對五四以來流行的唯科學主義，他要求人們將歷史文化落在生命上，以期達到客觀的理解或相應的了解。他認為歷史文化的研究有兩種截然不同的態度，而這兩種不同的研究態度又導致了完全不同的兩種結果。他說：「我必須指出對於文化的兩種態度：一、是把文化推出生命以外視為外在的材料，在這種態度下，就是講孔子耶穌，亦視為外在的東西。視為外在的東西，完全與人不相干，與生命不相干，與人格不相干，他們才好從事排比爬梳，作歷史的考據，美其名曰科學方法。科學方法誠然是科學方法，因為就自然科學言，它所研究的是自然現象，而自然現象本是外在的東西，從獲得知識上說，當然須用觀察歸納的方法以整理之。把這種方法用在歷史文化上，當然也是科學的。當然也必須把

歷史文化推出去視爲外在的物質材料。但這樣一來，則歷史文化毀矣，孔子耶穌死矣。二、是把文化收進來，落在生命上，落在生活上。看歷史文化是聖賢豪傑精神之表現，是他們的精神之所貫注的；看聖賢豪傑是當作一個道德智慧的精神人格來看。在這種態度下，歷史文化可以保住而復其眞實性，孔子耶穌可以不死而在我們當下生命中起作用，因此，文化意識自然油然而生，沛然莫之能禦。」❶顯然，他堅決擯斥五四以來在歷史文化研究中盛行的科學態度和方法。堅決反對把歷史文化推出自身生命之外，作爲一客觀、外在的東西加以研究，更反對海內外的漢學家和「整理國故」者們把中國文化當作已死的東西、當作化石，當作屍體進行考證和解剖。他認爲這是「對人類歷史文化的最不客觀的態度」，是「研究者之最大的自私」，是其「道德上的罪孽」❷他主張把歷史收進來，即把歷史文化收入民族的生命大流上，落在自身的生活上去研究、去探討歷史文化。他認爲只有用這種態度去研究歷史文化，才能見到它的眞面目，才能使它在我們當下的生活中起作用。

運用西方科學的方法，本研究科學的態度，把中國的歷史文化置定於外，當作客觀的對象加以研究，這一風氣自五四新文化運動以後才盛行起來。從某種意義上說，五四新文化運動領袖之一的胡適是這種研究方法的「始作俑者」。同樣他也是儒家的價值系統和中心地位全面崩潰的有力的推動者。故牟宗三先生對五四新文化運動並非完全肯定且時有不滿，常流情於筆端。他說：「新文化運動之內容是消極的、負面的、破壞的、不正常之反動的、怨天尤人的，……因爲五四時的新文化運動，本無在生命中生根的積極的思想和義理，只是一種情感的氣機之鼓蕩。……復活自本自根的文化生命，便不能不有暢通自己的文化生命之積極的眞實思想與眞實義理。如是，五四時的新文化運動之負面的破壞的思想內容便不能不再來一個否定而歸於撥亂反正之正面的與健康的思想內容。此則必扭轉那淺薄的乾枯的理智主義」[3]五四新文化運動的最大功績在於它在中國第一次明確而響亮地喊出了「民主」與「科學」的口號，並以它作爲現代中國追求的主題，使民主與科學第一次在學術界取得了至上的權威和神聖不可侵犯的法力。但在當時的中國，許多人並沒有弄清科學是什麼就試圖用科學來解決人類的一切問題，從而出現了「科學萬能」的論調和科學一元論的傾向。實質上把科學作用吹過了頭也就使科學變得不科學了。牟宗三恰恰抓住了這一點，對五四以來的唯科學主義進行了強烈的抨擊。他說：

> 一個人不能潛心於科學本身之研究，而只是「用科學」，成爲科學一層論，理智一元論的態度，頂無謂，頂無聊。任何學問不能入：既不能入於科學，亦不能入於哲學，復不能入於文學，而只是掃邊，講科學方法，不落於學問本身，而只是在外邊轉，頂無聊，頂害事。而科學一層論，理智一層論的態度，最大的害處就是抹殺意義與價值。[4]

自五四以來，如何看待科學的屬性和功能形成了現代中國科學主義和人文主義之爭。以胡適、丁文江爲代表的科學主義者，極力頌揚科學的至上性和普遍性，視科學爲解決一切問題的靈丹妙藥，從而走上了泛科學主義或唯科學主義。而以張君勱、梁漱溟等爲代表的人文主義者則極力凸顯人文領域的特殊性及個性，反對以用科學來代替一切，包辦一切。可以說牟宗三先生對泛科學泛事實的批評是張、梁思想的繼續。從某種意義上說，科學主義與人文主義之爭反映了新舊中西兩種文化形態的對立。牟宗三恰恰是站在中國文化的立場上去反對以胡適爲代表的西化主義，以中國的心性義理之學去對抗西方科學形態的文化對中國文化的衝擊。

當然，牟宗三所反對的只是用科學來代替一切的唯科學主義，反對的是科學對自身界域的衝破和對其他領域的干預。他認爲從事科學本身研究的人還是令人尊敬的，這一點是值得慶幸的。

他不僅主張將歷史文化收進來，放在生命上，落在生活上加以研究。而且他還主張要懷著「同情」尤其是「敬意」去研究中國文化。在他與唐君毅、張君勱、徐復觀聯名發表的《爲中國文化而敬告世界人士宣言》中鮮明地提出了這一看法：

> 對一切人間的事物，若是根本沒有同情與敬意，即根本無真實的了解。因爲一切人間事物之呈現於我們之感覺界者，只是表象。此表象之意義，只有由我們自己的生命心靈，透到此表象之後面，去同情體驗其依於什麼一種人類之生命心靈而有，然後能有真實的了解。……此敬意是一導引我們之智慧的光輝，去照察了解其他生命心靈內部之一引線。❺

牟宗三認爲歷史文化「自始即是人類之客觀精神生命之表現」，它是「無數代的人，以其生命心血，一頁一頁的生成的。」「這中間有血、有汗、有淚、有笑。」總之歷史文化，尤其是中國文化是一「活的生命之存在」。因此，需要研究者懷著同情，尤其是敬意的態度進行研究。沒有這種同情和敬意，就不能透至歷史文化的表象後面去體驗人類之生命心靈。他認爲：「敬意向前伸展一分，智慧的運用，亦隨之增加一分，了解亦隨之增加一分。敬意之伸展在什麼地方停止，則智慧的運用，亦即是呆滯不前。」❻牟先生在談到如何反省文化問題時曾明確地表示：

> 光罵他們（指以胡適爲代表的西化主義者——引者注），光稱贊中國文化好，只是情感的擁護，這也失掉今日講文化問題的意義。本來中國人講中國文化，保存中國文化，這是天經地義，無理由來反對。不管講的如何，只是這點關懷之情，也不容輕薄。惟是今日中國乃至整個世界的總癥結是在文化理想之衝突，可以說整個是一文化問題，則吾人今日之反省文化，就不應當只是情感的擁護。情感擁護與情感的反對是同一層次上的對立，而且也必然都落在以「列舉的方式」說文化，以「外在的東西」之觀點看文化。這便失掉我們今日討論反省文化的意義。❼

他認爲只是情感地談文化的好壞，都於事無補，文化的問題根本不是好壞的問題，乃是一發展問題。認爲「今日討論反省文化問題的意義，則必須扣住時代之癥結而疏導文化生命之發展以衝破此癥結，接引中國文化乃至世界文化新形態之來臨。❽」從這種意義上討論反省歷史文化，自然比那種突出強調同情和敬意的研究態度深了一層，認爲文化問題是發展問題，反省文化在於創造新的文化，這無疑是一深刻的文化洞見。

最近兩三年來，牟宗三先生突出強調了歷史文化的研究方法。一九九〇年十二月在台北舉辦的「當代新儒家國際研討會」上，牟先生作了「客觀的了解與中國文化之再造」的主題演講，將哲學義理的理解提到了中國文化的再造高度加以討論。他認爲近百年來，學術界雖出現了諸如熊十力、梁漱溟、馬一浮等有眞性情，眞智慧、眞志氣的人物，然而即使是這些人物，也由於缺乏足夠的學養以充實生命，故亦未能實現對中國文化的客觀的了解。所謂「客觀的了解」就是正確的理解，就是相應的理解。這種理解不僅應具備眞性情、眞生命，而且還應有足夠的學養，以弄清傳統的義理是什麼，它是如何形成的。一九八九年五月，牟先生就東海大學成立「中國哲學研究中心」發表了自己的意見：研究中心應依據文獻作客觀之疏解，而不是宣揚各自的學說主張。針對民國以來的學風，故須：一、依據文獻以闢誤解、正曲說；二、講明義理以立正見，顯正解；三、暢通慧命以正方向，開坦途。客觀了解的提出無疑具有重要意義，這是牟先生在學術上取得巨大成就的重要前提。舉世公認的當今研究宋明儒學最高水準的《心體與性體》就是客觀了解或曰「理性了解」的代表作。

生命的証悟與客觀的了解是牟先生疏解中國文化，尤其是儒釋道三家義理的重要方法。不過，二者是合二而一的。在牟宗三先生看來，不能將歷史文化落在生命上，落在生活上，就談不上對歷史的眞實了解、客觀的了解。客觀的了解本身就必須具備眞生命、眞智慧、眞性情。生命的證悟與客觀的了解是牟先生解讀先賢義禮的重要條件，亦是牟先生取得重大學術成就的重要條件。

## 二、通體是仁心德慧——論孔子

牟先生用這樣三句話概括孔子的人格世界：孔子「通體是文化生命，滿腔是文化理想，轉而為通體是德慧。」❾他認為文化生命既不是單純的「生物生命」，亦不是「隔離的宗教生命」，它是從人自身自覺地湧現出的一「異質的理性生命」，「精神生命」。在他看來，「孔子對於人，對於人世間，有精誠惻怛的愛。」他把人當人看而不是當物看。他期望人能自覺地從其生命中湧現出一異質的理性生命，精神生命。他亦期望當政者「亦須有自覺而不只是生物生命，行天道而不是任意荼毒生靈。」由此他認為「孔子整個是一文化生命在蕩漾，通體是一精誠惻怛之心在流露。而從他的文化生命，精誠惻怛之心裡，就湧現出全幅的文化理想。」❿

他還認為孔子是繼往開來的大聖人。他指出：中國文化歷夏商周三代之演進，可視為現實文質之累積，累積至周，方燦然明備，遂成周文。周文演進至孔子，已到了系統反省即自覺解析之時期。以形上之原理「予周文之親親尊尊以形上之解析與超越之安頓」是孔子之功，是孔子創造智慧之所開發。這種開發就把「周文提升而為道德形上的仁義原理也。」⓫在他看來，周公之制禮是隨軍事之擴張，政治之運用，而創發形下之形式，「此種創造是廣度之外被，是現實之組織。而孔子之創造，則是就現實之組織而為深度之上升。此不是周公之『據事制範』，而是『攝事歸心』。」⓬他認為孔子對周文之系統反省與解析，恰如為一條長龍之點睛，一經點破，統體是龍。「現實的周文以及前此聖王之用心及累積，一經孔子點破，乃統體是道。」⓭五百年後必有王者興，孔子就是周文以後的這種王者。他創造性地繼承了中國文化自伏羲畫八卦在宇宙洪荒原始混沌中實現「靈光爆破」以來的生命之流，使「仁智合一」的文化由不自覺上升至自覺，同樣他也爲後世學者樹立了典範，作出了榜樣。

他還認爲孔子以文自任，是一綜合的，圓盈的精神，而耶穌和釋迦則是偏至的、隔離的宗教精神。牟先生指出孔子所注重的「郊社之禮」意爲通天，由此而印證絕對精神，禘嘗之禮，意爲祀先，由此而貫通民族生命：尊個人祖先，民族祖先，則民族生命即是一精神生命，由此而印證客觀精神。所以孔子的「絕對精神不是隔離地懸掛在天上，而是與地上一切相契接，與個人生命民族生命相契接。其根於仁而貫通著禮所印證之絕對精神是一充實飽滿之絕對，故吾曾謂孔子之教是盈教，而釋迦耶穌皆離教也。」[14]耶穌之離就在於他與人世間隔開，他爲了證明上帝之精純竟放棄了人間生活，甚至決計上十字架，以放棄自己的生命。所以它是隔著人間生活的宗教精神。牟宗三身處現時代但對孔子的崇敬、頌揚，決不亞於古往今來的任何一位中國學者，所謂「德配天地」，所謂「道冠古今」，所謂「天地氣象」，「全聲玉振」等古代的頌詞他都予以現代解釋。他認爲我們對這樣的天縱之大聖，只能崇拜之，敬仰之。在這種思想的指導下，對孔子就不會有超越感情的反省。而只能將他看成一絕對精神，是一仁智合一，學思合一之大聖。對孔子無條件的稱頌、敬仰、崇拜。這表明牟先生是一位儒者，一位具有現代意識的儒者。

## 三、通體是光輝——論孟子

牟宗三用如下三句話稱頌孟子：「通體是文化生命，滿腔是文化理想，轉而爲通體是光輝。」⑮

他認爲，孟子所處的時代，是一「盡物量之精神」時代。所謂「盡物量之精神是一任其原始的物質生命之粗狂與發揚。」在這一時代，人們「說利就是說利，不願聽就是不願聽。胡服就決定胡服。好勇好貨好色，衝口而出，毫不掩飾。」在這種盡物量精神的支配下，「人人皆有物質的主體之自由，（此完全是主觀的），人人皆可由此以表現其原始的物質生命之精采。」「人人亦皆散立而披靡：士立不起，」「民立不起，君亦立不起。」⑯這樣的人只是一個清一色的物質生命。自然生命在泛濫，在衝動。只是現實，自私、功利，並無其他。「人民只是被運用的物質工具，士則只是縱橫捭闔之士，君主則只是期圖富強稱霸的軍國主義。」⑰因而在這個時代裡見不到另一層的理性生命、精神生命。他認爲與這種盡物量的精神相逆而於文化理想有肯定者，在戰國只有孟子和荀子。但「逆之而溯其源，徹底通透者，爲孟子。」⑱孟子在戰國盡到了他的責任。

孟子在戰國時代所表現的精神是根源形態的，其所建立所彰著者爲一「道德主體」。牟先生認爲精神表現積極形態有三：一是「由內在道德性而見於絕對主體性，復由此而直下通透絕對精神即天地精神也，」此即精神表現之根源形態；二是純粹知性與外在自然對立之形態；三是國家政治一面之「眞實客觀化」之形態。這三態即是道德的形上形態，主客對列的知性形態，國家政治之客觀化形態。他指出孟子所建立、所彰著的是第一形態，而第二、第三形態則缺。他說：孟子「在根源形態中，直接點出性善，即是直接把握住『內在的道德性』，此就是一個絕對的主體，此主體爲一道德的主體。」「此『內在道德性』，即是壁立千仞的體，吾人即就此而說建體立極。」⑲此道德的主體就是對戰國時代盡物量精神的否定，就是對文化理想的重新肯定。爲把戰國盡物量的精神壓下去，孟子不能不雄辯，不能不著迹，不能不露才，這是孟子不同於孔子處，亦是其有功於聖門處。

由此牟先生評品孔孟人格氣象之差別，他認爲孔子整個是一圓形，而孟子是一方形。他指出，孔子所處春秋時代，周文尚有效，或至少社會上尚普遍蕩漾著此一文化理想與文化生命，所以孔子尚可諧和這個文化大流而安處，而無需同時代破裂。故而他合下是天地聖人氣象。而孟子所處盡物量精神之戰國，他要肯定文化生命，就不能不與此時代精神破裂。「破裂乃成了逼迫著『精神』出現之文化生命之必然。」在這個時代，若只有孔子之天地之渾圓氣象，而無孟子之破裂以顯「主體」，則精神之所以爲精神亦終不顯。在他看來，孟子的這種破裂不僅是時代之使然，亦是「精神」發展之必然。他認爲當人與自然渾一之時，「精神」是潛伏的，不突出的，通過自覺地反省而顯之破裂則是精神由潛伏而凸出之本質、之關鍵。因而「此步破裂是仁且智的道德主體之樹立，是精神主體之向上升，由此而建體立極，當下即通於絕對」⑳。由此言之，孟子在戰國盡到了他的責任，「亦爲精神表現立下一型範」。孔子之全，孔子之天地氣象，若不經孟子開示一精神範型，爲其渾全立一系統，則孔子之渾全亦會拖下來疲軟無力。因而，他充分肯定孟子之理論貢獻：

> 孟子亦通體是文化生命，滿腔是文化理想，然轉化而爲全幅是「精神」。仁義內在而道性善，是精神透露之第一關。浩然之氣，配義與道，至大至剛，乃集義所生，非義襲而

> 取，是精神之透頂。萬物皆備於我，反身而誠，樂莫大焉，所存者神，所過者化，上下與天地同流。此是由精神主體建體立極而通於絕對，徹上徹下，徹裡徹外，爲一精神之披露，爲一光輝之充實。㉑

總之，孟子之雄辯、露才、著迹，其所以全幅是英氣，整個是棱角，正是孟子之爲孟子處，正是其有功於聖門處。他雖未達「大而化之之謂聖」之境地，然而他完成了「充實而有光輝之謂大」之一型範。他完成了他的時代使命。

牟宗三站在儒家內部看孟子，其用筆之精巧，思想之深刻，令人感嘆。尤其是他將歷史人物的思想放在其處的不同歷史時代加以反省和檢討，認爲歷史人物的思想是時代精神的體現，這就更加可貴。不難發現，他對孟子的思想特徵、歷史地位、人格型範的分析、評判都閃爍著深刻的哲學智慧。當然他是懷著同情，尤其是敬意的態度去反省孟子，其頌揚、溢美之詞自隨處可見。儘管如此，他論孟較論孔爲優，更接近於客觀的了解。

## 四、通體是禮義——論荀子

牟宗三先生在論述荀子時說：「荀子之文化生命，文化理想，則轉而爲『通體是禮義』」㉒牟先生以爲荀子處在盡物量精神支配下的戰國，亦具有文化生命和文化理想，但對理性精神的表現不如孟子。所以在他評價孔孟時，在文化生命，文化理想前分別有「通體」、「滿腔」加以修飾，論荀況則無。然而，牟雖高度稱頌孔孟，但至今爲止，並沒專門以研究孔子、孟子爲面目出現的學術著作問世。而與荀子則先有《荀學大略》出版於前，後有《名家與荀子》發行於後。這一現象充分反映了牟先生敬孔孟而重荀況的思想傾向。

牟先生研究荀子並不是將荀子作孤立的、封閉的探討，而是把荀子放在整個中國文化的系統中，尤其是放在先秦思想的演進中，加以衡定，看其對中國文化、對儒學發展的貢獻。他認爲荀子與孔孟思考問題、解決問題的角度不同。孔孟注重人之內在心性，而荀子則注重人之外在禮義。他說：「孔子與孟子俱由內轉，而荀子則自外轉。孔孟俱由仁義出，而荀子則由禮法（文）入」[23]。他認爲，孟子敦詩書，而道性善，正是將人之精神向深處悟，向高處提，而荀子「隆禮義而殺詩書」，正是將人的精神向廣處擴，向外面推。他認爲孟子和荀子的思想一個代表了內聖，一個反映了外王。就精神境界，他認爲荀不如孟。

他認爲荀況之心是邏輯的心，理智的心，認識的心。而孟子的心則是一道德的心，形上的心，或天心。由道德的心，形上的心而建構道德主體，成就主觀精神和天地精神（牟宗三有時稱主觀精神爲主體精神，天地精神爲絕對精神）。在孔子是絕對精神與客觀精神兼備，而孟子則凸顯了絕對精神，荀子總方略，齊言行，知統類，一制度，則凸顯了客觀精神。這裡所說的客觀是指「內在之仁義（道德理性）之客觀化於歷史文化國家政治而爲集團之形成且由此集團以實現之也。」[24]他認爲荀況重現實之組織，重禮義之統，重分重義，皆是其客觀精神之表現。由此他指出，與戰國盡物量的精神相反對，而「承周文（禮）之『價值層級之觀念』以爲經國定分，而極顯其廣度構造之義者，爲荀子。」[25]而中國漢以後之歷史，在政治領域所實現者正是荀況的這種重禮義之統的政治理想。

他認爲荀子思想的另一基本原則是「天生人成」的原則。然而荀況之天與孔孟之天又有不同，荀子之天是「非宗教的，非形而上的，亦非藝術的，乃自然的，亦即科學中『是其所是』之天也。」[26]而孔孟之天則是「形上的天，德化的天。」孔孟言與天合德，而荀子言參不言合德，所以「孔孟之天是正面的，荀子之天是負面的。」[27]負面即消極、被治之意。一方是天生，是負面、是被治，一方是人成，是正面，是能治。離開了人之能治，被治之自然之天亦就失去了意義。由是導致了荀子與孔孟就對禮義法度的根源性理解不同，牟說：「自孔孟言，禮義法度皆由天出，即皆自性分中出，而氣質人欲非所謂天也。自荀子言，禮義法度皆由人爲，返而治諸天，氣質人欲皆天也。彼所見於天者唯是此，故禮義法度無安頓處，只好歸之於人爲。此其所以不見本源也。」[28]不見本源一語是牟宗三對荀況最尖銳的批評，他之所以敬孔孟而不滿於荀，關鍵就在這不見本源上。應該說荀況的思想更現實而切於實際，孔孟的思想則理想而顯得超遠。正因荀注重於實際從而使他忽略了對現實事物超越意義和終極根源的追尋。牟批評他不見本源，不及孔孟深刻，可謂一針見血。

牟宗三強調了荀子同孔孟的不同，但他同時也認爲荀子是孔子學說的繼承者和發揮者。荀子和孟子表面上看似乎勢如水火，實際上二者相關聯、缺一不可。他說：「荀子之所重，固孟子之所略。而孟子之所立，正荀子之所不可頃刻離。否則，其禮義法度之由對治而見之功利價值必將一轉手間即落於李斯韓非矣。荀子特重知統類，一制度，此即孔子從周之義。典章制度，所以構造人群者，孔子之所重。正名定分，辨治群倫，亦荀子所雅言，此亦承孔子而來者。由此言之，荀子亦繼孔子之統。」[29]他認爲由孔子經孟子到荀子，反映了儒家文化不斷進取、不斷創新的過程。在這一過程中，孔孟荀各具理論特色、思想特色及不可取代之歷史價值。他說：

中國歷史精神之發展，首先將全宇宙以及全人間組織視爲一「道德的精神實體」之所涵攝，吾人可說此是一「仁智之全體」。然其初是不自覺的。經過孔子之反省，由其通體是德慧之表現，遂以其天地氣象之人格將此不自覺的潛存的「仁智之全體」表現而爲自覺的彰著的「仁智之全體」。此是「仁智之全體」之全體的透露。經過孟子之破裂，復將此全體透露之「仁智全體」之純精神性，經由其「道德的精神主體」之樹立而證實：主體精神與絕對精神，在此形成一對反而俱已彰著，而盡心知性知天，雖對反而實通於一，此一義亦由孟子而形成（此義西方人始終未做到。）然經過荀子之破裂，則孔子所彰著的「仁智之全體」，孟子所彰著的主體精神與絕對精神，俱下降而凝聚成爲一「知性主體」，而自然則成爲純自然，成爲被治之負面的，不復涵融於「道德的精神實體」中。「道德的精神實體」收縮而成爲一「知性主體」（即思想主體），依此絕對精神被否定；復透露於表層而爲『禮義之統』，依此成爲知性主體之所對，因而亦即爲此主體之成果。㉚

這表明中國文化自始即是仁智合一、重視德性的文化系統，不過其初是不自覺的。經孔子的反省才將這一潛伏、不自覺的文化特徵揭示出來，點醒起來，才自覺地表現爲一系統的、自覺的「仁智合一」的文化形態。孔子的功績就是將中國文化由不自覺提升爲自覺。在孔子渾圓氣象中，中國文化主觀精神與客觀精神，仁與智，是合一的、整全的、渾圓的。而孟子則特別突出了孔子的仁，將孔子的仁義並建凝聚爲一主體精神和絕對精神，樹立起一道德主體。而荀子則將孟子的主體精神與絕對精神俱下降而爲一知性主體，他以知性用事，特別突出了仁智全體之智。用智來涵蓋一切，照射一切，他則發展了孔子的客觀精神。牟先生的所說孔孟荀演進序列可用圖示之：

孔子（仁智之全體）→ 孟子（仁）{道德主體、主觀精神、天地精神、仁義並建}
孔子（仁智之全體）→ 荀子（智）{智性主體、客觀精神、禮義之統}

從時間上，荀子經過了孟子，但從學術的淵源，他則越過了孟子。孟子和荀子同是孔子以後，戰國時代的兩位大儒。在牟宗三看來，他們兩人的學說表層對立，而深層一致。從淵源上看，二者是對孔子思想不同層面的發揮。從社會功能上看，孟子所建立的心性之體正是荀子不可須臾離的「禮義之統」的本源，而荀子所建構的禮義之統應是仁義心性的客觀實現。他認爲後儒尊孟抑荀，不能將荀子所表現的知性形態充分拓展與開發是中國文化之大不幸。他說：「荀子所開出之『知性主體』與『自然』之關係，即理解形態之表現於科學知識一面，則後來無能承

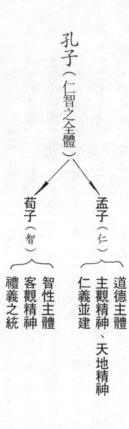

之者。荀子之學一直無人講，其精神一直無人解。此中國歷史之大不幸。」[31]又說：「荀子立言之不能探其本，是荀子之不幸也。後來荀學之湮沒，是中華民族之不幸也。」[32]牟先生長期出入於西方學說之堂奧，對西方的邏輯學、數學、哲學均有精湛之研究，所以荀學獨特的學術價值他人難以見之，見之亦不能言之，牟則既能充分見之，又能鄭重地言之，實爲荀學之善事。

## 五、理性之超越表現——論董仲舒

秦用法家，統一天下，旋即瓦解。漢代秦而興，蕭何、曹參崇黃老之術，與民生息。賈誼已具有復古更化之理想。至董仲舒，這種復古更化，移風易俗之文化事業始完成。中華文化始扭轉秦以來之歧出復歸至堯舜三代以來文化之系統。

牟宗三先生十分重視對董仲舒「天人三策」的研究，認爲那是漢武帝政治改革的理論準備和政治措施。這一套政治措施不僅影響了漢代，乃至影響到中國實際政治的轉變。如設五經博士，選拔官吏，實行郡國長官之察舉制度，嚴禁官吏經營商業等等。而這些政治革新措施出現的背後，「實有一超越理想文化系統爲背景」，這個文化系統就是堯舜以來所傳之道法。其代表爲五經。他說：

> 董仲舒倡議復古更化，亦在繼承此文化系統，而其超越理想則亦集中於形上義理而發揮之。惟其發揮也，則以魯學攝齊學，雜有陰陽家宇宙論歷史論之氣息，而爲一大格局。

故其取材多傍依尚書洪範。易之陰陽，而結集於春秋，……仲舒由此而陶鑄體系，雖其所發，不能盡其精微之義，而規模之廣大，取義之超越則確爲漢家定一理想之型範也。㉝

他認爲董仲舒的所展現的超越理性，主要體現在天道和人道兩方面：在天道方面，由陰陽而表現。「陽爲德，陰爲刑。德返於理性之正，主生生；刑趨於肅殺之反，主空消。而必以理性之正生長萬物，爲積極而涵蓋之原理。肅殺之反，則消極而輔佐之原理也。」㉞超越理性之天道方面之表現，即是理性之形上學的表現。在董仲舒那裡表現爲陰陽變易之關係。在王道方面，則由德法相成而表現。「德亦爲積極而涵蓋者，法則消極而輔助者。是則徹底以『理性』爲本也。而此理性必徹上徹下，上通於天，而爲超越理性，方能充其極，透得出，而爲政教之本。」㉟在董仲舒那裡，德與法是陽與陰在社會領域的體現。陰陽之關係即是德法之關係，使天道與王道，徹上徹下，通而爲一。

牟宗三爲董仲舒復古更化的思想作了兩點辯護。第一，他認爲董仲舒復古更化的思想並不是「內在的政教合一」。在他看來，政教合一有內在與外在兩種，那種作之君，作之師，使君師合一的原始之政治形態就是「內在的政教合一」；外在的合一是說教化和政治保持一定的距離，一方面用理想指導政治，限制政治，另一方面視政治爲理想之客觀實現，保持整個社會的和諧統一，這是政教的外在統一。這種外在統一是一可取的政治形態，然而中國以往歷史並未實現這一形態，但內在的政教合一，「自孔子出，君師已殊途」，亦不復存在，「武帝仲舒復古更化，士之地位漸高，宰相系統成立。」[36]使儒家之政治理想得以較客觀的實現，因而董仲舒的復古更化更不是內在的政教合一。依筆者之見，董仲舒復古更化思想的確不是西方中世紀式的政教合一，亦不是原始形態君師一體的政教合一。但就董仲舒思想傾向言，他是試圖在漢代重建政教合一的社會形態。他所一再強調的「天人相與之際」甚可畏的思想就是最好的證明。人不僅從形態、氣貌、情感等等與天相類、相副，人的行爲，言語，乃至心態還與天息息相通、相感。天是時時注目著人間的一切，它是一切是非善惡的鑒別者，是賞善罰惡的最終保證。當然董仲舒的這些思想在漢代究竟被採納多少，接受了什麼，他給中國社會留下了何種程度的影響，則是另一回事。

第二，董仲舒「罷黜百家，獨尊儒術」不悖思想自由。董氏之推明孔氏，抑黜百家最爲近代學者所詬病。把它視爲漢後中國學術思想落後、思想專制的端始。牟宗三認爲董仲舒所抑黜的百家，只是黃、老、申、商等一曲之士，而「其尊孔氏亦非專爲一道同風而任取其一也。」他指出，百家衆技，一曲之士，不能作爲立國之最高原則，而孔子學說並非是一家之說，它是「吾華族之民族生命文化生命之貫通的發展之結晶，故能具有一道同風之普遍性與公共性，即以此而居於正統矣，而爲吾華族發展之最高指導原則矣。[37]」因而，尊崇孔氏，是民族國家之自我肯定，而抑黜百家亦是在這一意義之上抑黜。他還認爲儒家思想的教條性與束縛性甚少，決不礙於思想自由，亦不礙於科學之發展。牟先生所言皆有道理，亦頗深刻。我們認爲「罷黜百家，獨尊儒術」是歷史發展的選擇，封建專制政體的設立，必然要求思想上的統一。因而崇孔氏，黜百家，不僅董仲舒能言之，即使無董氏，他人亦會代言之。不過，不管董氏主觀願望如何，漢以後之歷史，大體上形成了一道而同風的思想格局，在一定程度上限制異端學說的發展。而學術思想是在相磨相蕩中發展和完善的，罷黜百家，不讓異端學說流行，最終也限制了自身的發展。董氏之罷黜百家，不是一場思想解放運動，而是一場思想建構和文化整合運動。客觀上不利於思想的自由發展，這大概是不可忌諱的歷史事實。

誠然牟先生並非全盤認肯董仲舒的思想，他立足於儒家心性學的立場，對董氏之言亦提出了批評。他認爲董氏所表現之「超越理性」是一駁雜的有虛而不實的外在的體系。這表現在他言天人相與之際可畏，言災異之變，「因言災異而有取於陰陽家一套着實之宇宙架格，此多聯想比附之意，而不必眞爲實理也。」[38]他一面指出董氏之駁雜災異之說不是眞理，然而另一面他又爲這種災異駁雜辯解。他認爲董氏言災異，本身就有敬畏感，人們「永遠可藉此警惕。」而駁雜是漢代精神表現之所至。這種駁雜是歷史的必然，同時亦是時代的要求。他還認爲董氏思想的駁雜，還體現於他「跨過孔氏而外在地直接承五經」，而未能遙契孔孟所開闢的精神主體。他指出，孔孟反省周文，承續周文，是爲喚醒人類理性之自覺，爲民族甚至人類活動立一最高之型範。董仲舒作爲繼而後起者，應當對孔孟之思想承之有所充實，有所轉進。這種轉進就是順孔孟之思想轉進至一個普遍的文化運動。「由道德教化聖賢人格之精神主體，廣被於政治社會而廣度化，歸復於一般人要求自立之精神主體上，作到兩步限制立法，而成爲『理性之內在表現』，始可說是一新轉進」[39]。所謂兩步限制之立法，一是對於君主限制之立法，一是對於民之權利義務之承認之立法。但董仲舒未能這樣做，他越過了孔孟直承五經，最終使漢代學術「流於古今文之爭，而成爲章句之訓詁」[40]，其政治用心亦不向兩步限制之立法處想，反大談禪讓，五德終始等。「成爲迂怪之超越表現，因而引出荒謬乖僻之王莽。」[41]牟先生對董仲舒的上述批評都非常中肯。

牟宗三認爲中國以往兩千餘年之歷史，以儒家思想爲其文化之骨幹。就思想形態言，他指出儒家發展，實可劃分爲三個時期：由孔孟荀至董仲舒爲儒家發展第一期，宋明儒學是第二期，現在則轉入第三期。而第一期儒學又可劃分爲三個階段：即由孔子經孟子到荀子爲第一階段，中庸、易系、樂紀、大學爲第二階段。董仲舒爲第三階段。這三階段是「儒學之由晚周進至秦漢大一統後表現爲學術文化之力量而凝結漢代之政治社會者也。」[42]「發展至董仲舒，則收其功效於漢帝國之建立。」[43]因而他認爲這一期儒學是積極的、建設的、綜和的。牟先生認爲董仲舒以後，降至東漢末年，中國文化已山窮水盡，不能再向前發展了。中國文化的這種困境預示著一個新時代的來臨，預示著它必然要峰回路轉。正是「柳岸花明又一村」這一村就是魏晉玄學的興起及印度佛學的傳入。

## 註釋

❶《道德的理想主義》第二二七—二二八頁。

❷參見牟宗三、唐君毅等《中國文化與世界——我們對中國學術研究及中國文化前途之共同認識》，載《中國文化的危機與展望：當代研究與趨向》第一一一頁，台灣時報文化出版事業公司，一九八六年一月版。

❸《生命的學問》第一四二—一四三頁。

❹《道德的理想主義》第二五五頁。

❺《中國文化的危機與展望：當代研究與趨向》第一一一頁。
❻同上書，第二三〇頁。
❼《道德的理想主義》第二六〇頁
❽同上。
❾《道德的理想主義》第二三九頁
❿同上書，第二三〇頁
⓫《歷史哲學》第九五頁。
⓬同上。
⓭《歷史哲學》第九五頁。
⓮同上書，第九一頁。
⓯《道德的理想主義》第三三二頁。
⓰《歷史哲學》第一〇八頁。
⓱《道德的理想主義》第二三三頁。
⓲《歷史哲學》第一一三頁。
⓳同上書，第一一四—一一五頁。
⓴《歷史哲學》第一一七頁。
㉑同上書，第一一九頁。
㉒《歷史哲學》第一二〇頁。
㉓《歷史哲學》第一二〇頁。
㉔《名家與荀子》第二〇一頁
㉕《歷史哲學》第一一三頁。

㉖《名家與荀子》第二一四頁。

㉗同上。

㉘同上書，第二一四頁。

㉙同上書，第二一七頁。

㉚《歷史哲學》第一二六頁。

㉛《歷史哲學》第一二八頁。

㉜《名家與荀子》二一八頁。

㉝《歷史哲學》第二六七頁。

㉞同上書，第二六七——二六八頁。

㉟同上書，第二六八頁。

㊱同上。

㊲同上書，第二七〇頁。

㊳同上書，第二七三頁。

㊴同上書，第二七六頁。

㊵同上書，第二七六頁。

㊶同上書，第二七七頁。

㊷《道德的理想主義》第一頁。

㊸同上書，第一〇頁。

## 第二節 迹本圓融——太陰教之自由

牟宗三指出，中國晚周諸子是中國學術發展的原始模型，而儒家爲正宗，而離開了儒家發展之正途就是中國文化之歧出。歧出就是「文化生命之暫時離其自己。離其自己正所以充實自己也。」❶魏晉南北朝隋唐七八百年的學術發展皆是中國文化的歧出時期，又可稱爲中國文化生命之大開時期。這一時期從義理上看又可分爲兩個階段，即魏晉之玄學和南北朝隋唐之佛學。他對魏晉玄學的論述系統地反映在《才性與玄理》一書中，而對南北朝隋唐佛學的論述則體現在《佛性與般若》論著中。對此我們將分別述之。

### 一、氣性與心性——中國人性說之兩路

牟宗三論魏晉玄學並沒有直接由玄學入，而是以「氣性」與「才性」作爲引線，由才性名理過渡到玄學名理。而這裡的氣性主要是就王充的氣性說，才性名理主要是據劉卲《人物志》言。而牟先生論氣性與才性亦非單純地就王充與《人物志》論之，而是以王充爲線索，全面地探討由告子、荀子、董仲舒等以來的氣性系統的特質及其價值，以反顯孔子之仁，孟子之心性，《中庸》之中與誠，《大學》之明德等「眞實創造」系統的意義以及價值。牟先生疏解魏晉玄學是關連著中國的學術思想尤其是漢代的學術思想而立言的。

牟先生認爲對人性問題的探討與研究，主要有兩條路向，一是順氣而言，一是逆氣而言。

順氣而言性就是「氣性」，或曰「才性」，「質性」，表現爲「材質主義」（Materalism）。逆氣而言，「則在於『氣』之上逆顯一『理』。此理與心合一，指點一心靈世界，而以心靈之理性所代表之『眞實創造性』（real creativity）爲『性』」❷如果說前者是「氣性」，而後者亦可稱爲「心性」、「理性」。（理相應氣而言）。他認爲，孔子、孟子、《中庸》、《大學》、程朱、陸王等等走的都是「逆氣而言性」的路子，此可稱爲理想主義；告子、荀子、董仲舒等則走「順氣而言性」之路，是材質主義。他指出材質主義是異質的、駁雜的、組合的或結聚的，而理想主義則是齊一、純一、單一的。牟先生所推崇的是齊一、純一、單一之理想主義，而對材質主義雖有認同，但更多的是否定。

人性問題是中國歷代哲人所普遍關心的問題。不同時代，即使是同一時代，不同的哲學家都對這一問題作出了自己的解說和回答。性善說、性惡說、無善無惡說，善惡混合說、三品說、中性說等等，衆說紛紜，莫衷一是，牟先生以材質主義和理想主義來分析這一複雜問題，可謂簡捷明快，抓住了要害和實質。但牟先生在這裡並不想系統地論述中國人性之發展，其主要用心在於闡明氣性與才性的原委。他認爲氣性、才性、質性是一體而異名。氣性從抽象的意義上講主要有三層含義，即自然義（自然如此），質樸義（材質），生就義（自然生命凝結而成個體時所呈現之自然之質）。而具體地說氣性則有異質性，駁雜性，組合性或結聚性。抽象義則源於氣性以最普遍的元氣作底子作根據，而具體義則是元氣衍而爲陰陽五行。所謂壽夭、貧富、貴賤、才與不才、智愚、善惡皆因稟氣之有清濁厚薄分化而成。他說：

以氣爲性，有種種分化：

甲、分化而爲強弱，由之以說壽夭之命。

乙、分化而爲厚薄，由之以說貧富。

丙、分化而爲清濁，由之以說貴賤智愚。

丁、分化而爲善惡，才不才，此亦與清濁厚薄有關。❸

總之，個體人之壽夭，貧富，貴賤，智愚，才不才都是由其稟氣之多少、厚薄、清濁造成的。故王充云：「用氣爲性，性成命定」。用理爲性，不可言命定也。

牟在講述就氣言性的一般意義後，著重討論了董仲舒和王充的氣性論。

他認爲董仲舒對性最抽象的講法是「生之自然之質謂之性。」他指出這個講法並沒有超出告子「生之謂性」之範圍。董氏所言之質是元氣下委於個體而結成，沒有涉及氣的分化和差別，故而是最抽象的。但董氏與告子亦有區別，告子之性無善無惡，只停在自然中而本然之質性上，並未進一步探討質性之分化與差別。而董仲舒則不止於此，他進一步就其分化與差別言氣質之善惡傾向。

從具體的角度，由分化及差別化言性，董氏則察及仁貪性情之差別化。而仁貪之兩性，又是吾人稟天之陰陽兩氣所形成的。他認爲董氏亦尊心而卑性，但他「並未能就心之善而言道德性本身之性之定然的善」❹故而他所言之性仍然是一氣質之性。

他認爲董氏進入具體領域，才有性三品之分，即聖人之性，中民之性，斗筲之性，但奇怪的是董仲舒將聖人之性及斗筲之性排斥於性之外，專就中民之性論。董氏的理由是性待教訓而至，聖人之性不必教，斗筲之性不可教，因而不能爲性。牟宗三揭露董仲舒的這一矛盾，指出：「當說『質樸之謂性』時，實是就人類一般地言之，並不曾帶有條件只限制於中民，理上亦不應當有此限制。而在此忽將聖人之性與斗筲之性排除於此原則之外，而將此原則只限於中民之性，此則非能盡名理之思也。」❺他還進一步探討了造成董氏思想矛盾、不周全的原因，指出：其一是「在加重聖王之教化，單以聖王負教化之責。」❻如聖人之性亦是待教而善，則教聖王者又是誰？如儒教，聖王亦不得爲聖王，這樣就會落入無窮追溯之中。董氏爲避免這一矛盾，故言性不以聖人之性言，認定聖人全善。其二是董氏認定唯上智下愚爲不移，認爲斗筲之性根本不可教，故亦不以斗筲之性爲性。牟宗三嚴肅指出董仲舒人爲製造的這兩種拘弊都應解除，都屬無謂。他認爲：「質樸之性」是一普遍原則，對任何人都適應，而上中下三品之說是一具體原則，是從人之等級性和差別性上立言，二者並不衝突。「聖人之性亦是質樸之性，不過其質樸之天資高，稟氣清而厚，才質強而靈，故能自然成德而列爲上上也。」❼而「斗筲之性亦在氣性一路內，而不能排之於『性』名之外。孔子只說其『不移』，並不說其根本不可教。亦未說其不在『性』名之內也」❽。他指出：如承認斗筲之性不爲性，乃至根本不可教，就是不把斗筲之人作人看，就是對人類最大的鄙夷。所以董仲舒「於『氣性』一路並未通透」，「而未能盡思理之致也。」❾

牟還進而論述了劉向的「性不獨善，情不獨惡」的思想，論述了告子「生之謂性」之觀點，論述了荀子的性惡論。他認爲董仲舒、劉向、楊雄、王充乃至告子、荀子，都沒有逃出「

生之謂性」之範圍。而生之謂性就是「從個體形成言性，則性是『是什麼』之性，而非道德性當身所表現之『當然之性』」❿這種「是什麼」之性進一步表現就是知識上的「定義之性」，而「定義之性」是一知識概念，並非一價值概念，「定義之性」所表示的是「形成之理」（Principle of Formmation）而非道德性當身之心性所表示的「實現之理」（Principle of Actualization）。⓫

牟先生雖對「用氣以言性」有所肯定，但他更欣賞「用理以言性」之性善論。他認爲只有衝破氣性領域的阻礙，開出超越之理性領域，而後才能盡聖人之蘊，而後始能說「人人皆可爲堯舜」，才能最終建立起人性之尊。他說：「此則必歸宗孟子，而後人性論始全部站得起。」由此他論述了：「用氣爲性」和「用理爲性」的區別和聯繫。「用氣爲性」，性是才資之性。這種質性是異質的、駁雜的，因而，它既無絕對的純善，亦無絕對的純惡。但「有強度之等級性。」如「聖人之才質之性是上上者，斗筲下愚之才質之性是下下者。」⓬而「用理爲性」，則是「即心以見性」，「性是『道德性當身』之性，其善是定然的善，乃理性上之必然。」⓭這種性是普遍的，人人俱有的。在他看來，「用理爲性」解決了人人皆可爲聖人的問題，而「用氣爲性」則解決了事實上爲什麼人人並未成聖人的問題。

牟先生系統地論王充的氣性觀是始自對其《論衡・本性篇》的研究。王充在其《本性篇》中，推崇周人世碩的觀點，以爲人性有善有惡，人之善性需待養而致。他以此爲標準，對孟子的性善論、告子性無善無惡論、荀子性惡論，乃至陸賈、董仲舒、劉向等人的思想進行了系統的評述。王充以其元氣自然主義的立場，去討論人性之善惡，去評說百家之衆說，其中存有嚴重缺陷。牟宗三站在正宗儒家的立場對王充的這一缺陷給予了系統的反駁，故有《本性篇》闢謬之作。

牟在其《本性篇》闢謬一節中指出，王充以周人世碩爲標準，惟從上中下三品論人之氣性，以爲孟子的性善學說所指乃中人以上者，荀子之性惡是中人以下者，楊雄之善惡互混則語之中人，皆不中肯。「王充於晚周儒家學脈，完全接不上。」⑭尤其是他不知性無分善惡說，善惡互混說，性善說，三品說等等皆諸義相連，而妄以三品說爲準而譏評其他諸說「不實」，「此其所以爲淺陋也」。

他認爲王充的思想亦有學術價值，其學術價值在於他顯豁了徹底的材質主義和自然主義，命定主義，將此自然生命之領域顯括出。王充之思想，如其在學術上有價值，其價值即在此。「負面之自然生命括不出，則正面之精神生命亦不能有眞切之彰顯。」⑮王充認爲人之壽夭、貧富、貴賤、善惡是先天注定的。「凡人受命，在父母施氣之時，已得吉凶矣。」⑯認爲人初稟氣的厚薄、清濁、多少從而決定一個人的富貴貧賤，壽夭智愚，人雖稟命於天，卻有驗於地，就是說人之富貴貧賤，壽夭智愚可以通過人的骨相特徵表徵出來。

牟先生認爲王充的材質主義及命定論的最大缺陷是「無向上開辟之希求，」根未自覺到心之地位與作用，缺乏「眞正之道德意識，」「而不能進至道德的理想主義。」⑰這種立足於儒家道德理想主義對王充的批判是相當深刻的，它的確抓住了王充自然主義的要害，即對人之社會性或曰道德性的忽視。按照王充自然主義的邏輯，人的貧富壽夭，智愚窮通全由人之稟氣之清濁厚薄造成，這就完全忽視了作爲自由主體的人對自身前途的選擇及其與命抗爭之責，最終導致無爲主義。

牟宗三先生對王充性命論的研究，具有兩層意義：㈠它補上了《歷史哲學》一書對漢代思想研究的不足，爲其由對東漢思想的研究轉向魏晉鋪路。㈡由先秦而兩漢，乃至宋明，人性問題是中國哲學的重要課題。王充之性命論只是這一重要課題的組成部分，研究王充之性命論，可以牽連著董仲舒、劉子政、賈誼、楊雄、荀子、孟子、告子等一並論述之，王充之性命論可以爲研究由先秦至東漢整個人性問題之引線。

王充乃東漢人。然而，牟先生並未把他放在《歷史哲學》中討論之，而是把他編入《才性與玄理》一書中研究之，《歷史哲學》是從政治的角度論述由西周至東漢末歷史之變遷，而《才性與玄理》則是就思想的角度討論魏晉學術之發展，故而牟先生的《歷史哲學》、《才性與玄理》、《佛性與般若》、《心體與性體》等等不僅僅是一斷代思想史，而且還是專題學說史。

## 二、天地之逸氣，人間之棄才——名士風格及類型

人們向以夏侯玄、何晏、王弼爲正始名士，阮籍、嵇康、山濤、向秀、劉伶、阮咸、王戎、爲竹林名士，裴楷、樂廣、王衍、庾凱、王承、阮瞻、衛玠、謝鯤爲中朝名士。三國時諸葛亮與司馬懿治軍渭水濱，司馬懿見諸葛亮「獨乘素輿，葛巾羽扇」，卻嘆諸葛爲名士。後鄭板橋因論寫字作畫而悟，亦認爲惟諸葛公爲眞名士。那麼何以爲名士，名士之標準風格究竟如何？牟先生對此問題的見解頗具心得。

他認爲名士者「清逸之氣也。」「清則不濁，逸則不俗。」「神浮於物質機括之上爲清。」「離成規通套而不爲其所淹沒則逸。」[18]而沉淪、局限於物質機括之中就是濁，而精神落於通套，順規矩而處事就是俗。「是則清逸、俊逸、風流、自在、清言、清談、玄思、玄智，皆名士一格之特徵。」[19]總之，各士超然物上，逸於俗外，解放性情，自由自在，如風之飄，如水之流，自適其性，具有異乎尋常之風姿，有清言、玄思之神韻。他認爲軍事家、政治家、學問家、道德宗教家皆可有名士氣，有飄逸、風流之象，諸葛亮在日理萬機之中，盡得其從容和風流，故他非是英雄主義的軍事家，乃是名士氣之軍事家。羊祜、陸抗、輕裘緩帶，儒雅風流，亦是有逸氣之軍事家，曹氏父子亦是有逸氣者。但魏晉時之名士，則非是指某某家，而是一專稱，這裡的名士「惟在因顯一逸氣而名」。此逸氣表現爲清言清談，其所言所談爲玄理，故「名士是因清言清談而爲名士」。這種逸氣，表現爲放任，不守禮法，故「亦因生活曠達而爲名士」。他認爲「唯顯逸氣而無所成」之人格爲魏晉名士之人格，爲魏晉名士之通性。

牟先生指出：名士是「天地之逸氣，亦是天地之棄才。」[20]它無所成亦無所用，即爲天地遺棄之才。這種人格是一特殊的生命形態，是獨特的精神境界，即逸氣與棄才境界。這種境界有功於學術，有害於社會。他說：

> 它有極可欣賞處，亦有極可詛咒處。何以故？因爲此種境界是藝術的境界亦是虛無的境界。名士人格是藝術性的，亦是虛無主義的。此是其基本情調。從其清言清談、玄思玄智方面說，是極可欣賞的。……從其無所成，而敗壞風俗方面說，則又是極可詛咒。因

爲他本是逸氣棄才，而無掛搭處，即有之，他亦不能接受之。此其所以爲可悲。他不能己立而立人，安己以安人，……此其所以爲虛無主義的。由此觀之，完全是消極的、病態的。然由其玄思玄智方面說，他亦有積極的作用，他能開出哲學境界，特定地說，他可以作爲消融佛教之媒介。[21]

這段文字鞭闢入理，言簡意深，令人讚嘆不已。不僅可視爲對名士人格的評價，而且亦可視爲對魏晉玄學之公允評價。

牟又將名士分爲貴戚名士，純名士，學人名士等三類。諸如何晏、夏侯玄等爲貴戚名士，貴戚名是名士之最下乘，他們有位望、有權欲，而無其才，自政治言亦無術，「徒以其身分地位而合虛聲，非有一股眞性情者。」[22]而荀粲、樂廣、王衍、劉伶等爲純名士，純名士是名士之典型形態。純名士風流飄逸，清俊曠達，玄遠超凡，放縱恣肆，其無所成，亦無所用，唯播弄其逸氣以自娛，四無掛搭，其生命深處眞是一荒涼寂寞，這是眞正之名士。諸如王弼、向秀、郭象等乃學人名士，這種名士，不是無所成，而是有成，其成就是由逸氣而講學，注《易》、《老》、《莊》，而盛發玄義，成爲清言玄解之玄學家，學人名士應是名士之上乘，其有成自然比無所成的純名士有價值，亦比純名士較可貴。然而名士是天地之逸氣，人間之棄才，只可有玄言玄談，不可言實學。因而唯王衍、樂廣之宅心事外與竹林七賢之放任曠達爲名士之正宗。魏晉名士是一相當複雜的社會階層，對這一階層進行歸類分層是一相當有意義的事情。前人所謂正始名士、竹林名士、中朝名士，只具有時間意義，不具有價值意義，牟先生將名士分貴戚名士、學人名士，和純名士，雖具有價值意義，然亦不盡人意。如何晏言之為貴戚名士可，言之為學人名士亦無不可。史稱何晏編有《論語集解》、亦曾注《老子》，其學術價值雖不能比之王、郭，然而亦不能言之無才、無所成。嵇康、阮籍亦非無所成之正宗名士，其理論建樹亦有其學術價值。再者王衍、樂廣、王戎、向秀等皆曾為官僚，皆可稱之為官僚名士。故對魏晉名士階層的研究仍然是一有待深入的學術問題。

## 三、名理之兩系

何謂名理？學術界並無一致意見，人們一般認為魏晉名理學是存在於玄學之前，並獨立於玄學之外的思想流。牟宗三以大量的史料證明：名理並非專指名理，它是概括之統稱，即思理、理義、義言之意。魏晉思想通而稱之可為魏晉名理，分別言之為才性名理和玄學名理。

他進而指出名理不僅可涵蓋魏晉，而且先秦之形名、名實亦可賅之以名理，此名理為廣義的名理，此名理相當於廣義之哲學。他指出廣義名理即「關於名之本身，名之所涉（限定之實與超限定之實），以及名與其所名者之關係之理也。」[23]這樣邏輯學、知識論、形上學、人學，俱含在名理之中，這就是廣義的哲學。這種廣義的哲學與科學不同，與道德宗教亦不同，它的基本精神是反省的、批判的。

依西方傳統，「名理」意即邏輯，中國先秦之形名家如惠施、公孫龍，《墨辨》、荀子之《正名》就是這種名理，可稱之為狹義名理，如是名理之分系如下：

邏輯名理，（狹義名理），係指先秦之形名家及名家，其本質意義相當於今日之知識論及邏輯。

玄學名理，係指魏晉之玄學派，其本質意義相當於今日之形上學。

才性名理，係指魏之才性派，其本質意義爲「品鑒之人學」。

對於邏輯名理，牟先生只是關連著魏晉之才性名理和玄學名理而論述之，並未作專題研究。才性名理和玄學名理是《才性與玄理》一書的中心。

## 四、品鑒之人學——才性名理

牟先生認爲，才性名理是中國所獨有的，它與先秦人性論共同構成了中國全幅人性之學問。一是道德的，一是品鑒的。前者以孟學爲主，後者以《人物志》爲代表。劉劭、傅嘏、盧毓、李豐、鍾會、王廣皆論才性，同屬才性名理系之人物。

他認爲，才性名理以《人物志》開其端，下賅鍾會之「四本論」。自梁代起，經《隋史·經籍志》將《人物志》列爲名家類，後人亦稱之爲形名學。牟先生指出，《隋史·經籍志》的這種歸類實際上並無本質之意義，只有歷史之因緣。他認爲《人物志》與先秦名家迥然不同，先秦名家爲知識論或邏輯形態，而《人物志》則是評品人物，則是人學之形態。他認爲魏初之品評人物，議論才性，對先秦各家來說都是一新題目，新內容，與先秦之儒、墨、道、法、兵、名及縱橫家、雜家、農家、小說家等甚不相合，皆不對號，至使修史者對此無處置列，只好列入名家。

《人物志》之列入名家，雖無本質之理由，然有歷史之因緣。即漢魏時期社會比較重視察舉上的名實問題。名實不副對政治、風俗影響甚大，崔實要求「綜合名實」；仲長統以爲天下之士，「慕名而不知實」爲可賤之一；左雄認爲漢代的察舉是：「言善不稱德，論功不據實。」王符則提出了「名必效於實」，「官無廢職，位無非人」的主張。漢魏間的人物，無論是儒，還是法，論及政治，皆重名實問題。但《人物志》是品鑒人物之作，與政論家之重視名家並不相同，與先秦名家所談之形名、名家本身之理亦不相合，它的理論乃是品鑒才性之系統。

《人物志》魏人劉劭著，它是我國第一部專門論述才性，選拔人才的理論著作。牟宗三認爲它「是一部很有系統的妙著」。[24]「是關於人的才性或體別、性格或風格的論述。」[25]他指出，每一個個體的人都是生命的創造品，結晶品，「是天地創生的一個生命結晶的藝術品」。《人物志》就是直接就人之表現形態或姿態而品鑒其原委，直接就其爲一藝術品而品鑒地論述之。「這種品鑒的論述才是眞正關於人的學問。」他認爲西方以科學的路數關於人的學問，如生理學、心理學、人類學等等，都不是直接就個體的生命人格、整全地、如其爲人地品鑒之。就連卡西勒的《論人》，亦是論人的神話、宗教、語言、科學、藝術、歷史等文化成就。不是就人之自己而論人。因而對人「全幅人性」的了悟並非西方學問之所長，而爲中國文化之所長。《人物志》在中國「全幅人性」之了悟的學問中占有重要位置。

「全幅人性」之了悟是中國學問的主脈，它決定了中國文化的獨特生命形態。而這一學問主要有兩方面，一是先秦人性善惡問題，即從道德上的善惡來論人性，二是《人物志》爲代表的「才性名理」，它是從美學的觀點來對人之才性或情性的種種恣態作品鑒的論述。前者是道德的，後者是美學的。前者以孟子之性善和孔子之仁爲代表，後轉化爲宋明儒者的「心性之學」，即天地之性或義理之性，後者轉化爲宋明儒者的「氣質之性。」

就學問言，牟先生將中國人性的學問分爲道德的與美學的之兩方面，就人性之本質規定言，他又把中國之人性論分爲「順氣而言性」的氣性論和「逆氣而言性」的理性論。前者以告子、荀子、董仲舒、王充爲代表，《人物志》亦屬於該系統，因《人物志》之才性即質性，質性即氣性。後者以孟子、《中庸》、《大學》爲代表，即義理之性。宋明儒學之「天地之性」和「氣質之性」正是對這兩系統的總消化。牟先生以其豐富的聯想力恰當地給《人物志》定了位：它是品鑒或美學的，這是其獨特價值，它與宋明儒學遙相會合，與中國文化的生命相感通，這是其歷史價值。

牟先生明確指出：《人物志》所言的情性是就人之材質一面言，不是就德性一面說。《人物志》有言，「凡有血氣者，莫不含元一以爲質，稟陰陽以立性，體五行而著形。苟有形質，猶可即而求之。」這就是說人之具體的、多姿多彩的情性皆統一於一元之氣，統一於陰陽、五行。一元之氣、陰陽、五行是才性之形上學根據。牟先生認爲這是以漢儒的氣化宇宙論爲底子。他進而指出：一元之氣，決定了才性之普遍性，而陰陽則決定了才性之或剛或柔，或文或質，或拘或抗等特殊性，而五行則進一步把才性之多姿多彩之特殊性具體化、泛化。總之，他認爲才性具有兩種功用：其一，它足以說明人之差別性或特殊性，其二，此差別性皆是生命上之天定者，此足以說明人格價值之不平等，亦足以說明天才之實有。

在人格之層級上，最高者當爲聖人，聖人之質是以中和之質。《人物志．九徵篇》說「凡人之質量，中和最貴矣。」這種不偏不倚之中和之質性是才性之最高者，是聖人之質性。然而除聖人外，人之質性鮮有不偏者，因偏至，才顯得人格之價值之多姿多彩。「體五行而著形」，以金木水火土之五質象徵筋、骨、血、氣、肌，再由筋、骨、血、氣、肌之表現象徵五常（仁義禮智信）之表現，從而使人之資質之層層表現而具體化。牟先生根據《人物志》之思想以圖表示如下：

五質

| 五質 | | | | | 五常 |
|---|---|---|---|---|---|
| 金 | ↓ 筋 | ：筋勁而精 | ↓ 勇敢 | ↓ | 義 |
| 木 | ↓ 骨 | ：骨植而柔 | ↓ 弘毅 | ↓ | 仁 |
| 水 | ↓ 血 | ：色平而暢 | ↓ 通微 | ↓ | 智 |
| 火 | ↓ 氣 | ：氣清而朗 | ↓ 文理 | ↓ | 禮 |
| 土 | ↓ 肌 | ：體端而實 | ↓ 貞固 | ↓ | 信 |

五常

牟先生認爲由五質而象徵筋骨血氣肌雖是生理的，但這裡的生理並不是抽象地出現於「生理學」中的生理概念，而是具體地融於生命中之有姿態的質的生理概念，因筋骨血氣肌等等生理詞語同金木水火土一樣，仍是象徵詞語，故我們仍須要有一種美感的品鑒與智慧的體悟而理解之。我們從中可以體悟出一個完整的人格才性，一個完整的生命姿態。

《人物志》進而由五常之別，列爲五德：溫直而擾毅，木德；剛塞而弘毅，金德；愿恭而理敬，水德；寬栗而柔立，土德；簡暢而明砭，火德。「雖體變無窮，猶依乎五質。故其剛柔明暢，貞固之徵，著於形容，見乎聲色，發乎情味，各如其象。」牟先生認爲五質五德是內心的恣態，儀容聲色是外形的姿態，皆是才性之發放，品鑒之所及，皆是「才性主體」之「花爛映發」。

《人物志》認爲如果五質五德之表現不能中和，則流於偏至。故又有五德之偏。即：

直而不柔→木：木德之偏，

勁而不精→力：金德之偏，

固而不端→愚：土德之偏，

氣而不清→越：火德之偏，

暢而不平→蕩：水德之偏，

《人物志》由五質五德之參伍錯綜，總言九質之徵：

平陂之質在於神；

明暗之實在於精；

勇怯之勢在於筋；

強弱之植在於骨；

躁靜之決在於氣；

慘懌之情在於色；
衰正之形在於儀；
態度之動在於容；
緩急之狀在於言。

這是說由神、精、筋、骨、氣、色、儀、容、言，可徵知人之平陂、明暗、勇怯、強弱、躁靜等九種性質。由九徵至與不至而言人格之層次與差別：

九徵皆至：純精之德→兼德
兼才之人：以德爲目→兼材
偏至之材：以材自名→偏材

《人物志》本爲一人才學理論著作。牟先生以其哲學家的睿智，儒者的慧識，獨特地展現了它的哲學意義，即由人才學升華爲人學的意義，並進而指出了這種哲學人學的不足。

㈠《人物志》之才性系統從品鑒的立場開出了美學領域與藝術境界，然而它未能開出一超越的理性領域，未能建立起進德之學。他認爲，由於《人物志》只從才性一路觀人，未能建立起成德之學，至使材性之偏，終不轉。因而才性之性即有可欣賞處，亦有可憂慮處。他說：

才質之性，全幅敞開，無超越者以冒之，則從品鑒立場上説，是可欣賞的。若是有超越者以冒之，從道德宗教立場上説，則亦是可憂慮的。可欣賞與可憂慮，構成「才質之性」亦即「生命領域」之全幅意義。[26]

牟先生認爲順才性一路，不可能補偏材之失，不可能進至成德化質。成德化質是宋儒所講，因而只有把《人物志》系統的才質之性消融於宋儒之氣質之性中，開出超越的理性領域，才能救才質之性之失。

㈡《人物志》對英雄有恰當的理解而對聖人則無恰當相應之理解。他認爲，《人物志》既然不能建立成德之學，它就不能從道德理性的層面來理解聖人，只能順才性來理解聖人，因而不可能對聖人有恰當之理解。聖人固然有聖人之天資、才質，然而聖人決非天資、才質所能言盡。而且「聖人之天資才性所呈現之姿態，在成德之學中，爲其德性所化所潤，轉而爲聖人之『氣象』，不復是原始之風采或神采。」[27]順才性一路雖對聖人不能有恰當了解，而對英雄則能有恰當相應之理解。《人物志》有專篇討論英雄，無專篇論及聖人。所謂「聰明秀出謂之英，膽力過人謂之雄」給英雄作了精闢的界定。「蓋英雄並不立根基於超越理性，而只是立根基於其生命上之先天而定然的強烈的才質情性之充量發揮。」[28]但由於《人物志》開不出超越領域，故而，它只知英雄之可欣賞，而不知英雄之禍害。而宋儒立成德之學，能識英雄之病，故推崇聖人，以德爲本。

㈢《人物志》順才性之品鑑，「既可開出人格上的『美學原理』與『藝術境界』，復可開出『心智領域』與『智悟之境界』。惟開不出超越的『德性境界』與『道德宗教之境界』」

㉙《人物志》認爲理有四部，明有四家。四理即道理、事理、義理、情理。道理即形上學之理，事理即社會政治法制之理，義理是禮樂教化之理，情理即人情屈伸進退之理。理之有四，明亦有四，明即明悟、明徹、照察、把握理之機微之智能。理有四部，明有四家，即道理之家、事理之家、義理之家，情理之家。正是在這種意義，牟先生認爲《人物志》開出了人格上的美學原理與藝術境界，開出了心智領域與智悟之境界，而開不出道德領域，這是《人物志》系統之限度，亦是整個魏晉時代之風氣與特徵，這個特徵就是「藝術的」與「智悟的。」

牟先生對《人物志》評判無疑含有深刻的洞見。它正確地把握了《人物志》的思想傾向和人學特徵，客觀、公允地論述了其歷史地位。當然牟先生的《人物志》研究不是學究式的，亦不是歷史的，而是哲學的和藝術的，是儒者的。這裡不存在客套，沒有俗氣，相反，儒者的憂患，哲人的睿智，藝術的清新俊逸，不時躍然紙上　它給人的是活的思想，而不是死的陳述。不過牟先生以爲成德之學就可以變化氣質，可以補救才性之偏材之失，然而成德之學如何變化氣質，道德宗教如何補才性之偏性之失，在其《才性與玄理》一書中我們不得而知。這不能不說是該書的缺憾，亦是其才性名理研究的缺憾。

## 五、玄遠的哲學——玄學名理

### ㈠化質實爲虛靈，變氣化爲玄理——王弼之易學革命

在玄學名理中，牟先生尤重青年哲學家王弼。在其三八四頁的《才性與玄理》一書中，專論王弼之易學與老學的頁目竟達九〇餘頁，足見王弼在牟先生心目中的份量。

牟先生論王弼之易學，實際上是連同韓康伯而言之。他認爲「王、韓之易學，要在廢象數。至於義理，則未能握住孔門之管鑰，而是以道家之有、無、玄義而解經也。」雖說王弼是道家心靈，然而它努力治易，亦完全可以發現其在易學上的廓清之功與超脫之慧，見其在易學史上的革命之功。

他認爲王弼易學的中心觀念見之於《周易略例》，而《周易略例》中則又以《明象》和《明象》最爲重要。《明象》闡述了一多、體用之觀念，《明象》論述了「立象以盡意」、「得意忘象」之觀念。前者是本體論，後者是認識論。

就《明象》而言，王弼認爲彖即「統論一卦之體，明其所由之主者也。」王弼由此而引申論證衆寡、一多、動靜之關係。王弼認爲「衆不能治衆，治衆者寡也」，「動不能制動，制天下之動者，貞夫一者也。」至寡即一，一不是數字之一，而是「統之有宗，會之有元」之一，是本，是體，衆、動則是現象，是用。由一成動多，是即由體以成用。牟先生認爲王弼所論體用關係，儒道皆然。但就體之所以爲體，即在體的實際內容上，儒道不同。王弼之體是以道家之無爲背景的，對儒家的「心性」本體根本不能入，故而我們只能說他是以老子之玄理談易，不能說他是以孔門之天道性理談易也。王弼以老談易，可以說給易經注入了新的生機，可能比以傳解易更有意義。

牟先生接著就王弼乾彖「各正性命」解，「復其見天地之心」解，「大衍」義，王韓之「

一陰一陽」解，王韓之「體用、有無」義，王弼之「聖人體無」義，王弼之「聖人有情」義等作了系統的闡述。王、韓以道家的心靈解易，當其泛言體用有無之玄微，皆極其精透，而圓融無礙。然而王弼只能知易之「形式意義」，不能知其「內容意義」，對孔門之「天道性命之貫通」固不能知，於「心性」義亦不能知，故只落於以單純之玄理解易，而不能盡孔門十翼之義理。如王弼注《乾・彖》：「大哉乾元，萬物資始。乃統天。」認爲「有天之形，而能永保無虧，爲物之首，統之者豈非至健哉？」牟先生指出，「此注亦很美，能把握住乾健之德。」然而王弼注「乾道變化，各正性命。保合太和乃利貞」三語，則言之不諦。王弼注云：「乘變化而御大器，靜專動直，不失太和，豈非正性命之情者耶？」牟先生認爲「凡牽涉到個體性命之處，王、韓注皆不能切。是即喪失天道生化萬物，成就萬物之密義。」[30]在牟先生看來，天道不能空言，不能不貫通個體之性命，性命不能無根，不能不通於形上之天道，這就是天道性命相貫通。王弼注「顯然未扣緊成物之各正性命上說。故浮泛不切也。」「王注『乃統天』則切，蓋此只是泛言體用之關係，大抵凡泛言體用處，皆極精透。一涉天道性命之貫通處，則皆浮泛而不切。」[31]此爲王弼易學之通病。不過王弼亦有功於易學，此有兩點最值得注意：

(一)王弼扭轉了漢人之氣化宇宙論爲魏晉人玄理之形上學。牟先生指出：由京房、馬融、乃至虞翻，解《周易》之「太極」爲「太乙」，爲北辰（北極星），居中不動，其餘四十九轉運而用，這樣太極就是具體事物，由此可見漢人之質實，而王弼則以不用之一注易之太極。王弼注《繫辭・大衍章》有云：「演天地之數，所賴者五十也。其用四十有九，則其一不用也。不用，用以之通，非數，數以之成。其易之太極也。這裡的一是本，是體，是無，是哲學觀念，而非象數觀念。王弼之注一掃漢人之象數，極見其智思心靈之簡潔精妙。牟先生說：

> 王弼之功績即在扭轉此質實之心靈而爲虛靈之玄思，扭轉圖畫式的氣化宇宙論而爲純玄理之形上學。此在思想上爲大進步也。㉜

他認爲經過四百年之漢易傳統，王弼突兀躍起，一掃兩漢象數易學之烏煙瘴氣，其復活先秦儒道兩家固有義理之功不可磨滅。

㈡王弼易學有融合儒道之傾向。牟宗三指出：自漢代班固著《漢書》將古今人物分爲九等，以孔子與堯舜禹湯文武同類，列爲上上，而老子僅列爲中，這種漢代以來相承之定論，王弼、何晏、向秀、郭象亦無異議。故而王弼亦希老莊而尊聖人，認爲聖人體無，老不及聖。聖人體無而不說無，老子常言無實是落入有境。正是「知者不言，言者不知」「善易者不論易。」牟先生認爲，自子貢言「夫子之文章可得而聞，夫子之言性與天道不可得而聞」以後，孔門義理一直隱沒而不見。漢代儒者又忙於禮樂教化，章句訓詁，王者則忙於典章制度，經國大業，從而忘卻了聖人無爲渾化之境。「王弼取道家言而填充之，至少可以豁醒聖人之境界，使人得有眞切了悟與嚮往」「其功爲不小」。

王弼援道入儒，以老莊的哲理改造日暮途窮之漢易，造成易學史上的革命，實有功於易學，有功於儒學。牟先生立足於儒者立場，指出了王弼對易的理解和誤解，足與不足。但當人不囿於儒家的立場，而是擴而大之，站在整個中國文化發展的角度，這些足與不足當有另解。

在這裡因爲重要的並不是王弼能否盡孔門易理之精蘊和全蘊，而是王弼能將這部先於孔子出現的古老典籍，推陳出新，使之呈現出新的生機。他的易學革命不僅有功於易學，且有功於儒學，乃至有功於整個中國學術的發展。

### (二) 莫逆於心，獨發玄宗——王弼之老學

牟先生認爲，王弼對老子，「確有其相應之心靈，故而獨發玄宗，影響來者至鉅。」㉝牟先生研究王弼之老學不是肢解式的研究，而是疏解式的研究。肢解式的研究是將王弼之思想系統拆開，另構一系統。疏解式的研究是順王弼老學之系統，甚至順老子思想之系統，引申發揮之。故牟先生在《王弼之老學》總標題下，以《王弼老子注疏解》爲副題。牟先生在其王弼老學研究中，先將老子之經文列出，隨之標出王弼對經文之注，後是闡述個人對老子《道德經》經文及王弼注之看法。這樣讀者就能從其疏解看清王弼對老子思想的承續、曲解及發展。如：

**經文：無名，天地之始。有名，萬物之母。**

注：凡有皆始於無。故未形無名之時，則爲萬物之始。及其有形有名之時，則長之育之，亭之毒之，爲其母也。言道以無形無名始成萬物。以始以成，而不知其所以，玄之又玄也。

牟案說：「王注甚簡，即就無、有、玄三層說道。言道以無形無名始萬物，以有形有名成萬物，以始以成，而不知其所以，玄又玄也。」

道以無形無名始萬物，就是「無名天地之始」；道以有形有名成萬物，即「有名萬物之母。」他認爲無形無名是道的「無」性，有形有名是道的「有」性。「無」是天地向後返，反至本始，以無爲始。「有」是向前看散開萬物，終成萬物，以「有」爲母。牟先生指出：有與無，始與母俱是就道而言，是道之雙重性。人們一向只注意道之無性，而忽視了其有性，但《老子》和王弼的確就道說有。而「玄」是「道之具體性與眞實性，惟因此始能有生物之妙用。」[34]即有無渾化而爲一。這是分解地說「無」、「有」、「玄」、「道」；若合而言之，就生物成物之妙而言之，「則以有攝無，無融於有，而只說爲『母』，亦未始不可也。」[35]

牟先生獨具慧眼，發現了老子和王弼哲學中的「有」「無」「玄」「道」之內在關係，認爲「有」與「無」「始」與「母」爲道之雙重性，玄乃是無有之渾化爲一，這不僅是對王弼老學之疏解，更是順王弼之理路對王弼思想之發展。實際上，在王弼那裡，無並不是虛無，不是數學上的零，而本身就是「無限妙用」，足見有無相通，而「以無爲本」，本就是道。在王弼的心目中，「無」「有」「道」是三位一體的，是相通的，「無」「有」不僅僅是道之性，而其本身就是道。

牟宗三以現代哲學的語言，重新詮釋王弼之老學。他從多種角度論述了道之屬性，㈠道之主宰性，㈡道之常存性，㈢道之先在性，㈣道之生成性或實現性。

他認爲《老子》與王弼都講道是萬物之宗主，都認爲道之爲萬物之主，不是以「實物」的方式爲宗主，而是以「沖虛無物，不主之主」之方式爲物之宗主。老子《道德經》有「生而不有，爲而不恃，長而不宰，是謂玄德。」王弼注云：「不塞其源，則物自生，何功之有？不禁其性，則物自濟，何爲之恃？物自長足，不吾宰成。有德無主，非玄而何？凡言玄德，皆有德而不知其主，出乎幽冥。」牟評王注說：「王注則歧出不切，隱曲不明。而籠統大意似亦得之。」㊱牟先生認爲「生而不有」即是無心之生，物自生。「爲而不恃」即是無爲之爲。「長而不宰」是不主之主，「如此，已甚圓足，不煩辭費。」㊲

道之常存性不是永存之存，而是無所存之存。非「存有形態」之存，而是境界形態之存。其存是「似存而非存，似非存而實存，超乎存與不存之存也。」㊳其先在性亦非「存有形態」之先在、非邏輯原則之先在，亦非範疇之先在，乃境界形態之先在。道爲一切物之本，而自身非一有形物，「此即在一切形物之先矣。」「此境界形態之先在性乃消化一切存有形態之先在性，只是一片沖虛無迹之妙用。」㊴這樣疏解老子王弼之道甚得其精神，亦能回避從不同角度對老子、王弼思想的非難與攻擊。然而抛開老學之存有形態及認識意義，僅從境界形態上看老學，從而使老學過份狹隘化了。何況老學中的存有意義和認知意義與其境界意義是難以斬斷開的。

牟先生還認爲，在《道德經》及王弼注中隨處可見其宇宙論用語。這些用語即表示道之生成性、實現性，即道爲一實現原理。《道德經》五十一章有「道生之，德蓄之。物形之，勢成之」之語，而這種表示宇宙生成論的用語在《道德經》中隨處可見，如「無名，天地之始。有名，萬物之母。」王弼的注釋宇宙生成論的用語亦隨處可見。牟先生認爲，在老子和王弼那裡，「道生之」，「既非柏拉圖之『造物主』之製造，亦非耶教之上帝之創造，且亦非儒家仁體之生化。總之，它不是一能生能造之實體。」它只表示不塞不禁，讓物自主、自濟、自長，故而「道生之」只是消極意義之生，是「無生之生」。這種宇宙論不是分解或構造的宇宙論，而是「觀照之宇宙論。」道之實現並非實有形態的實現，而是境界形態的實現。

牟先生對王弼之老學儘管有批評，但從整體上還是給予了很高評價，認為王弼對道家有「相應之心靈」，可以「默逆於心，異地皆同」，甚至認為他「獨發玄宗」。

## 六、妙演奇致，大暢玄風——向、郭之注莊

牟先生認為，今本《莊子注》只有郭象注，而缺向秀注。實際上，向注與郭注「其義一也。」向注為郭象所竊，郭注即向注，史家評向秀「發明奇趣，振起玄風。」㊵評郭象「少有才理，好老莊，能清言。」㊶《莊子注》將向、郭二人聯繫一起，二人皆有貢獻。

牟先生對向、郭之「逍遙」義，「迹冥」義，「天籟」義、「養生」義、「天刑」義、「四門示相」義等作了疏導和發揮。他認為向郭之「逍遙」義有三層意義：㈠「逍遙」是對依待關係之限制的超越和破除。如果人們以對待的方式觀照萬物，則一切皆在長短、壽夭、高下等比較串中。在這種依待關係中，「則無一是無待而自足者。亦即無一能逍遙而自在。」㊷此是逍遙之形式定義。㈡眞正的逍遙並不屬於現實的物質生活領域，而屬於精神生活之領域，是逍遙之眞實定義。向、郭云：「惟聖人與物冥而循大變，能無待而常通。」就是說只有聖人才能衝破依待關係之網，實現眞正的逍遙。㈢芸芸衆生，雖不能自覺地從事精神修養，然而至人去礙，使之各適其性，亦能同登逍遙之域。正是人人渾忘一切大小長短、是非等之對待，含生抱樸，各適其性，則天機自張，如是「雖大鵬無以自貴於小鳥，小鳥無羨於天池，而榮願有餘

矣，故大小雖殊，逍遙一也。」這三層意思，㈠是從理上一般說，㈡是分別說，㈢是融化說。這三說是對《莊子》逍遙義的圓滿解答和注解。

牟先生認爲向郭注之一大貢獻就是將《莊子》之「詭辭爲用」玄智模型，發展爲迹冥圓融論。他指出，「無爲而無不爲」是道家的普遍原則，無爲是本，是冥，是「所以迹」，「無不爲」是末，是迹，迹與冥或曰迹與所以迹，不是截然之兩途，而是具體地圓融在一起。「即迹即冥，非迹非冥，斯乃玄智之圓唱，聖人之極致。」[43]這種圓融之迹冥論，千哲同契。

而向、郭之「天籟」即「自然」，這種自然不是唯物論和自科學的自然，而是一切皆絕對無待，獨立自化，自生自在。它是一境界，即「無」的境界，「獨化」境界，「一」的境界，亦即是「與物冥而循大變」，「玄同彼我」之境界。

牟先生還就向、郭之「天刑」義，「四門示相」義作了疏解。牟先生之疏解並不限於考察向、郭注莊之得失，而是將儒釋兩家引進來，時時對比，處處照察，以顯圓教之差異。他認爲圓教可就兩方面說，㈠「自玄智之詭辭爲用說，不滯一邊，動寂雙遣，自爾渾化，一時頓圓。」㈡「自超越心體含攝一切說，一毀一切毀，一成一切成，無餘無欠，一時頓圓，」[44]就前者言，道家已自具有，就後者言，道家則顯不足。從老莊到向郭，其超越的心體似不顯。而只有「立一超越之心體，始眞可言圓頓之教。」[45]道家之圓唯從詭辭爲用之境界說，無客觀嚴整之標準，只有主觀性原則（玄智），而無客觀性原性（超越之心體），故流於虛晃和枯萎。在佛教，超越心體（自性清淨心）與般若智冥合爲一，二者皆是主客觀性統一，都是眞實之圓頓。與佛、儒相比，道家則教味不重，剛拔不足。

## 七、志氣恢宏，玄遠曠達——阮籍、嵇康之名理

牟先生認爲，竹林名士乃正宗名士，阮籍和嵇康是其傑出者。阮有奇特之性情，嵇「善談理。」餘者皆不足取。

牟通過分析《晉書・阮籍傳》之材料，認爲阮有三點獨特之風格：

(一) 有奇特之性情。

(二) 與禮法有嚴重衝突。

(三) 能嘯、善彈琴、希慕原始之諧和。

關於第一點，牟認爲「此實浪漫文人之性格。此中固有性情之眞處，然亦有許多夾雜。」[46]阮聞母終，「舉聲一號，吐血數升」，是眞性情，然「與人圍棋」，必「留與決賭」，則是矯違。由於當時人們憤傲禮俗，才有對禮俗之反動，一有反動即有僞，由主觀之性情轉而爲客觀之憤世疾俗，則一切皆僞，至使風俗益壞，人心益發不可收拾，至有後來之八伯、八達之放縱胡鬧之妖孽。

阮籍以浪漫文人之生命爲底子，則一切禮法皆非爲我而設，因而是一個「非人文」的生命，一個奇特的生命與禮法有永恆之衝突，永不得和諧之生命。「它必衝決一切藩籬，一直向上衝，直向原始之洪荒與蒼茫之宇宙而奔赴。」故而有醉臥鄰家沽酒少婦側，往哭兵家女之事。

他認爲凡文人之生命，一方衝向原始之蒼茫，一方亦常能通過音樂而希慕原始之諧和。任

何禮法、教法固不能安定其生命，原始之蒼茫亦不能掛搭其生命，只有藉音樂以通向原始之諧和，以爲其暫時栖息之所。故阮籍能嘯，善彈琴，嵇康亦善彈琴。但阮氏論樂，主元氣，嵇康論樂，主純美。重元氣，故上提於太和，崇雅樂，賤風俗之邪曲。故而阮氏認爲「達道之化，可與申樂。」以樂之和爲「天地之體，萬物之性」，是即爲希慕原始之諧和也。嵇康有《聲無哀樂論》，純以和聲論樂，和聲本身無哀樂之情。和聲即音樂本身之和，非天地之和「嵇康則內在於聲樂本身而主客觀之純美論。」[47]

阮氏之論樂是形上學的，嵇康之樂爲純藝術的。阮浩瀚元氣，嵇精美恬淡。阮論樂之和是天地之和，故長嘯山谷，暢通其生命，嵇論樂之和是當體之和。「阮以氣勝，嵇以理勝。同歸老莊，而音制有異。」「阮爲文人之老莊，嵇則稍偏於哲人之老莊。然皆不及向、郭之『發明奇趣，振起玄風』也。」[48]

總之，「阮籍有一浪漫之文人生命，復有一古典之禮樂生命。而嵇康則是一道家養生之生命，（不縱情於酒色），復有一純音樂之生命。阮籍比較顯情，而嵇康則比較顯智。故一屬文人型，一屬哲人型。」[49]阮籍和嵇康是同時代之名士，二人對司馬氏集團借禮教以欺侮天下，皆表示出強烈的反抗情緒。然而阮氏縱情酒色，目無禮法，是行爲主義的；嵇之深沉睿智，剖名析理，則是理論的。牟先生所論是在其同的大前提下，論其異。其論條分縷析，闡玄顯微，至爲精當。但從中我們可以看出，牟先生亦有重嵇康輕阮籍之傾向，他對阮氏之縱情酒色，放任曠達之行爲雖無否定，然而亦無所肯定，而對哲人型的嵇康則評價甚高，認爲：「王弼、嵇康、向秀、郭象，皆極高之哲學心靈也。」[50]把嵇康與王弼、向秀、郭象並舉，可謂有意抬高嵇康，而且他還爲嵇康被殺深表惋惜，認爲：「嵇康被害，司馬昭之罪大矣。」[51]

## 八、「實有形態」與「主觀形態」——老、莊之異同

牟宗三認爲，在魏晉，老子之玄智玄理，王弼發揮之，莊子之玄智玄理，向秀、郭象發揮之。牟先生在全面論述魏晉玄理的同時，還連帶地比較了老、莊之異同。

他認爲，就客觀上說，在義理骨幹上老子和莊子是同一系統，但就主觀言，二者則有不同的風貌：

㈠「老子比較沉潛而堅實（More Potential and mone Substantial），莊子則比較顯豁而透脫（More actual）」。沉潛，則多隱而不發，故顯深遠。堅實，則體立而用藏，故顯綱維。而在莊子則深淺綱維，隱顯融而爲一，全體朗顯。

㈡就表述方法言，「老子採取分解的講法，莊子採取描述的講法」。他認爲，老子之《道德經》系統整然，綱舉目張。種種義理，概念皆連貫而生，各有分際。而對道之本體論的體悟，構成了老子一書的三大綱領。在這三大綱領下，如可道，不可道，可名，不可名，無、有、玄、有爲、無爲等等概念連貫而生，故而顯得十分有系統性。而莊子「則隨詭辭爲用，化體用而爲一。其詭辭爲用，亦非平說，而乃表現。表現者，則所謂描述的講法也。」[52]他認爲莊子所說的卮言、重言、寓言就是描述的，非分解的，是非邏輯，非概念的。而在其漫畫式的描述中，正藏著「詭辭爲用」之玄智，「此所謂，無理路之理路」，亦曰「從混沌中見秩序」。[53]他認爲如把大詭辭之玄智再概念化，便是一種「辯證的融化」（Dialectical reconciliation）。「恢詭譎怪，道通爲一。」無成無毀，無有無無，皆是辯證的融化。「老子是概念的分解，莊子是辯證的融化。」[54]

㈢ 老子之道有客觀性、實體性及實現性，而莊子則將這三性一起消化而泯之，純成爲主觀形態。即老子之道至少具有「實有形態」，而莊子則純爲「主觀形態」。他認爲老子之「無」是始，是本，是客觀之實體，非生活修養上之境界。而「道生德蓄」又說明道具有「實現性」。故而老子的形上學是一「由分解而成之積極而建構之形上學。」而莊子則把老子之無、道、有，一、自然等從客觀方面收進主觀境界上講，「逍遙乘化，自由自在，即是道，即是無，即是自然，即是……。以自足無待爲逍遙，化有待爲無待，破『他然』爲自然，此是道之境界，無之境界，一之境界。」莊子是根據老子而進一步發展，以消融老子之「實有形態」之客觀性、實體性爲主觀之境界。

## 九、自由與道德——自然與名教之爭

牟先生認爲：從時代精神上說，中國固有思想由東漢發展至魏晉，轉至老莊玄言之盛行，自有其歷史的必然性。王弼、嵇康、向秀、郭象之玄理，對道家思想的發展與完善，對於整個中國學術，皆有其貢獻，有其價值。然而：「儒墨之迹見鄙，道家之言遂盛。」[55]對社會生活與時代風氣之影響則有嚴重的流弊。一是士大夫「祖尚浮虛」（王衍語），「浮文妨要（王右軍語）。二是一般知識分子生活放蕩，不守禮法。這實際上反映了自然與名教，即自由與道德的嚴重衝突。從王弼的名教出於自然，「聖人體無」，到郭象之名教即自然，「迹冥合一」

論，皆反映了自然與名教之衝突，並試圖解決這些衝突。然而他們皆不能會通名教與自然之衝突，其癥結就在於道家思想中之「內在道德性」不立。原始道家最初是對沒落之周文之虛僞之反動，其追求的自然、天眞是對外在仁義禮義桎梏的直接否定。這是自然與天眞的破裂形態，從而構成了道家思想與仁義禮法的本質衝突，永恆之衝突。道家只有退守自己而保持自己，對政教取消極不著之態度，方能見其無礙：

㈠如西方哲學然，作純哲學、純學術之清談。作官從政不要清談，哲學家之從政，最好清談歸清談，從政歸從政。

㈡向帝王個人用，無爲而治，減殺權力之濫用以及對社會之騷擾。

㈢通過個人之精神修養工夫徹底消化一切人爲造作而達到自由、自在、自我解脫之至人境界。

牟先生認爲，沿上述三條路向走，道家雖無內在道德之建立，不能積極安立仁義禮法，乃至全部人文世界，但亦不覺其礙。「惟如此，始能達至王弼、向、郭等所說之迹冥圓之境界。」[56]即使如此，同樣亦不能消融自然與名教，自由與道德之衝突，不能使二者達到眞正之統一。干寶、裴頠力陳浮文之弊，試圖消融時代之衝突使歸於健康之坦途，然而亦無法完成時代之使命。

牟宗三先生認爲，自然與名教衝突的消融，即自由與道德的眞正統一，「此問題之解答仍須從精神生活之發展上由老莊之教推進一步而爲之。」[57]即建立起「內在道德性」。他借用黑格爾論希臘的思想，對此加以說明。

黑格爾認爲，希臘文化是人類文化發展的青年期，決定其爲青年期的有兩個原則，一是個體性原則，一是道德性原則。這時的道德性是個人的意志不反省地適應那爲正義與法律所規定的行爲與習慣，不自覺地統一於理典——社會公益。這種道德性尚不是眞正的、作爲精神主體的內在的道德性。這是「美的道德性」，是「美的自由王國」，是「最嫵媚的世界」。然而亦是最易凋謝的花朵。黑格爾指出，在這原始、直接的統一性中，含有高度的矛盾，只有克服這些矛盾才能駛向眞正的統一。只有通過主觀自由地奮鬥，在重生中建立起來的道德性，才是純淨的，眞正的道德性。至此始可言自由意志與法律的眞正統一。人類就由美感階段進入眞正的道德階段。

牟先生認爲若把黑格爾的上述思想運用於中國，自由與道德的衝突可立獲解答。他認爲西周貴族政治下的禮樂文化，雖不完全類似於希臘精神，但亦有一種高貴的美的靈魂，國民之服膺禮法，表現出的道德性，亦有一種諧和。但這種道德性尚不是通過主觀自由底奮鬥而重生地建立起來的道德性，其中含有一種矛盾。這種矛盾到春秋戰國時期，立即爲道家揭露出來。但道家只能表現矛盾而不能克服矛盾。它沒有依黑格爾之理路向「內在道德性」建立的路向走，而是向著「無爲」「無執」的路向走，追求一種「虛一而靜」之自由、自在、自我解脫之心境。它不可能建立起一眞正的道德主體，而只能建立起一「非道德而超道德的自然無爲之主體。」

原始道家所表現的矛盾，在魏晉時代，再度客觀表現出來，但依然不向克服此矛盾之路上走。玄學家們所表現出的自由、自在、主觀性亦只能向著兩路伸展：㈠向「非道德超道德的自然無爲之主體」伸展；㈡向浪漫文人之「感性的主體」伸展。「這後者的率眞適性之自由結果是放縱恣肆而成爲情欲之奴隸，而轉爲不自由。」[58]前者之率眞適性之自由所表現的精神亦是一種明涼暗淡之精神。因而這種自由是太陰教的自由，非太陽教的自由。牟先生所說的太陰就是月亮，太陰象徵著清涼、柔順、暗淡、消極，太陽象徵著剛健、勇猛、積極。牟先生用太陰教來概括道家文化，以太陽教來說明儒家文化，以顯儒道之異同。

牟先生認爲，作爲太陽教之儒家，它發現了矛盾且向著克服矛盾的一路走。「正是要通過主觀自由之奮鬥，在重生中，建立眞正的自由主體性，而獲得那眞正的道德性，以重新達到自由意志與禮法之統一。」[59]從孔子講仁，到孟子言性善，都是要求眞實、內在的道德主體挺立起來。

牟先生如此疏解原始道家和儒家，精透見底，大體把握住了原始道家和原始儒家思想實質和精神方向，令人耳目一新。其論太陽教與太陰教之關係，亦甚精彩。他說：

> 儒家是太陽教的自由，道家是太陰教的自由。這是中國文化生命中所固有的兩輪。太陽教的自由解決自由與矛盾的衝突，有一超越的分解，它能使「自由主體性」實體地挺立其自己，客觀化其自己。而太陰教的自由則既不想克服此矛盾，亦無超越的分解，自亦不能使其「非道德而超道德的自然無爲之主體」實體地挺立其自己，客觀化其自己，而是永遠停在偏面的主觀之用中。……它只如其自性而起清涼沖淡之作用，如是它亦可以輔助消導太陽教之自由系統而順適調暢之。它的無爲無執徹底散開之相忘的虛靈精神，

，亦正可以說是太陽教之自由系統之保護神。（說保母更恰）。太陰不只是清涼，亦是母道。道家以及後來之佛教，在中國歷史中，說毛病流弊，儘可說出很多，但如其自性，亦盡有許多好處。[60]

這番宏論與干寶、裴頠之論大相徑庭，與宋明儒者（包括王船山）對道家的評價亦相去甚遠，這充分體現了當代儒者的開闊胸懷和包容氣度。當然，在歷史上，儒道並行，互相爭勝，這也限制和阻礙了過去的儒者客觀、公正的評品道家、總結道家。在現代，尤其是當代中國，儒家由於梁漱溟、熊十力、牟宗三、唐君毅等諸公的努力尚不絕於縷，而道家雖說其深刻的思想仍然在某些地方起作用，但作爲一個完整的學派則消乏了。這表明道家對儒家威脅，在當代中國已解除。故客觀、公正的評論道家，總結道家的歷史作用，是其時矣。牟先生上述文字正是於這種背景下產生的。其主旨就是要告訴人們，道家與儒家既有相互排斥、對立的一面，更有互相促進，互相補充的一面。道家依其本性，不僅無害於、無損於儒家，而且有功於儒學。既是對手，又是朋友，這是學術史上不可逃避的二律背反，儒道在歷史上所處的地位與關係恰恰如此。

許多學者指出，中國文化是儒道互補的文化，但對道家怎樣補充儒家這種深層的、具體的問題則很少有人追究。當人們讀完牟先生的上述文字也許會對這一問題有所了解。

牟先生接著指出，魏晉玄學，既表現了自然與名教的衝突，亦表現了太陰教之自由系統之奧義。「從時代精神之發展上說，這正是清涼沖淡趣味之開端，它還要繼續進行，所以接著即是吸收佛教。」[61]筆者認爲，魏晉玄學實質上是對漢末儒學沒落、異化的一種反動。事實上由原始儒家到漢代經過主觀自由的奮鬥，在重生中所建立起來的「眞正的道德性」、「內在的道德性」，同樣含有高度的矛盾。這時人們雖自覺地服膺禮法、名教，然而政客、武夫在盲目地踐踏禮法，王莽之亂、曹魏之篡漢、司馬氏之篡魏，將禮法、名教乃至人們內心的道德信仰破壞淨盡，這種經主觀自由的奮鬥，在重生中建立起來的道德性異化了。原始道家所面臨的社會問題重新出現在王弼、嵇康、阮籍、向秀、郭象等人面前。因而他們可以接上原始道家的事業重新客觀地表現自然與名教的矛盾。當一個社會、一個時代，政客、武夫在禮法、名教的虛映下寡廉鮮恥時，當德性這一神聖、高潔、美麗事物爲流氓、市儈利用時，一般知識份子往往會把對政治流氓、無恥軍閥的憎恨發泄到禮法、名教的頭上。這時談克服矛盾，重建道德尚爲時過早。王弼、嵇、阮、向、郭等人都是時代精神的體現，時代精神的反映，只是反映角度、方式、側面不同而已。牟先生說：「原始道家所表現的矛盾，到魏晉時，又在時代風氣上重新客觀地表現出來，成爲嚴重的時代病。」[62]牟先生所說的時代風氣也許是指名教、禮法的異化及其自身的背離。由之可見道德主體的重建決不是在一個時代內能完成的事情，而是一在統一、破裂、統一……循環往復中逐漸眞正建立起來的過程。

## 注釋

❶ 牟宗三《才性與玄理》《序》，台灣學生書局，一九八五年四月版。

❷ 同上書，第一頁。
❸ 同上書，第八頁。
❹ 同上書，第一一頁。
❺ 同上書，第一三頁。
❻ 同上書，第一四頁。
❼ 同上。
❽ 同上書，第一五頁。
❾ 同上。
❿ 同上書，第二一頁。
⓫ 同上書，第一五頁。
⓬ 同上書，第一八頁。
⓭ 同上。
⓮ 同上書，第三一頁。
⓯ 同上書，第三六頁。
⓰ 王允《論衡·命義篇》。
⓱ 《才性與玄理》第四〇頁。
⓲ 同上書，第六八頁。
⓳ 同上書，第六八—六九頁。
⓴ 同上書，第七〇頁。
㉑ 同上書，第七一頁
㉒ 同上書，第七三頁。

㉓ 同上書，第二五六頁。
㉔ 同上書，第四三頁。
㉕ 同上書，第四四頁。
㉖ 同上書，第五九頁。
㉗ 同上書，第六〇頁。
㉘ 同上書，第六〇頁。
㉙ 同上書，第六四頁。
㉚ 同上書，第一〇三頁。
㉛ 同上書，第一〇六頁。
㉜ 同上書，第一一四頁。
㉝ 同上書，第一二七頁。
㉞ 同上書，第一三三頁。
㉟ 同上書，第一三三頁。
㊱ 同上書，第一四一頁。
㊲ 同上。
㊳ 同上書，第一四二頁。
㊴ 同上書，第一四三頁。
㊵ 《晉書·向秀傳》。
㊶ 《晉書·郭象傳》。
㊷ 《才性與玄理》第一八一頁。
㊸ 同上書，第一九二頁。

44 同上書，第二三八頁

45 同上書，第二三九頁。

46 同上書，第二八八頁。

47 同上書，第二九六頁。

48 同上書，第二九六—二九七頁。

49 同上書，第三一九頁。

50 同上書，第三四六頁。

51 同上書，第三四六頁。

52 同上書，第一七六頁。

53 同上書，第一七六頁。

54 同上。

55 《晉書·向秀傳》。

56 《才性與玄理》第三六一頁。

57 同上書，第三七〇頁。

58 同上書，第三七五頁。

59 同上書，第三七六頁。

60 同上書，第三七六—三七七頁。

61 同上書，第三七七頁。

62 同上書，第三七五頁。

## 第三節　判釋東流一代佛學，獨標天台圓教

佛學自東漢傳入中原，歷魏晉南北朝，至隋唐，已發展至鼎盛時期。歷代研究佛學之文獻，可謂浩若煙海，令人望而興嘆。近代以來研究佛學學者可謂多矣，從龔自珍、楊文山、譚嗣同、夏曾佑、梁啟超、章太炎到歐陽漸、呂逸秋、梁漱溟、熊十力、李證剛、湯用彤……他們或者全身心地去體悟佛學的智慧；或者借助於佛學思想去建立自己的思想體系；或遍考群經，疏理其來龍去脈……。一九四九年以後，海峽兩岸對佛學史的研究都取得了令人矚目的成就，然而對佛學義理或者說佛學哲學的研究則相對薄弱，而後者恰恰是佛學最有價值的東西。七〇年代中期，牟宗三先生完成的《佛性與般若》一書，是一部迄今爲止最系統的研究佛學哲學的著作。它以嶄新的視野和角度向人們展示了佛學義理的精髓。

### 一、佛性與般若

牟宗三既非佛教徒，亦非佛教史專家，他是一位眞正的哲學家，地道的哲學史專家，故而他的南北朝隋唐佛學的研究不是佛學史的研究，而是哲學史的研究，相應，史迹與版本文獻的考據他甚少涉及，而重點在展示佛教哲學在南北朝及隋唐之表現。

佛性與般若是佛學義理系統的兩個基本觀念，亦可以說是佛學的基本問題。大小乘佛學系統之區別與聯繫皆由之而展開。般若是共法，它並不決定大小乘之不同和別教圓教之差異，因而佛學各派義理之不同歸根到底取決於對佛性問題的理解不同。

般若，梵文Prajna的音譯，意爲「智慧」；又稱爲「般若波羅蜜多」（Prajna paramita），意爲「智度」即以智慧度到彼岸，是六度中之最高者。在中國，自東漢末年支婁迦讖譯出《般若道行品經》始，般若經籍就源源傳入中國，南北朝時期，形成了「六家七宗」，使般若研究形成一代學風。中國消化佛學義理是從研究般若開始的，《大般若波羅蜜多經》和《大智度論》是解說般若的兩部重要經論，故而，牟宗三先生的佛教哲學就從研究這兩部經典入手。

《大般若經》（《大般若波羅蜜多經》之簡稱）主要講般若之妙用，《大論》（《大智度論》之簡稱）是對《大般若經》的解釋。牟先生論及這兩書時，以經旨爲主，不以論爲主。他認爲《般若經》所建立者「只是一融通淘汰之精神，一蕩相遣執之妙用。」這是般若經的獨特性格。這一性格說明它不是分解地說法立教義，但只就所已有之法而蕩相遣執，皆歸實相。「實相一相，所謂無相，即是如相。❶」因而《般若經》無任何系統，亦無任何教相，它不足以決定小乘之所以爲小乘，大乘之所以爲大乘，亦不足以決定大乘中別教之所以爲別教，圓教之所以爲圓教，故而它是共法，是無諍法。

在論述了《般若經》之般若妙智之後，牟先生就龍樹《中論》的觀法作了系統地陳述。他認爲《般若經》是以般若爲主，是從主觀方面說，龍樹之《中論》是以「緣起性空」爲主，是從客觀方面說。他指出：十二因緣生本是佛所親說，諸行無常、諸法無我、涅槃寂靜之三法印亦是佛所親說。龍樹只是就佛之緣生義徹底地普遍地充其極而說「緣起性空」這一通則。「緣起性空」是分析語，非綜合語。任何法既是緣生，分析地即可知其無性。無性即無自性，無自性即是性空。當然這裡的「空」不是實體或本體，而是抒義詞，以性空之空執實爲有一物曰「空」則是大顛倒。因而，「此種徹底的普遍的『緣起性空』根本就是體法空」❷，而不是析法空，析法空是小乘之見，體法空是通一切大小乘之共法。小乘之「析法空」是一時邏輯地不徹底的權說，既然是權說則可捨其「析法空」之「拙度」而進於體法空之巧度。故而體法空是共法。

般若智是從主觀方面說實相無相，即是如相，緣起性空是從客觀方面說實相無相，即是如相。《般若經》之蕩相遣執與《中論》之體法空俱是共法。就《般若經》是共法、是無淨法而言，它是究竟的；但就其對於一切法無根源的說明，就其只有般若之作用的圓具，而無存在論的圓具而言，它是不究竟的。就《中論》是共法言，它是究竟的，就其爲有限定的通教言，它不是究竟的。《般若經》與《中論》具有二重性格，辨明其究竟與不究竟之不同，頗有意義。

再看佛性。牟宗三論般若依據於《般若經》、《大智度論》和《中論》，而論佛性則主要依據《大涅槃經》。佛性問題主要包含兩方面內容，一是成佛之所以可能之問題，一是成佛依何形態而成佛才是究竟之問題。前者是說佛性是成佛的超越根據。這是說只以因緣說明成佛之可能，太空泛，太無力，只有由因緣又進而內在地說成佛所以可能之佛性，才能眞正見到成佛之超越根據。後者是說成佛必須以一切衆生得度爲條件。這是一「悲願」問題。悲願大始能不捨衆生，但悲願雖大，不能窮法之源而透至於界外，亦未能充其極。是以若以悲願之極，必須透至「如來藏恆沙佛法佛性」始可。成佛必須依圓滿形態而成佛（十界互具爲圓滿形態）。佛性只有具備恆沙佛法，法身遍滿常，才是圓滿佛，才能對恆沙佛法有一根源的說明即存有論的說明。

牟宗三指出：佛性有兩義：一是佛之體段，二是所以能顯有此佛之體段之性能，就此能顯之性能而言佛性。前者是說一切衆生皆有佛性即皆有成爲佛之體段之可能，即一切衆生皆是一潛在的佛，不過爲煩惱所覆，不顯而已。後者是說佛性是「所以成爲佛」之性能或超越根據。《大涅槃經》首言佛性之體段義，對佛之性能義雖已涉及，然而並不顯豁。天台智者大師對應於法身、解脫、般若三德言三因佛性，是對《大涅槃經》思想的消化和進一步發展。儘管三因佛性在原經中並未明說，但它不悖於經旨，甚至說是對佛性最恰當的解釋。

三因即正因、緣因、了因，這在涅槃經中已存在，但它並未因此而言三因佛性。三因佛性即正因佛性，緣因佛性，了因佛性，正因佛性是指先天具有佛之理，了因佛性是觀悟佛理之空智，緣因佛性是能斷滅煩惱之解脫。正因佛性亦可稱爲法佛性，緣因佛性和了因佛性亦可叫做覺佛性，前者是客觀地說佛性，後者是主觀地言佛性，牟宗三指出：「三因佛性與『三德秘密藏』相應，緣因斷德與解脫相應，了因智德與般若相應，正因中道空與法身相應。」[3]正因佛性是「法佛」，緣、了二佛性是「覺佛」。就「法佛」言，正因佛性可遍及一切，不但有情有之，無情者如草木瓦石亦有之，這是「法身無外」而言正因佛性之絕對性和普遍性。但「無情有性」與「有情有性」畢竟不同，無情畢竟自身不能自顯其正因佛性而爲法身，它是以吾之法身可以攝及草木瓦石，而使一起在「中道空」中呈現，是消極帶有之，不是積極地自證之有。

草木瓦石雖有正因佛性，然它畢竟不能有緣、了二佛性，即不能有覺佛性，即無情不能自具有緣了二佛性，不能自顯其緣了二佛性而爲般若與解脫，故而「無情有性」之有是在吾之三因佛性之遍攝中而爲消極地帶起之有，非積極地自證之有，當然這種區分只是方便權說，至於頓教實說，可謂我之佛性即彼之佛性，我之法身即彼之法身，三因佛性，有情無情，分而不分，不分而分。

牟宗三認爲天台宗智者大師的三因佛性是對《大涅槃經》佛性問題的充分發揮，它對佛性問題的說明實具有根源意義和終極意義。

## 二、前後期唯識學

牟宗三指出，既有「恆沙佛法佛性」一觀念，就需對於修行中的一切流轉還滅法有一根源的說明，而這一說明開始於唯識學。中國之吸收唯識學則開始於《地論》師。而由於中國和尚慧光和道寵對阿黎耶識的不同理解，從而有相州南道和北道之分。南道慧光認爲阿黎耶識爲眞，北道道寵以之爲妄。後眞諦譯出《攝大乘論》爲正宗唯識學之基本經典，然而眞諦之譯多有增益，未忠實原文，自覺地想形成另一系統。後玄奘重譯，力復原典之舊貌，開創唯識學，或曰新法相宗。牟宗三稱《地論》師和眞諦之《攝論宗》爲前期唯識學，玄奘之唯識宗爲後期唯識學。前期唯識學向眞心走，建立起眞心系統，後期唯識學即一般稱之爲妄心系統。

《地論》是《十地經論》的簡稱，爲古印度世親菩薩著。它是解釋、論述《華嚴經·十地品》的著作。北魏時由北印度和尚菩提流支，天竺和尚勒拿摩提，以及陀扇多翻譯爲中文。南北朝時形成地論派，即牟先生所謂的《地論》師。由於《地論》本身對阿黎耶識無明確表示，以至於翻譯者菩提流支、勒拿摩提對原文就產生了異解。南道慧光，繼承勒拿摩提，認爲阿黎耶識爲眞淨，北道道寵，繼承菩提流支，以阿黎耶識爲虛妄。北道派雖較符合一般人對唯識宗之認識，然南道派亦非全無根據。無論是南道，擬或北道，其論爭的核心是阿黎耶識是否爲眞淨，並不在於有無清靜心。《地論》明確講到《自性清靜心》，故而《地論》之思想最終歸宿於《大乘起信論》。就世親本人言，《地論》只能看作是其早期不成熟之作品，其晚年成熟作品則向一般所謂的正宗唯識論即玄奘所傳的唯識思想走。世親早期思想和晚期思想正宗開唯識宗之眞妄兩系，牟先生大膽斷言，從學理上眞心系高於妄心系，世親之早期思想反高於其晚年成熟思想。

如果說《地論》只是世親早年不成熟之作品的話，那麼《攝論》則是地道的唯識宗之論著。《攝論》全名爲《攝大乘論》，爲世親之兄無著造，對該論有世親之釋文流行。對於無著兄弟之論釋，眞諦和玄奘均有翻譯。眞諦之譯多有增益，力圖將《攝論》引向另一系統，而玄奘之譯力復原文之舊，還無著世親之本來面貌。

眞諦（四九九—五六九），西天竺人，後至柬埔寨，公元五四六年應梁武帝之邀來中國，主持佛教經典的翻譯工作。《攝大乘論》是其翻譯的衆多佛教經典之一。依牟宗三先生，眞諦《攝大乘論》的譯文多有增益，其增益之目的在於力圖將《攝論》由虛妄心系統轉向眞心系統。在無著之《攝論》中，阿黎耶識爲迷染，而眞諦以「如來藏自性清淨心」說阿黎耶識，以阿黎耶識不但爲「流轉」之因，亦且爲「還滅」之因，全從正面覺解體即自性清淨說阿黎耶識，這就與無著之《攝論》思想相違反，自覺地開創出眞心系統。

眞諦之另一增益的譯解是滅阿黎耶識證阿摩羅識，即轉八識爲九識。牟先生指出：在玄奘譯爲「轉依」者，眞諦皆譯爲阿摩羅識。「轉依」是轉一切法之種子之所依者——阿賴耶識。當然，玄奘之譯，語法較爲清晰而嚴整，而眞諦意在發揮。在無著、世親兄弟看來，只有八識，轉染成淨後，也是淨八識，並不以淨識爲第九識。眞諦之阿摩羅識，只是智境無差別之流行，是一清淨心之流行。

牟先生指出：眞心系以「阿摩羅識——自性清靜心」爲主體，以虛妄熏習爲客塵。而妄心系以妄心爲主，以正聞熏習爲客。眞心派視阿賴耶「以解爲性」，妄心派說阿賴耶以迷染爲性；眞心派把如來藏定爲「如來藏自性清靜心」，妄心派把如來藏定爲「如來藏自性清靜理」。就實踐的存有論言，眞心系是縱貫系統，妄心系是橫攝系統，而實踐的存有論只有在縱貫系統中才能得以完成。牟先生說：

阿摩羅識是「境智無差別」，「非心非境」，（無所得），亦可曰「非智非境」。「非智」者無智相。智而無智相，始可曰真智，此名「如如智」。「非境」者無境相。境而無境相，始可曰實性境，此名「如如境」。「無差別」者，非境之境即是智，非智之智即是境，混而爲一，只是一真常心朗現也。此心無心相，故名真如心，心真如，此即真實性，亦名法身。從唯亂識起，到唯真心止，空如理始終從主體說也。此與妄心派之境智分能所而作差別說者異矣。要者是在妄心派以阿賴耶爲主，而以正聞熏習爲客，真如境始終是在正聞熏習所成之出世淨心之仰企中，亦在其所緣中，因此，始終是在對列之局中（一如朱子），而未能以真心爲提綱，融真如理於真心中，而爲一實踐存有論之縱貫

> 系統也。流轉還滅兩來往即涵一佛家式的實踐的存有論。而此存有論之完成是在唯真心之縱貫系統下始完成，雖不是終極的圓實的完成。❹

牟宗三認爲，《攝論》和《成唯識論》所證成的妄心系統亦積極地展示了「生死流轉」和消極地說明了「涅槃還滅」。從其積極展示「生死流轉」方面說，其中之遍計執和染依他，含有一現象界的存有論，即執的存有論。其「計執」和「不相應行法」就是這執的存有論的因素。這在以往，它雖含有這方面的因素，但並未向這方面用心，故而我們應依康德對知性所作的超越分解之思路來積極地完成它。但對於無執的存有論或本體界的存有論，因妄心系統視「正聞熏習是客」，故而不能有眞常無限心之呈現，因此，它無法徹底證成無執的存有論。無執的存有論之完成唯在眞心之縱貫系統下始完成，這就是眞心系統高於妄心系統之故。

牟宗三由「遍計執」聯想到現象界的存有論，復由現象界的存有論想到「遍計執」和「依他起」的科學價值。在佛教，歷來說：眞俗二諦，均以依他起性說俗諦，而以圓成實性說眞諦。牟先生指出：依今日觀之，遍計執就是康德所說的範疇決定成的種種相。這種種相恰恰是科學知識之所以可能的基本形式條件。他說：「吾人當稍正視此遍計執，而予以積極之價值。」「吾人不但於幻化依他中過幻化的現實生活，而且亦當在計執中過獲得科學知識的現實生活。」❺在佛家，遍計執是虛妄的，爲達圓成實性，佛家認爲應首先泯滅這遍計執，牟先生不是佛教徒，故而他能在佛家視爲最無價值處而發現其價值，在佛家的麻煩處尋求到方便，這說明牟宗三器識決非一般佛教徒所能企及，而其哲學睿智亦非一般學者敢望其項背。言人所未言，想人所未想，亦只是一般哲學工作者而已，而理論上有起死回生之妙手，化腐朽爲神奇之手段，才是眞正的哲學家，這正是牟宗三先生的高明之處。

### 三、一心開二門，建立起兩層存有論

《大乘起信論》，傳說爲古印度僧馬鳴造，眞諦譯。後有人指出此書不是馬鳴所撰，而是中國和尚的托名之作。牟宗三先生從義理上斷定：是書爲眞諦之作品，眞諦是自造自譯。

牟宗三以爲，《起信論》是典型的「眞心爲主，虛妄熏習是客」的系統。這一系統是通過超越的分解而肯定一超越的眞心，此眞心是一切流轉法與還滅法的超越根據，是成佛之所以眞實可能的根據，也是頓悟的超越根據，其基本法義就是一心開二門。

一心開二門是一心法有二種門，一是眞如門，一是生滅門。雖是二門，然而任何一門皆可「總攝一切法」。生滅門是流轉地總攝一切法，眞如門是還滅地總攝一切法，所以二門圓融爲一，並不相離。「心眞如」就是「心生死」而如之，就是心生滅法的實相，也就是說，「心眞如」就是心生滅法的空如無性，眞心就是化妄念之執著而無執無差別之狀態。故而眞常心亦是一蕩相遣執之般若智心，而由般若智心進而言眞常心，就由作用地般若進至實體性般若，也可以說是由哲學之認識論升進到哲學之存有論。

他認爲《般若經》之言般若智，只是依蕩相遣執之妙用作用地言般若，只言般若作用地具足一切，而對於一切法沒有作根源的說明。故而它沒有存有論地具足一切。而《大乘起信論》之一心開門，二門各總攝一切法即是存有論的具足。就生滅門而言執的存有論，就眞如門而言

無執的存有論，由是而開出兩層存有論。

牟先生將《大乘起信論》的一心開二門的思想進一步泛化，認爲它是中西哲學的共同架構，整個中西哲學都是一心開二門。在西方，生滅門相當於康德所說的感觸界（phenomena），眞如門相當於他所說的智思界（noumena）。但他認爲中西哲學對二門的側重各有不同，在西方，它積極地展示了以知識論爲代表的生滅門，但對智思界的展示則是不夠的，是消極的，而中國哲學則積極地展示了眞如門，而對於生滅門，對於經驗的知識則意識不很清楚，是消極的。這也就是說西方哲學家充分展示了執的存有論，即現象界的存有論，而並沒有充分證成或開出本體界的存有論，而中國哲學則積極展示了無執的存有論，而對執的存有論並沒有給予積極重視。一心開二門是佛家的專用術語，牟先生把它從佛學的堂奧裏解放出來，使之成爲一解釋中西哲學、評估中西哲學的範式，這是佛法之福。牟先生曾指出，佛教可以與外道乃至一切理想主義的哲學相出入，相通氣，相觀摩，始可言相接引，如完全與外道相隔絕，實非佛法之福，人類眞理「是要靠相觀摩而始可各自純淨，各自豐富，各自限制的。」

## 四、別教一乘圓教——華嚴宗

別教一乘圓教即華嚴宗，牟宗三先生認爲華嚴宗是以《華嚴經》爲標準，以《起信論》爲義理支持點而成者。它是前後期唯識學發展的最後形態，也是順分解之路前進發展出的最後形態。他說：「由如來藏緣起悟入佛法身，就此法身而言法界緣起，一乘無盡緣起，所謂『大緣起陀羅尼法』者，便是華嚴宗。」❻

華嚴宗在判教時，自判爲別教一乘圓教。所謂別教是專就毗盧遮那佛法身而言之教義，毗盧遮那即梵文Vairocana音譯，意爲「光明遍照」，「遍一切處」，毗盧遮那佛，華嚴宗認爲是蓮花藏世界的教主，「一乘」即佛乘，「圓教」是圓滿無盡，圓融無礙之教。

牟先生認爲，由緣起性空至阿賴耶緣起乃至如來藏緣起，到華嚴宗之法界緣起，是順經驗分解到超越分解發展的圓滿形態。法界緣起是由如來藏緣起悟入毗盧遮那佛法身。佛法身即是「法界」，法界緣起就是「佛之神力之所示現，隨衆生根欲之所樂見而自然地示現，依本所經過之修行而自然地無礙地重新示現。」「因爲是佛之示現，它自然是圓融無礙，圓滿無盡。」[7]華嚴宗之緣起因門六義，十緣起無礙，六相圓融等學說皆是就佛法身所顯示的法界緣起而展示眞相。但這種展示是分析的展示，亦可以說是對「緣起性空」一語的展轉引伸。

牟宗三認爲，華嚴宗既有進於空宗，又有進於有宗。空宗對「緣起性空」一義，無論如何引申，如何妙讀，那只是實相般若之作用的圓，即空宗對一切法沒有作根源的說明，或者說它並沒有觸及宇宙萬有的根據。就唯識宗而言，它對於一切法雖有根源說明，但其說明的並不徹底。華嚴宗將實相般若之作用的圓轉而爲「眞心即性」之性宗之存有論的圓，從而有進於空有兩宗且消融了空有兩宗。

## 五、同教一乘圓教——天台宗

「同教一乘圓教」即天台宗。天台宗是中國佛教宗派之一，開創於陳隋之際的智顗，以智顗常住浙江天台山而得名。在時間上，天台宗早於華嚴宗，而牟先生在《佛性與般若》一書中，則先說華嚴，後論天台。他之所以這樣做，一是寫作方便故，二是華嚴宗判教不盡故。他指出：華嚴宗的義理支持點是《起信論》，而《起信論》是前後期唯識學發展的結果。可以說由前後期唯識學到《大乘起信論》，到華嚴宗，一路平鋪，條理秩然，到華嚴宗而至其極。這一系統雖有眞心妄心之分，然而其所遵循的路向——分解之路是共同的。先寫華嚴，一氣呵成，順當方便，同時亦宜於讀者了解佛家哲學之義理發展。就時間言，天台在前，華嚴在後，就理論的發展言，華嚴並非是理論的最圓滿形態，而天台則高於華嚴。故而在邏輯上，華嚴則屬於前者，天台則屬於後者。牟先生在這裡提出了一邏輯先在和時間先在問題，他向人們表明，時間的先在未必就是邏輯的先在、理論的先在，時間上後起的理論體系未必是理論的圓滿形態，而時間上先起的理論體系亦可能成爲理論的後起者，形態的圓滿者。這是牟先生判釋東流一代佛教，獨標天台義理的重要原因。

牟先生指出：天台宗之所以是佛教在中國發展的最圓滿形態，是因爲天台宗所宗的《法華經》高於其他佛經故。他認爲《法華經》所說的不是特殊的教義和法數，而是佛意問題，佛之本懷問題，是權實、迹本問題。教義與教法是佛之第一序的問題，而佛之意，佛之本懷是第二序的、更高一層的問題。它處理問題的方式並不像其他經那樣，分解陳鋪，而是批判疏導，開權顯實，發迹顯本。

所謂開權顯實，「開」是「就方便教原始要終而總言之謂」。就方便教之原始言，「開」是開出、開設或設立意，就要終言，「開」是開發、暢通或決了意。華嚴宗之「不開權」是說其不攝小機，即不開出權教。就小乘、通教等諸權教言，謂其不「開權顯實」。「而若不開權顯實，則雖言大言圓，其大與圓亦有權隔之相，此種權相亦須開發暢通而決了之。」「在此，說開權顯實，其意不是說開出權以顯實，而是說就已開出者進而決了之以顯實也。」[8]「而發迹顯本亦正是開權顯實也。」由開權顯實，發迹顯本已透顯出一圓教規模。但這圓教規模仍然是就外部說，就內在的義理言，圓教義理需靠一「原初洞見」。這原初的洞見就是智者大師所顯發的「低頭舉手皆成佛道。」將這原始洞見收入《法華經》之開權顯實之大綱中，相應於法華圓教而極成此圓教，正是智者大師的功勞，亦是天台宗獨特性格之所在。

「低頭舉手皆成佛道」一語，其中蘊含著一「即」字。此即就是《維摩詰經》中「煩惱即菩提」，「生死即涅槃」之「即」。這是說菩提涅槃之成正是即於煩惱生死而成。他說：「權教本只是佛對衆生根器不齊所施之方便說或差別說。」「凡在此權教指導下之凡夫之行或小機之行皆是佛因，佛因即圓因或妙因，此即所謂開權以顯實，權即是實。」[9]既然是開權顯實，故而雖凡夫小機皆可成佛，今生不得成，來生成，畢竟得成。如果定要隔斷了凡夫之行而成佛則佛終不能成，即使成了，亦決非圓實佛。這就是說佛道即於非道而見，解脫即於淫怒痴而得解脫，佛則即衆生而成佛。

即於淫怒痴而得能脫，此名曰「不斷斷」。「不斷斷」就是不客觀地隔離淫怒痴等非道之惡事而主觀地即得「解心無染」。天台宗即由此原初之洞見而相應《法華經》之開權顯實而立一義理之實以成立一圓教。此圓教是對一切法有一根源的說明即存有論的說明的圓教。這一存有論的圓教只有在「不斷斷」之實踐中而呈現。

天台圓教系統所依而成的義理之實就是「一念心」，此「一念心」亦稱「一念無明法性心」。此一念心既非經驗的分解的識心，亦非是超越的分解而來的眞常心，它是即具一切法的一念心，是「一念三千」之一念心。「它雖是無明識心，卻即是法心；它雖是煩惱，卻即是菩提；它雖是刹那，卻即是常住。」「此其所以爲不可思議境也。」⑩所有這些都是詭譎語，故而天台圓教不是分析的圓教，而是詭譎的圓教。它是在詭譎的方式下，在即於煩惱中，在不斷斷的實踐中，而建立起來的一體平鋪之實相學。

牟宗三以簡潔的語言，概括天台圓教的特徵，他說「天台圓教是『以性具爲經，以止觀爲緯，織成部帙，不與他同。』」「以性具爲經是客觀性，以止觀爲緯是主觀性。納性具於止觀，雖客觀而亦主觀，無孤立之存有論，即實踐之存有論。融止觀於性具，雖主觀而亦客觀，非只觀法通式之三觀，乃與性具爲一之圓頓大止觀也。」⑪故實踐的存有論，境即是智，智亦即是境，成爲一眞實之圓教。

## 六、消融天台與華嚴，重判東流一代佛教

華嚴宗與天台宗是中國佛教中頗具影響的兩家，他們各自認爲自己是佛教的最高形態，是眞正的圓教。牟先生認爲華嚴之圓是分析的圓，天台圓是詭譎之圓，二者的前提、入路、層次並不相同。

華嚴宗與天台宗所賴以成立的基本前提不同。華嚴宗賴以成立者有三個基本前提和兩個基本觀念。三個前提是：

1緣起性空。
2毗盧遮那佛法身。
3海印三味。

兩個基本觀念：
1唯一真心回轉。
2隨緣起現，隨緣還滅。

兩個基本觀念是三個基本前提之所因，由此所因，前提始能被展示出來以成華嚴宗法界緣起之圓教系統。

天台宗是詭譎的圓教，其前提亦有三：
1原初的洞見——不斷斷。
2一念無明法性心——無住本。
3一切法趣空，趣色、趣非色非空。

天台圓教不以佛法身作分析的陳鋪以爲圓教，它是就所因處開權顯實以爲圓教，它是眞實的圓教。

華嚴宗與天台宗不僅賴依成爲圓教的前提不同，而且它們入路、方式、層次亦不同。華嚴宗是分解之圓教，分析的圓教，天台宗是詭譎相即的圓教；華嚴宗是「性起」系統，天台是「性具」系統，亦可以說天台宗根本就無系統相；華嚴宗之分析之教法無論如何完美、細緻、令人讚嘆，但它是第一序的問題，而天台宗之開權顯實，才是佛之本懷，佛之本意之問題，是第二序的問題，高一層的問題。由此，牟先生認爲，華嚴宗之「別教一乘圓教」並非是眞圓，只有天台宗之「同教一乘圓教」才是眞圓。

天台宗之所以高於華嚴宗，華嚴宗之所以非眞圓，還因爲華嚴判教不盡，它還不是佛教之最後形態。華嚴判教將佛所說的一切教義分爲五類，即五教。即小、始、終、頓、圓。小就是小乘教，講說四諦和十二因緣之《阿含經》是；始是大乘始教，講說《般若經》、《中論》之空宗和講說《解深密經》和《唯識論》之有宗是；終是大乘終教，講說如來藏緣起，如來藏自性清淨心的《楞伽經》和《大乘起信論》者是；頓即頓教，如絕相離言之禪宗是；圓是圓教，講說《華嚴經》的華嚴宗和《法華經》的天台宗是。華嚴宗超越了其他諸教，故爲「別教一乘圓教」，天台宗混同諸教」，故爲「同教一乘圓教」。牟先生用圖來解說華嚴之判教內容：

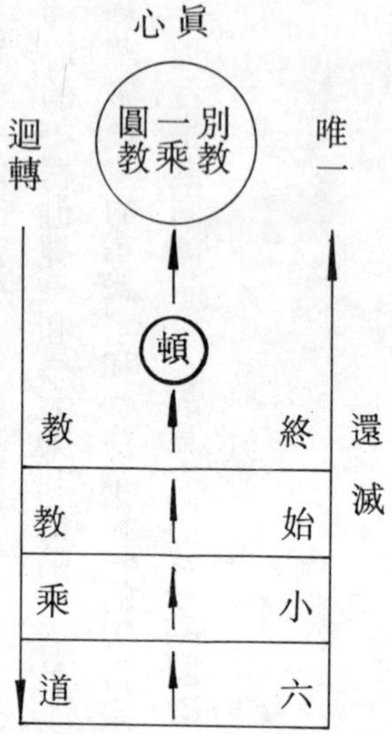


(圖一)華嚴宗之圓教

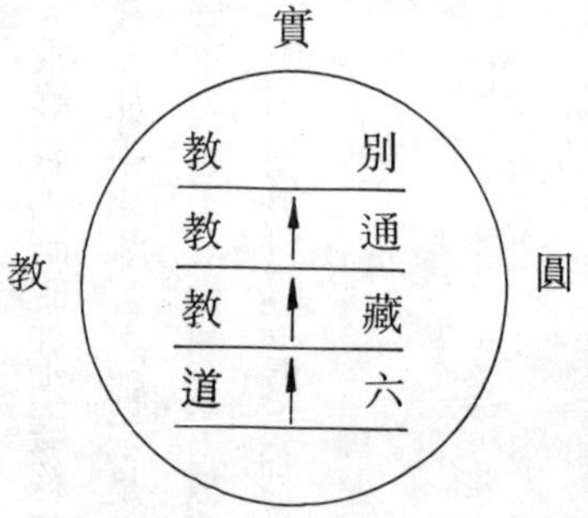


(圖二)天台宗之圓教

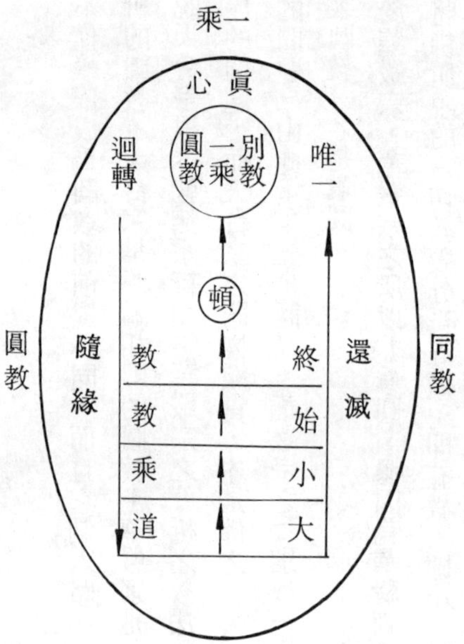


(圖三)兩圓合一

如圖一所示，華嚴宗不僅不共六道衆生，即一切權教亦皆不共，它只是一高塔頂之佛界。如圖二所示，天台宗則同於一切權教乃至六道衆生，即以權顯實。故華嚴宗必須就「緣理斷九」而成佛，而天台宗則即九法界而成佛。故而隔不隔權教乃至六道成爲華嚴之圓與天台之圓教的分水嶺。牟生生認爲，圓教只能是一，不能有二有三，因而華嚴之圓教並非眞圓　只有化掉其「一隔之權」乃能成爲眞圓，這就是天台宗。如是牟先生就融華嚴及一切權教於天台，這樣就有了圖三。

天台宗智者大師將佛所說法分爲五時八教。五時就是釋迦牟尼成道之說法分五個時期：㈠華嚴時，說《華嚴經》；㈡鹿苑時，說《阿含經》；㈢方等時，講諸大乘經，如《維摩經》、《楞伽經》等；㈣般若時，說《般若經》；㈤法華涅槃時，說《法華經》與《涅槃經》。八教是化儀四教與化法四教之總稱。化儀是指說法教化衆生之方式，化法是教化衆生說法之內容。化儀四教即頓、漸、秘密、不定，化法四教爲藏、通、別、圓。藏即三藏教，三藏即經藏、論藏、律藏，亦小乘教，也就是現代人們一般所說的原始佛教。通教即前通藏教，後通別圓，以智者大師之分，以般若之共般若之經和中論爲通教。別即別教，它既不同於前藏通二教，亦不同於後之圓教，獨明界外菩薩位，故名別教。圓教即天台圓教。

牟先生認爲華嚴之判教固然不盡，而天台智者大師之判亦不盡當，因而他對佛教重新判釋。他的判教雖主要依天台之判，但對天台智者大師之判又不滿。他認爲天台智者大師判通教時就有兩點不盡當，其一是他視通教爲大乘，但他並未能眞正搞清大小乘之決定原則。在觀法上，通教之體色入空比藏教小乘之析色入空進了一步，但在解脫和佛果兩方面，通教與小乘同。再說由「析法空」入「體法空」只是觀法之「拙」與「巧」的問題，並不能決定它們是否爲大、小乘。依天台，判釋乘之大小之原則是悲願問題和對法之根源了解問題，這兩個問題實質上是一個問題，那就是佛性問題。龍樹學與般若經根本未進至眞常不空之佛性觀念，故而天台對通教之說明並不恰當。其二，智者大師分共般若與不共般若亦不恰當。智者大師認爲，般若部中有通、別、圓教，通教爲共般若，別、圓兩教爲不共般若，共般若是言其般若與小乘爲共，不共般若是言其不與小乘爲共。牟宗三認爲，般若只有一個，並無共與不共之分。般若所表現只是一融通淘汰之精神，這精神既可在通教中表現亦可在別教中乃至圓教中行。因而它是共法，是任何教相皆不能違背者。這樣，牟先生就對通教重新判別：

他認爲，應將通教化分爲無限定意義之通教和有限定意義之通教兩種。所謂無限定意義之通教就是般若部中般若融通淘汰之精神及龍樹學的中觀精神，它是一切大小乘之共法，它不能確定乘之大小，教相之藏、通、別、圓，它只是隨大小乘及藏、通、別、圓如影隨形地表現其妙用。所謂有限定意義之通教專指龍樹學所表現出的有限定的特殊教相。牟先生認爲《般若經》只是共法，但龍樹學說就不僅僅是共法，它尚有特殊之教相。這是說龍樹學只限於界內分段身，未能進入第七識與第八識，它對一切法無根源之說明，對佛性之了解亦未能進至如來藏恆沙佛法佛性，這樣就顯出它是一有限定意義的特殊教相，故單稱龍樹學之《中論》爲通教較公允。

對別教，牟先生亦不滿足於天台智者之判定，他認爲天台智者之判教並未能將阿賴耶系統與如來藏系統分開，以至含混不清。今則將二者區分開來，以阿賴耶識說明一切法之根源，則爲「始別教」，而以如來藏自性清淨心爲中心說明一切法之根源則爲「終別教」。「始別教」與「終別教」爲牟先生自創語。

基於以上檢討，牟宗三先生對大小乘佛學系統予以重新判別：他認爲藏、通、別、圓、共五教可概括佛學之一切教相系統。五教是四實一虛，藏、通、別、圓是實，共是共法，是虛，具體說來：

小乘藏教，此判與天台之判同，原始佛學之全部系統當之。小乘之特徵是「智不窮源，恩不及物」。小乘是灰斷佛，即化緣已盡灰身入滅，未能見佛性常住；它只自度而不能兼濟故而悲願不足。

大乘通教，有限定意義之通教，即龍樹學所表現出的特殊教相當之。通教比小乘悲願相對地大，但依然是「功濟界內」。即它的悲願所成之兼濟之功只限於三界之內，不能通至界外，其對佛性之了解未能進至遍滿常，就是說它未能徹法之源而至乎變易生死。窮法源底必須引出大悲無限，理性無限，無明無限。

大乘別教，此有三種，一是始別教，一是終別教，一是別教一乘圓教。始別教以阿賴耶種子識爲中心說明一切法之根源，小乘與通教只有佛格佛性之觀念，無因性佛性之觀念，對法之存在只說至六識，始別教有了因性佛性之觀念，對法之存在說至阿賴耶識，但它又認爲緣因佛性和了因佛性爲後天，使性相不融。終別教是《大乘起信論》之眞心系統，它亦有了因性佛性之觀念，以如來藏自性清淨心說法之存在，但佛性與無明異體不即，成佛須滅斷九界差別法始可。別教一乘圓教是指華嚴宗法界緣起系統，華嚴圓教是就佛之法身分析地說圓教，它不開權，不發迹，猶有一權之隔。圓教，天台宗之詭譎相即系統當之。天台圓教開權顯實，發迹顯本。它是在三道即三德下、在不斷斷中、所成立的眞實圓教。它是由消化一切權教而透出。它不與任何權教爲敵，亦不與任何權教同一層次。故而它不是層層推進分解的圓教，而是詭譎相即之圓教，是一眞圓教。

共法，即般若共法與龍樹學之體法空的中觀精神。關此在論五時八教時已作說明，這裡不再重複。但牟先生認爲這層是觀法上的並非是系統的，因而它是虛的。落實至系統教相仍然是藏、通、別、圓四教。

牟宗三先生對南北朝隋唐佛教之研究，可謂精深透闢，當代學人鮮有達此理境者。其《佛性與般若》一書，自《般若經》說起，說到前後期唯識學，《大乘起信論》、華嚴宗，最後歸結爲天台圓教，既是佛學的，亦是哲學的，既是史的，亦是智的，可以說是亦佛學亦哲學，亦歷史亦義理，全書波瀾壯闊，跌宕起伏，最後是萬流歸海、沙水盡然。就佛學史而言，《佛性與般若》也許並無驚人建樹，然而，就佛教哲學而言，它卻是一種不可多得的論著。依筆者之陋見，當今之世，研究佛學哲學著作可謂多矣，然而尚無能出其右者。

佛教自東漢傳入中國，經數百年之傳播，至隋唐達至最高峰。五代以降，尤其宋明理學產生以後，佛學的影響日見式微，至清代，佛學的研究幾有絕續之虞。晚清以來，隨著西方哲學的傳入，人們以全新的眼光來審視佛學，佛一度成爲人們研究的熱點，如龔自珍、康有爲、譚嗣同、章太炎，都深入地研究過佛學，並用佛學作爲對抗世俗的武器和建構思想的資料。值得一提的是，楊文山、歐陽漸等人，創辦支那內學院，培養了不少佛學研究人才，在他們倡導下，絕續數百年之久的唯識宗竟奇迹般出現了中興之局面。五四以還，佛學研究日趨深入，梁漱溟、熊十力、呂徵、湯用彤、任繼愈、唐君毅、方東美都可稱佛學研究的一代學者。縱觀近百年的佛學研究熱點，不外唯識法相宗和華嚴宗，天台宗的研究則相對沈寂。像楊文山、歐陽漸、呂徵，乃至包括章太炎、梁漱溟等都是側重於唯識宗研究的學者，而方東美、唐君毅則是偏重華嚴經的學者。章太炎也許道出了這其中的一點奧秘，他認爲，法相宗與康德、叔本華等西方哲學有相近之處，最有哲理，而華嚴宗最恨君權、最倡平等，爲普渡衆生，頭目腦髓亦可施捨於人，提倡它在道德上最爲有益，可以說西方哲學的傳入，尤其是西方經驗主義哲學在中國的傳播，正好應合於唯識宗之經驗分解的思想理路，這是唯識宗近代以來成爲學者們注目熱點的原因。至於華嚴宗，其不捨衆生的大悲願和層層升進的邏輯分析亦足有吸引人處，故而亦成爲人們關注的領域。

對於天台宗，一般人不了解其價值，故而頗遭冷遇。龔自珍雖吟下「忽然擱筆無言語，重理天台七卷宗」的詩句，但佛學建樹並不大。牟宗三先生慧眼獨具，於東流一代佛學之中，獨標天台爲眞實圓教，應當承認這是非常之器量。那麼他究竟是怎樣獨愛上天台？爲什麼特別喜歡天台呢？對此，他有自己的一番解釋。他說：

我之熏習佛教由來已久，然初只是道聽塗說，並未著力。初講中國哲學史，對於佛教一階段，亦只是甚淺、甚簡、甚枝末的一般知識。如緣起性空、僧肇、竺道生，以及唯識宗，亦都知道一些；對於華嚴宗只知道事理無礙，事事無礙；對於天台宗根本一無所知，只朦朧地知道個「一心三觀」。這都是一般人口頭上所說的。然簡單地講一點「諸行無常，諸法無我，涅槃寂靜」，亦不大差。近二十年來，漸漸著力，然亦未能專注，只是隨時留意，隨時熏習，慢慢蘊蓄。先寫成《才性與玄理》弄清魏晉一階段，後寫成《心體與性體》，弄清宋明一階段。中間復寫成兩書，一是《智的直覺與中國哲學》，一是《現象與物自身》，以明中西哲學會通之道。最後正式寫此《佛性與般若》。吾人以爲若南北朝隋唐一階段弄不清楚，即無健全像樣的中國哲學史。⓬

又說：

當我著力浸潤時，我即覺得天台宗不錯，遂漸漸特別欣賞天台宗，這雖非偏見，然亦可以說是一種主觀的感受。主觀的感受不能不與個人的生命氣質有關。然其機是主觀的感受，而浸潤久之，亦見其有客觀義理之必然。⓭

牟先生最早接觸佛學當推三十年代初在北京大學學習時，讀到熊十力先生的《新唯識論》。這是一部貌似佛學理論專著，而實宣揚匯通儒釋，宣揚儒家思想的學術著作。這是牟先生「熏習佛教由來已久」的緣由。三十、四十年代，牟先生的精力主要用於《邏輯典範》和《認識心之批判》的寫作，但他長期熏炙於熊十力門下佛學之浸潤並未間斷，只是不著力而已。五十年代中期以來，牟先生對佛學方漸漸著力，當其著力浸潤時，就覺得天台不錯。隨著對天台宗研究的深入，這種感覺愈加強烈。「浸潤久之，亦見其有客觀義理之必然。」這樣，主觀的感受就轉化爲客觀義理。牟先生之欣賞天台其機是主觀的，最終是客觀的，是由東流一代佛學的義理發展所決定的。

牟先生認爲，他之有特別欣賞天台圓教的主觀感受，是與其生命氣質有關。牟先生之浸潤於佛學，固然爲時很早，但其著力研究佛學遠在崇尚唯識宗的支那內學院諸公之後，而且亦在側重華嚴宗的方東美、唐君毅諸人之後，牟先生的嚴肅、冷峻與孤峭生活格調，就注定了他決不會人云亦云，他既不會喜歡唯識宗，亦不可能完全垂情於華嚴宗，只有另闢新域。

一個研究者之所以特別欣賞某宗某人，這既是生命情感的問題，亦是學養、器識的問題。而學養不足，器識不宏，生命性情的格調亦不會太高雅，其欣賞之水平亦終有限度。牟先生之欣賞天台，既有生命性情的原因，更有器識學養上的原因。

《佛性與般若》是牟先生晚年成熟的作品。他是在完成了《才性與玄理》、《心體與性體》、《智的直覺與中國哲學》、《現象與物自身》之後，才傾力《佛性與般若》的寫作。《才性與玄理》言道家，《心體與性體》說儒家，《佛性與般若》論佛家。因而他之論佛學不能不受到其論道家和論儒家的影響，亦不能不受到其整個哲學體系的影響。可以說他判釋東流一代佛學，獨標天台，是其思想義理演進之必然。

就哲學言，牟先生這是已完成了道德的形上學哲學體系的建構，開出了兩層存有論，即執的存有論（現象界的存有論）和無執的存有論（本體界的存有論）。在他看來，無執的存有論高於執的存有論，無執的存有論是價值之源乃至一切存在之源。而無執的存有論賴依成立的前提是承認人有限而無限，人有智的直覺。這智的直覺又是無限心之發用，因而必肯定人有一無限的智心。牟先生用兩層存有論的標準去判釋佛學，因而，徹底透出無執存有論的天台宗就成了佛學之最高境。在牟先生的判釋中，代表阿賴耶識系統的唯識宗高於龍樹學之空宗，而如來藏系統的《起信論》高於唯識宗，而法界緣起系統高於如來藏眞心系統，天台宗之「性具三千」，詭譎相即爲佛學之最高境。牟先生認爲，龍樹學之空宗只是觀法上的蕩相遣執，不捨不著之妙用，對法之存在並未作根源說明，始別教唯識之有宗，成功了一套執的存有論，而對無執的存有論雖有涉及，然未能予以充分的證成，終別教和華嚴宗雖能證成無執的存有論，但這無執的存有論不是終極的、圓實的。在天台宗，在「一念無明法性心」即具三千的方式下，以念具三千開出執的存有論，以智具、性具三千開出無執的存有論，兩層存有論始超越地被證成。由此，我們認爲，牟先生之判教實質上是一種哲學意義的判釋。

就哲學史言，牟先生之判釋深受《心體與性體》一書義理系統的影響。判教就是對一切教相系統的總檢討，總批判，總鑒別，這是哲學史研究的基本工作，亦是終極工作，是建立新理論的基本工程。可見，判教之目的並不是爲某家某宗爭正統，而是爲建立新理論開闢道路。在《佛性與般若》中，牟先生有判教說，在《心體與性體》中，他判宋明儒學之發展可分三系，一是伊川、朱子系，一是胡五峰、劉蕺山系，一是陸九淵、王陽明系，後二系可合爲一大系，這樣，宋明儒學亦可說是兩大系，一是伊川、朱子系，一是陸王胡劉系，這種對宋明儒家的判教在一定意義上影響了他對佛學的判別。實質上，牟先生將華嚴宗與朱子系視爲同類，應當說這裡決不是牽強附會的任意比附，它們之間在理論構建方式上確存有類似之處。

人們普遍認爲，牟先生是一位最富有思辯色彩的哲學家，也許他推崇善於玄辯的華嚴才適應於他那長於分析的性格。但他認爲任何分解，無論是經驗的分解還是超越的分解，都是第一序的工作。而天台宗之開權顯實、發迹顯本，則是對第二序的工作，即高一層的工作。分解之路窮盡其極，百尺竿頭，奮力一躍，則萬波平靜，衆理如實呈現。就整個學思歷程言，牟先生走的是「智窮見德」，視德高於智之路，其對佛學的判釋亦然。

牟先生雖然判天台之佛爲圓實佛，天台之教爲圓教，天台之存有論爲無執的存有論，但他不是佛教徒，他認爲天台之圓不是正圓，天台之存有論不是積極的存有論，其形上學亦不是眞正「實踐的形上學」，而是「解脫的形上學」，而正圓實踐的形上學在儒家。

## 注釋

❶ 牟宗三《佛性與般若》第一一頁，台灣學生書局，一九七五年出版。

❷ 同上書，第九三頁。

❸ 同上書，第二四〇——二四一頁。

❹ 同上書，第三五九頁。

❺ 同上書，第三六三——三六四頁。

❻ 同上書，第四八三頁。

❼ 同上書，第五一八頁。

❽ 同上書，第五九〇頁。
❾ 同上書，第五九八—五九九頁。
❿ 同上書，第六一四頁
⓫ 同上書，第七六〇頁。
⓬ 同上書，《序》。
⓭ 同上。

## 第四節　簡別六百年理學發展，朱子乃「繼別爲宗」

牟先生學術的終生企向是開出儒學之第三期，完成儒家式的人文主義的重新建構。欲實現這一目標，必須對以往儒學之發展予以重新批判和檢討，以蕩腥滌臭，開出中國文化生命的健康路向。因而研究儒學，尤其是研究宋明理學耗去了他大量精力。他說：「予以頑鈍之資，恍惚搖蕩困惑於此學（宋明儒學——引者注）之中者有年矣。五十以前，未專力於此，猶可說也。五十而後，漸爲諸生講說此學，而困惑滋甚，寢食難安。自念若未能了然於心，誠無以對諸生，無以對先賢，亦無以對此期之學術也。乃發憤誦數，撰成此書，亦八年來之心血也。」❶《心體與性體》三大冊由其八年心血凝聚而成，十餘年後，復完成《從陸象山到劉蕺山》（《心體與性體》第四冊）。從某種意義上說《心體與性體》不僅僅是其對宋明理學的總評價，總檢討，而且也代表了他對歷史上以往儒學的總體認，總簡別。劉述先曾言：「牟先生思想的中心骨幹本源出於宋明儒開出的思想規模，但是他卻要經過數十年的醞釀構思，最後完成《心體與性體》的偉構。❷」《心體與性體》是牟先生至今爲止著力最久的著作，在這部洋洋一百五十餘萬言大著裡，牟先生以其深刻的哲學睿智和敏銳的洞察，提出許多深刻的見解，奠定了這部大作在中國哲學研究領域難以動搖的地位。

## 一、宋明儒學之定性與定位

宋明六百年儒學之發展世稱「宋明理學」，牟先生認爲，研究宋明理學應首先搞清作爲「理學」之「理」的意義。他認爲，如只依「道理」、「理論」或「義理」去想像宋明理學之理字，則太空泛，不能標識其特質，亦無法弄清它與先秦儒家之關係。他指出，宋明理學是「性理之學」，而「性理之學」是亦道德亦宗教，即道德即宗教，道德與宗教的合一。

這種「性理之學」並不僅僅是程伊川、朱子的「性即理也」之「性理」，還含有「本心即性」的「性理」義，它乃是「即性即理」。此「即性即理」之學可直接稱爲「心性之學」。這種「心性之學」亦可說是「內聖之學」。所謂「內聖」是「內而在於個人自己，則自覺地做聖賢工夫（作道德實踐）以發展完成其德性人格之謂也。」❸內聖之學在先秦儒家那裡，已彰顯而成定局，經宋明儒者六百年之講習與弘揚，益發展至極高之境。

牟先生認爲「內聖之學」亦曰「成德之教」，「成德」的最高目的是成聖，成仁者、成大人，「而其眞實意義則在於個人有限生命中取得一無限而圓滿之意義。」❹這個「成德之教」就其爲學言，也可以說它是一「道德哲學」（Moral Philosophy）。而道德哲學亦可轉語爲「道德底哲學」。他說：「自宋明儒觀之，就道德論道德，其中心問題首在討論道德實踐所以可能之先驗根據(或超驗根據),此即心性問題是也。由此進而復討論實踐之下手問題,此即工夫入路問題是也。前者是道德實踐所以可能之客觀根據,後者是道德實踐所以可能之主觀根據。宋明儒心性之學之輪廓即是此兩問題。」❺道德底哲學就含有本體與工夫兩方面之問題,只有兩方面兼顧,道德的哲學才能完備起來。

由本體一面反省至徹底本體,就是本心性體。本心性體是絕對而又無限的,它「不僅只是吾人道德實踐之本體(根據),且亦須是宇宙生化之本體,一切存在之本體(根據)。」❻這就是說「道德底哲學」涵有一「道德的形上學」。「道德的形上學」就是由道德的進路來接近形上學,它是對由道德的進路對一切存在作「本體論的陳述」與「宇宙論的陳述」。在西方,康德只建立起了「道德的神學」,他並沒有積極地意識到且充分證成「道德的形上學」。但康德的意志自由,物自身,以及用美學判斷來溝通道德界與自然界之思想,就含有向「道德的形上學」而趨之傾向。宋明儒者依據先秦儒者「成德之教」之弘規,其弘揚的「心性之學」正函一「道德的形上學」的充分完成。這就是牟宗三先生對宋明儒學的基本定性和定位。

牟宗三先生對宋明儒學的本質規定是相當深刻的,他眞正抓住了宋明儒學的實質。透過他的這種規定,不僅使我們了解到了宋明儒學的本質,而且也使我們認識到了宋明儒學意義。經牟先生的層層嚴密的邏輯分析,宋明儒學不僅僅是一籠統之道德學說,而且它還是一眞正意義上的形上學。這就使宋明儒學在人類文化中之位置得到眞正穩定,也爲我們了解宋明儒學打開了新的視野。

## 二、宋明儒學對先秦儒學之發展

宋明心性之學，西方學者一般稱之爲「新儒學」（Neo-Confucianism），牟先生認爲，這一稱謂新鮮而恰當，足以沿用。據劉述先生介紹，「新儒家」這個名稱，馮友蘭先生最早使用它，陳榮捷先生也用它，但似乎是張君勱先生用英文著《新儒家思想的發展》（Development of Neo-Confucian Thought）一書出版之後才漸漸廣泛流行開來。稱宋明儒學爲「新儒學」或「新儒家」究竟起於何時、出何人，牟先生並未深究，這裡無意作考證，上引劉述先先生的說法，只備參考。牟先生認爲「新儒學」在儒家思想加一「新」字，可以表示儒家思想之發展。但「新」之爲新究竟在哪裡呢？亦是說宋明儒學對先秦儒學的發展體現在什麼地方呢？牟先生對此作了深入的考察。

他認爲宋明儒學其新之所以爲新就外部講有兩點：

㈠「對先秦之龐雜集團、齊頭並例，並無一確定之傳法統系，而確定出一個系統，藉以決定儒家生命智慧之基本方向，因而爲新。[7]」在他看來，在先秦，孔子沒後，儒分爲八，見仁見智，各有所得。後又有孟子、荀子等大家出現，《中庸》、《易傳》、《大學》等不能確知作者之名的著作亦不斷問世，因而儒學時時在新中。但究竟誰能代表儒家之正宗，誰是儒學之本質，並不確定。大家皆宗孔子，齊頭並進，並無一確定的傳法系統。宋明儒者對孔子之生命智慧前後呼應之傳承有一確定之認識，並確定出傳承之正宗，規定出儒家的本質。他們以曾子、子思、孟子、《中庸》與《易傳》、《大學》爲儒家傳承之正宗，爲儒家教義發展之本質，將荀子之儒學，子夏之傳經劃出正宗之外。

㈡「對漢人以傳經爲儒而爲新，此則直接以孔子爲標準，直就孔子之生命智慧之方向而言成德之教以爲儒學，或直相應孔孟之生命智慧而以自覺地作道德實踐以清徹自己之生命，以發展其德性人格，爲儒學。」❽兩漢以傳經爲儒，認爲孔子只是一傳經之媒介，對孔子之眞性命及其所立之教的本質未能確定。在宋以前是周孔並稱，而宋以後是孔孟並稱。周孔並稱，孔子只是堯舜禹湯文武周公之驥尾，這樣孔子獨特之生命智慧未凸現出來，而其地位亦未得以應有之肯定。孔孟並稱，孔子是教主，孔子之所以爲孔子被正式認識。孔子之所開啟的仁教代表了孔子生命智慧之方向。

牟先生認爲以上兩點之「新」只是外部的，還不是客觀內容之新。所謂外部的新就是說這樣「新」在先秦本已有之，只是宋明儒者所認識而爲新，對客觀事實並無增減。他認爲這種新並不能眞正決定宋明儒者之新。只有客觀內容之新才能決定其新之意義。客觀內容之新：一是順本有者引伸發展而爲本有者所函，二是於基本處有相當之轉向，歧出而另開出一套以爲輔助。這種新主要表現在如下幾個方面：

㈠孔子踐仁知天，未説仁與天合一或爲一，但依宋明儒，其共同傾向則認爲仁之內容的意義（Intensional meaning）與天之內容的意義到最後完全合一，或即是一。（在此，伊川朱子稍有不同）。

㈡孟子言盡心知性知天，心性是一，但未明顯地表示心性與天是一。宋明的共同傾向則認爲心性天是一。（在此伊川朱子亦有不同）。

㈢《中庸》說「天命之謂性」，但未明顯地表示天所命於吾人之性其內容的意義完全相同於那「天命不已」之實體，或「天命不已」之實體內在於個體即是個體之性。宋明儒則顯明地如此表示。此所謂天道性命通而爲一也。在此，伊川朱子亦無異辭，惟對天命實體與性體理解有不同。

㈣《易傳》說「乾道變化，各正性命」《乾彖》，此字面的意思只表示在乾道（天道）變化底過程中各個體皆得正定其性命，未顯明地表示此所正之性即是乾道實體或「爲物不二，生物不測」之天道實體內在於各個體而爲其性，所正之命亦即是此實體所定之命。但宋明儒則顯明地如此表示。在此處與在《中庸》處同。

㈤《大學》言「明明德」，未表示「明德」即是吾人之心性（就本有之心性說明德），甚至根本不表示此意，乃只是「光明的德行」之意。但宋明儒一起皆認爲「明德」是就因地之心性說，不就果地之「德行」說。又從《大學》言，「致知在格物」亦不必如伊川朱子所理解，「致知」爲致吾心氣之靈之知，「格物」爲即物而窮其存在之理（窮究實然者之所以然之理）。至於陽明解爲「致良知之天理以正物」，則只是孟子之大學，非必《大學》之本義。劉蕺山之誠意教則亦只是《中庸》孟子學之《大學》，亦非《大學》之本意。《大學》之「明德」既只是就「德行」說。知是「知止」，知「至善」，知「本末先後」之知，物是「心，意、身、家、國、天下」之物，至善之道（止處）是就應物之「事」上說，至於至善之道究往何處落，則不能定。陽明蕺山是往心處落，伊川朱子是往存在之理處落。皆非《大學》原有之意。是則《大學》只別舉出一個實踐的綱領，只說一個當然，而未說出其所以然，在內聖之學之義理方向上爲不確定者，先往哪裡走，其自身不能決定，故人得以填彩而有三套講法。❾

牟先生就宋明儒學客觀內容之「新」的意義共舉出五點，其中前四點是就《論語》、《孟子》、《中庸》、《易傳》而推進一步，這種「新」是調適上遂之新，是原有之意的引申之新。第五點之新是就《大學》表示的「新」，王陽明、劉蕺山之講《大學》雖不合《大學》之章句，但對先秦儒家之本質並無影響。但程伊川，朱子由於其對先秦之仁體、心體、性體之理解有差，其講《大學》，以《大學》爲定本，重點落在《大學》，這時先秦儒家原有之義基本上有轉向，轉成爲另一系統。由此牟先生斷言，以《論語》、《孟子》、《中庸》、《易傳》爲主，宋明儒較合先秦儒家之本質，是爲宋明儒之大宗，而程伊川、朱子以《大學》爲主，實爲先秦儒家之歧出，是宋明儒學之歧出，是別子爲宗。

牟先生對宋明儒學之判別，積鬱胸中幾十年，至到六十年代由台灣來香港大學任教，方全力從事此期學術之研究。《心體與性體》是這一研究的最終成果。欲了解《心體與性體》，必須首先弄清楚其中的《綜論》部、《綜論》概括了他對宋明儒學的基本看法，可視爲全書的大綱。他對宋明儒學判釋的基本觀點大體上可盡見於此。在《心體與性體》之寫作上，牟先生並不是先寫好《綜論》，然後再寫《分論》，而是分論完成以後，亦即對六百年宋明儒之發展徹底了然之後，再寫《綜論》，這一方面顯示出牟先生學術研究態度之嚴肅，另一方面亦突出了《綜論》之價值。由此可見，他對宋明儒學之所以爲新之判是其長期困於斯學的結晶。判釋本身亦見出其見解之深刻，論理之精闢。他的判釋將宋明儒學與先秦儒學的比較研究提高到一個新水平、新高度。學術界一般知二者之不同，但並沒有深究其不同意蘊，知宋明儒對先秦有發展，但對這種發展的了解亦是表面的或零碎的，並沒有作系統的陳述。把宋明儒新之爲新的意義揭示出來，是牟先生對儒學研究的新貢獻。當然，這並不表明牟先生的上述列舉就盡善盡美了。但至少可以說他的列舉上述幾點是難以動搖的，是宋明儒學本身所存在的。

## 三、宋明儒學之三系：伊川朱子系、陸王系、胡劉系

不囿於傳統說法，對六百年宋明儒學之發展重新判釋是牟宗三先生在宋明儒學領域最費力氣的研究課題。將伊川、朱子從儒學正宗的位置拉下來，判其是別子爲宗，視陸王，尤其是胡五峰，劉蕺山爲宋明儒學之正宗，這一思想無疑是對數百年學術觀點的眞正挑戰，是宋明儒學研究最令人感興趣的問題。

牟先生認爲，宋明儒學主要目的在於豁醒先秦儒家之「成德之教」，是要說明吾人之自覺的道德實踐所以可能之超越根據。但對這一「成德之教」的顯豁是一由《中庸》、《易傳》之圓滿頂峰開始逐漸向後返，返至於《論語》、《孟子》。在周濂溪「天道性命通而爲一」之脈絡已顯出，對誠體、神體、寂感眞幾體會極精透，但對《論》、《孟》則知之甚少。張橫渠對「天道性命通而爲一」，亦言之極爲精透，對《論》、《孟》已甚能注意，其對主觀面之心性面已有相當之注意，這說明他已有返回《論》、《孟》之勢。但主觀面與客觀面相較，主觀

面比重尚覺不夠。至程明道主、客兩方面皆飽滿，他不言太極，不言太虛，直從「於穆不已」、「純亦不已」言道體、性體、誠體，而成其「一本」之義，即使心體與性通而爲一。牟先生說：「故眞相應先秦儒家之呼應而直下通而爲一之者是明道。明道是此『通而一之』之造型者，故明道之『一本』義乃是圓教之模型。」❿由周濂溪經張橫渠至程明道，宋明儒學由《中庸》、《易傳》回歸於《論語》、《孟子》才眞正成熟。牟先生稱周濂溪、張橫渠、程明道爲北宋前三家，此三家並未分系。

至程伊川義理架構開始轉向，伊川對客觀言之的「於穆不已」之體以及主觀言之的仁體、心體均未能有相應的體會，他不同於前三家，亦不能與先秦儒者相呼應。他將道體以及由之而說的性體只收縮提煉，清楚地割截地視爲「只是理」，即「只存有而不活動」的理。將孟子的「本心即性」亦拆開爲心性情三分。在他那裡，心與性是後天和先天，經驗和超驗，能知和所知的相對爲二。這一思想爲朱熹所欣賞所繼承，而且予以充分完成。

南宋，胡五峰是承北宋前三家而言道體與性體，承《中庸》《易傳》回歸《論語》《孟子》之理路，而言以心著性，盡心成性，以明心性之所以爲一者。他不同於朱子之順取之路，正式言「逆覺體證」。他是承北宋之圓教模型而開出者。宋明儒學之殿軍劉蕺山亦是此理路。因而，胡五峰，劉蕺山爲一系。

陸象山從《論語》、《孟子》入，他純是孟子學，只是一心之朗觀，一心之申展，一心之遍潤。他既不喜程伊川之學，亦不是順北宋前三家之理路發展而來，而是直從孟子入，由讀孟子而自得之。因此陸象山是孟子學，明王陽明承陸象山之學脈而言致良知，亦仍是孟子學之精神。因陸王是一心之遍潤，一心之朗觀，此純是主觀之伸展，因而對於客觀地自「於穆不已」之體言道體性體無甚興趣，使其客觀面不能挺立起來。可見陸王不如程明道主客兩方面皆飽滿爲圓滿而無憾。由以上之疏通，牟先生對宋明儒學三系表述如下：

(一)五峰蕺山系：此系由濂溪、橫渠，而至明道之圓教模型，(一本義)而開出。此系客觀地講性體，以《中庸》《易傳》爲主，主觀地講心體，以《論》《孟》爲主。特提出「以心著性」義以明心性所以爲一之實，以及一本圓教所以爲圓之實。於工夫則重「逆覺體證」。

(二)象山陽明系：此系不順「由《中庸》《易傳》回歸於《論》《孟》」之路走，而是以《論》《孟》攝《易》《庸》而以《論》《孟》爲主者。此系只是一心之朗現，一心之申展，一心之遍潤；於工夫，亦是以「逆覺體證」爲主者。

(三)伊川朱子系：此系是以《中庸》《易傳》與《大學》合，而以《大學》爲主。於《中庸》《易傳》所講之道體性體只收縮提煉而爲一本體論的存有，即「只存有而不活動」之理，於孔子之仁亦只視爲理，於孟子之本心則轉爲實然的心氣之心，因此，於工夫特重後天之涵養(「涵養須用敬」)以及格物致知的橫攝(「進學則在致知」)，總之是「心靜理明」，工夫落實處全在格物致知，此大體是「順取之路」。⑪

(一)(二)系皆以《論》《孟》《易》《庸》爲標準，可會通而爲一。當視二者爲一圓圈之兩往來：陸王由《論》《孟》滲透至《易》《庸》，圓滿起來，是一圓圈，而北宋前三家及五峰，劉蕺山由《易》《庸》回歸於《論》《孟》，圓滿起來，仍是同一圓圈，故他們可會通爲一大系。這樣一來，三系仍可歸結爲兩系，前一大系爲縱貫系統，程伊川、朱子所成者爲橫攝系統。前一大系較合先秦儒家之古義，爲宋明儒學之大宗，後一系是旁枝，乃另開一系統。

程伊川、朱子之所以爲小宗而非大宗，牟先生認爲主要有兩個原因，一是伊川、朱子將知識問題與成德問題混雜在一起講，從而一方面使道德不能顯道德之本性，另一方面亦使知識不能得解放，不能顯知識之本性。二是因爲他們將超越之理與後天之心對列對驗，使道德成爲他律之道德。而兩大系最終之區別在於對道德性體之體會不同，伊川、朱子體會爲「只存有不活動」，另一大系體會爲「即存有即活動」。正是「見道不見道，體上工夫足不足，本體透徹不透徹，端在是否能體悟『即活動即存有』之實體。支離不支離亦係於此。心性一不一、心理一不一、亦係於此。」[12]這兩大系統之異恰如西方哲學之柏拉圖傳統與康德哲學之異，在伊川朱子所建立的猶如柏拉圖系統，爲同海德格爾（Heidegger）所謂的「本質倫理」，而陸王胡劉所建立的正像西方的康德傳統，亦海德格爾所謂的「方向倫理」。當然，這樣說並非是貶視朱子之學術貢獻，而是爲了還歷史之本來面目。他說：「朱子之系統自有其莊嚴弘偉處，如其本性而明澈之，亦當屬可喜之事，非貶視也。此兩系統一縱一橫，一經一緯。經之縱亦須要緯之橫來補充。[13]」

由此分判再反觀宋明儒學之所以爲「新」之意義，即見出新之爲新之不同，陸王胡劉之新是調適上遂之新，是本原有之意開出之新，而伊川、朱子之新則是轉向上的新，這種新雖對先秦及宋明儒之大宗爲不合，但對道德實踐亦有助緣之作用。從某種意義上說只有伊川、朱子之新才是眞正的新，只有他們才能稱得上是眞正的「新儒家」。⑭

通觀牟宗三先生對宋明儒學之判系，見出他對宋明儒學研究的貢獻至少有如下三點：第一是他將二程嚴格地區分開來，明確地表示程伊川並不能代表其兄程明道。他說：「實則伊川並不足以代表明道，明道固有義理之實。」歷史上向來二程並稱乃至程朱並稱，乃至明代徐必達在爲二程編文集時亦是二程混淆不分，號曰《二程全書》，使二程兄弟從內容至形式皆混雜爲一，給人一種二程全然相同或者稍有區別亦無關宏旨的印象。三十年代初，馮友蘭先生在其《中國哲學史》一書中，首次提醒人們注意二程之間的區別。他說：「程伊川爲程朱，即理學一派之先驅，而程明道則陸王心學一派之先驅也。」⑮五十年代以來，大陸學術界有的學者亦沿用了馮氏的觀點，認爲程伊川爲程朱學派，屬於客觀唯心主義；而程明道爲陸王派，屬於主觀唯心主義。馮氏之劃分確有明達之處，而此後所謂的主觀唯心和客觀唯心只是對馬克思主義原理套用，學術價值並不大。在強調二程之間的區別上，牟宗三與馮友蘭是一致的，但這種區別究竟表現在哪裡，二人所見並不完全相同。馮友蘭是以陸王與程朱兩派區別大小程，而牟宗三以宋明儒學之大小宗區別大程與小程。就是說程明道是順周廉溪、張橫渠之由《中庸》《易傳》回歸《論》《孟》之理路，建立起「一本」義之圓教模型。而程伊川則與其兄之思想並不相應，由他開始宋明儒學開始轉向，別建一套使知識與成德不分的義理系統。因而程明道與程伊川不僅僅是屬程朱，還是屬陸王的問題，而是「正宗」儒學，還是「別宗」儒學之問題。可以說馮友蘭對二程之分是事實的，而牟宗三先生對二程之分既是事實的，亦是價值的，而其價值意味明顯地重於平鋪之事實。就事實層面言，馮牟之別亦是顯而易見的，馮判明道爲陸王，而牟判明道爲「一本」義之圓教模型的建立者，是胡五峰、劉蕺山系之開出者。總之，馮氏之判是事實的，史學的，而牟氏之判則是事實與價值的合一，是義理的。

第二，牟宗三先生開出胡五峰、劉蕺山系之獨立意義。劉述先有一段話很值得回味，他說：「我自己有一次在聚會時，提出牟先生的《心體與性體》裡面把宋明儒學分爲三系的講法請教唐先生（即唐君毅——引者注）。唐先生從來是不臧否人物的，他只說我們熊先生以前，就不大願意談三系的問題，不承認胡五峰的思想自成一個系統。[16]」唐先生這種對牟先生三系說的側面回應更凸現出該說的重要性。熊十力很少言及胡五峰，他究竟承認不承認胡五峰自成一系亦很難判別。唐君毅先生對胡五峰著力亦不多。可見，胡五峰、劉蕺山一系之存在是牟宗三先生獨立發掘出來的。這一發掘實有重要意義：它有利於人們弄清宋明儒學在其六百年之發展中的縱橫的義理關係。

第三，將朱子從宋明儒學正宗的地位上拉下來，視陸王系，尤其是胡劉系爲宋明儒學乃至整個儒學之大宗，正宗，而伊川、朱子是「別子爲宗」，爲旁枝和岐出。這一思想不僅僅是對宋明理學研究領域的挑戰，亦是對整個學術界的一次眞正挑戰。有的學者指出：牟宗三不僅爲宋明儒學爭正統，亦爲陸王爭正統。其實，在牟宗三，他雖然嚴厲地批評伊川、朱子，但亦十分重視他們的學術貢獻，他雖欣賞陸王，同時亦深感陸王之不足。他所重視者乃胡五峰、劉蕺山。在他自己看來，他無意爲誰爭正統，他只是將六百年宋明理學的發展弄清楚，還其原來之面目。重理朱子，還朱子之本來面目，是其宋明儒學研究全部工作的中心。他充分意識到這一問題的嚴重性和重要性，故而一部三大卷之《心體與性體》，朱子一人之研究竟與其他三分天下。故而牟先生不無感慨地說：「吾之整理與疏解北宋四家與朱子實煞費精力。欲想將朱子所反映投射之顏色剔剝得開而物各付物，還其本來面目，此工作實太艱巨。然而『求是』之心不容已實逼迫我非如此進去不可。弄不明白，不得一諦釋，實無法下手講此期之學術。」[17]重新確定朱熹在宋明儒學中的地位，是牟宗三長期思考的問題，亦是他長達十多年艱苦的哲學探索和學術研究所促成的結果。有的學者認爲牟宗三先生喜歡標新立異，作者認爲就這一點言，牟先生大概並無標新立異之心，而是出於對學術的眞誠追求。

牟先生宋明儒學三系說的歷史意義是顯而易見的，有的學者還探討了其歷史意義背後的現代意義。青年學者郁有學認爲，宋明儒學三系說，對於我們正確認識各派現代儒家的學術淵源，具有重要意義。他說：「有了牟宗三的三系說，就可較容易清楚看出各家的宋明儒學背景具體是哪一家哪一派。」梁漱溟是倡導陸王之學最有力量的人，而馮友蘭是順承伊川朱子系之義理往下講，馬一浮亦是朱子學調適而上遂的發展。熊十力、牟宗三則是順承明道所開啟的胡五峰，劉蕺山系之義理往下講的現代新儒家。[18]這一見解最起碼是敏銳的，梁是陸王系沒有問題，馬一浮爲伊川、朱子系問題亦不大，馮友蘭如果是現代新儒家範圍的話，亦當屬此系，牟宗三大體上是屬於明道開啟的胡五峰、劉蕺山系與陸王系的合一。但熊十力究竟屬於哪一系，思考不多，不敢妄言，如果熊十力眞是胡劉系的話，那也是一種不自覺的默契。不過，將宋明儒學的義理系統同現代新儒家的發展聯繫起來加以考慮，這一問題本身就耐人回味。

## 四、宋明儒學義理之進展

牟宗三先生指出：「宋明儒講學恢復儒家，其所依據經典不過《論語》、《孟子》、《中庸》、《易傳》與《大學》。自北宋濂溪起，至明末最後一個理學家劉蕺山止，以九人（濂溪、橫渠、明道、伊川、五峰、朱子、象山、陽明、蕺山）爲支柱，其發展乃實是一息息相關有機之發展，於中，伊川、朱子乃歧出者，以《大學》爲中心，不自覺走上『以知識之路講道德』之途徑，遂轉成橫攝系統，有類於西方所謂本質倫理，已非先秦儒家之縱貫系統矣。象山興起，特尊《論》《孟》，先辨端緒之得失，乃將伊川、朱子之歧出扭轉過來，重見先秦儒家縱貫系統之舊。北宋前三家由《中庸》《易傳》回歸於《論》《孟》，亦是縱貫系統者。五峰、蕺山繼之，言以心著性，亦仍是縱貫系統者。此一系可與陸、王合而爲一大系也。必須如此了解，則宋明儒學之發展，雖如此繁富，亦可瞭如指掌矣，而蕺山愼獨之學亦可得其定位矣。[19]」這段引文，極具概括性，它可視爲牟宗三先生對整個宋明儒學研究的總綱，順著這個總綱，我們就可以清楚地了解牟宗三先生對整個宋明儒之系統疏理。

### ㈠道德意識之豁顯：周濂溪之「默契道妙」

牟宗三先生指出：中國文化發展至北宋，歷史的會運已發展至弘揚儒家內聖之學之時，故周濂溪，雖無師承，心態相應，出語即合，面對先秦儒家典籍「默契道妙」。

牟先生認爲，心態相應，生命相應就是道德意識之豁醒。周濂溪之默契道妙是自《中庸》、《易傳》入。而《中庸》、《易傳》是先秦儒家繼續《論語》、《孟子》而來之後期發展之充其極。它通過孔子的踐仁以知天，孟子盡心知性以知天，而由仁與性以通徹於「於穆不已」之天命，使「天道性命相貫通」。周濂溪之《通書》第一章，劈頭就以《中庸》之誠合釋《易傳》之「大哉乾元，萬物資始」，「乾道變化，各正性命」。牟先生認爲這種解釋「可謂天衣無縫，自然合拍，此爲儒家形上智慧之同一思路也」。[20]這樣，周濂溪劈頭即把握住了「千載不傳之秘」。「誠」本爲眞實無妄，爲形容詞，然而以其指目「生物不測」、創生不已而言天道，誠就轉爲實體字，而曰「誠體」。「誠體爲創造之眞幾，爲眞實性命，人人本有，天地之道亦只如此」，唯人不能直下體現此誠體，而須以修養工夫以復之，從而有「人之道」而已。

天道爲一誠體，性體亦只是一誠體。牟先生解釋「唯天下之至誠爲能盡其性」時說：「唯至誠爲能盡性，即以**誠體**之內容滲透於**性體**，此即是性，離此別無性也。」[21]天道之變化無非是誠體之流行，一切事事物物皆由誠成始而成終。周濂溪視「乾元」爲「誠之立」，「元亨」爲「誠之通」，「利貞」爲「誠之復」。牟先生當下指點，認爲「此『復』字，濂溪下的亦妙。」此復是「克己復禮」之復，「乃是由自建自立而**自見其自己**，自見其自己**即復其自己**也。」[22]這復就是復人人本有之性，而性是誠體之性，創造眞幾之性。故周濂溪總讚說：「大哉《易》也，性命之源乎？」此言易之一書乃眞滲透性命之源者。此命非命運之命，乃是命令之命，然「自天道之命於（賦予）吾人言，曰命，自人之所受言，曰性。」「其實天道、性、命是一事也。」「此乃根據『維天之命於穆不已』之最**根源的智慧**而來。[23]」故理非空言，道不虛懸，必待人而體現，而眞能盡其性而體現此天道以至極者曰聖人，聖之所以能盡人之性亦不過誠而已。周濂溪曰：「誠者聖人之本。」誠不僅僅是體，它亦是工夫，或者說它是亦工夫，亦本體，即誠體。此誠體是「即存有即活動。」

周濂溪認爲「誠體」只是一「寂感眞幾」。《通書》言：「寂然不動者誠也。感而遂通者神也。」牟先生指出：寂然不動，感而遂通是先秦儒家原有而且亦是最深之玄思（形上智慧），周濂溪「默契道妙」即首先握住此最根源智慧，且言之精微而順適。這天道、誠體、寂感之爲實體是道德實體，而道德實體只有通過道德意識與道德踐履而呈現而印證，聖人是體現此實體亦是充其極而圓滿者。牟先生認爲，周氏所言乃儒家之傳統精神，這種精神自孔子踐仁知天，孟子盡心知性以知天已然。但周氏所妙契者主要是《中庸》《易傳》之原意。

牟先生對周氏《通書》之思想最後作了總結性的評價，認爲周氏對於天道誠體之神，寂感眞幾，**有積極的體悟**。但他對於孟子之心學，並無**眞切的理解**，對於通於誠體之性並無積極之正視，對天地之性與氣質之性之分別亦無明顯之意識。但儒家原有之形上智慧，得以復蘇，儒家之道德意識，得以顯豁，宋明儒學六七百年之發展以及學派之分立之關鍵由其開端，得以展示。牟先生在充分肯定周濂溪開山意義同時，並不忽視其不足。

㈡「天道性命相貫通」：張橫渠思參造化

張橫渠即張載，北宋時理學名家，關學的創始人。牟宗三先生在評判周濂溪思想後，繼之評張橫渠。他對張氏評價甚高，認爲「橫渠《正蒙》沈雄弘偉，思參造化。他人思想零星散見，或出語輕鬆簡約。惟橫渠持論成篇，自鑄偉辭。」「誠關河之雄傑，儒家之法匠。」[24]短短幾十字，有力地揭示了張載的思想特徵及儒學地位，充分顯示了牟先生對張橫渠之重視。

牟先生認爲，「天道性命相貫通」是宋明儒學的共同意識，非橫渠之所獨具。然而以此來涵蓋張載之思想是因其作品的若干語句表現此觀念最爲精切諦當，亦是因周濂溪爲張橫渠是首次如此自覺地說出者。《正蒙·誠明篇》說：「天所性者通極於道，氣之昏明不足以蔽之。天所命者通極於性，遇之吉凶不足以戕之。」前句表示「性」與「道」相通，後句表示是「命」與「性」相通，合而言之，是天道性命相貫通。牟先生認爲這是天道性命相貫通之最精切之語句。張橫渠之《正蒙》，篇目繁多，但就其論及內聖學思想言，天道性命相貫通爲其中心觀念，其他一切皆由此而展開。

張橫渠之著作，最重要者爲《西銘》和《正蒙》，二程以下，皆推崇《西銘》而對《正蒙》則時有不契。牟先生認爲《西銘》之所以無問題正因其所述之主客觀面之踐履規模乃儒者之所共許，而不是思參造化之理論問題。牟先生則尤重《正蒙》，在《正蒙》十七篇中，他著重疏解了《太和篇》、《誠明篇》、《大心篇》。《太和篇》言道體，《誠明篇》言性體，《大心篇》言心體。他以這三篇爲骨幹，集中論述張橫渠之思想。他認爲《太和篇》是張橫渠思參造化之總綱領，其餘皆由此展轉引生。所謂「太和」即至和，「太和而以能創生宇宙之秩序即謂之爲『道』。」[25]這是總持說，若分解言，太和爲道當有三義：㈠能創生義（創造之實體是道）；㈡帶氣化之行程義；㈢至動不亂之秩序義。太和之所能創生，則是「乾以易知，坤以簡能」而已。「乾知」和「坤能」之終始過程即是天道之創生過程，亦即乾道之元亨利貞。而由乾知和坤能進而宇宙論地分解，則爲「氣」和「神」。張橫渠言：「散殊而可象爲氣，清通而不可象爲神。」牟先生論述說，神固不離氣，但不是氣，氣是氣，神是神，二者可分別建立。「吾人可本《易傳》，於乾知之易處說神，於坤能之簡處說氣。」㉖乾知之易無迹、無象，坤能之簡則有迹有象。乾知爲純一至和，一片昭明。「落於個體生命上說，此清通之神、太虛即吾人性也。」㉗此性是「天地之性」，非「氣質之性」。在牟先生看來，此清通之神，太虛之神是吾人性體之最深之根源，是性體之最深入、最隱密處。

牟先生指出：「凡儒者之思參造化，言天道、言太極、言誠體、言太和、太虛，乃至寂感之神，皆不過是**通徹宇宙之本源，清徹吾人之性體，以明道德創造潤身踐形所以可能之超越根據，而其實義皆落於『性』中見**，亦由性體之主宰義、創生義而貞定之，決不是空頭虛擬之詞，亦不是自然主義、惟氣論之由氣蒸發也。」㉘正如太虛之爲氣之體不是抽象的靜態之體一樣，性體同於生化之道。性體之妙運，亦即性體之創生，性體純然至善，人人固有，善反而復之，則呈現起用，不能善反而復，亦潛藏自存。

天地之性是性體，它純然至善，但人受形體之限，不能不有氣質之偏。「天地之性」和「氣質之性」之分始於張橫渠。氣質之性就是人之氣質的特殊性，人之自然性。氣質之性雖足以局限或隱蔽天地之性，然而依張橫渠「形而後有氣質之性。善反之，則天地之性存焉。」善反就是變化氣質之工夫。化而使之中，即聖人中和之資也。這也就是化氣繼善以成性。

性是客觀原則，心是主觀原則。依張橫渠：「心能盡性，人能宏道也。性不知檢其心，非道弘人也。」此心不是心理學的心、認知心、習心、成心，而是神心、眞心、道德的本心，「

心能盡性」是由道德之心主觀地、存在地、眞切地呈現或覺用來充分實現或形著那客觀地說的性。客觀地說，性體之全幅具體內容即是心，性體之全體呈現是心；主觀地說，心能盡性，當下即自本心自己之眞切覺用以盡此性，心體之全幅客觀內容即是性，心亦全體融於性，此即爲心性合一，主客觀之眞實合一。

牟先生最後指出：「橫渠雖於《太和篇》先客觀地、本體宇宙論地自《易傳》之路入，重在闡明『有無、隱顯、神化、性命通一無二』，……然及言『聖人之盡道其間，兼體而不累者，存神其至矣，』由此一面展開，而至言『心能盡性』，盡心易氣以成性，則又自《中庸》《易傳》而回歸於《論》《孟》矣。」[29]牟認爲那種認爲張橫渠客觀面重、主觀面輕，或謂其空頭言宇宙論乃至謂之爲唯氣論者，皆是讀之未入，而妄意如此，而未能盡其實也。牟雖對張橫渠之思想作了高度之評述，然亦指出其《正蒙》多滯辭、荒辭，義理尚不如程明道清徹圓熟。

### (三) 建立儒家「一本」圓教之模型：程明道妙悟仁體

程明道（公元一〇三二—一〇八五），北宋著名理學家。牟先生謂「明道語句簡約，常是出語成經，洞悟深遠。又常是順經典原文加幾個口語字，予以轉換點撥，便順適調暢，生意盎然，全語便成眞實性命之呈現。」[30]這段評語，相當契合。

牟先生在論程明道之前，首先就程明道與程伊川之思路進行了比較，他認爲程伊川在心態、思路、境界上都與其兄明道不同。程明道之理路是圓頓的，而伊川之理路是分解的。就宋明儒學之演進說，周濂溪對孔子之仁，孟子之心，並無所得，張橫渠雖然很注意孔子之仁與孟子之心，但由於其首先著力於闡明客觀面之「有無顯隱神化性命通一無二」，主觀面之仁與心是在客觀面之闡明過程中逼進去而被帶出，故令人有虛歉之感。至明道，正式提出「學者須先識仁。仁者渾然與物同體」之義，則仁之提綱性已十分挺立。「只心便是天，盡之便知性，知性便知天，當處便認取，更不可外求。」則主觀面之心性天爲一之義亦十分挺立而無虛歉。故由濂溪、橫渠而至明道，是漸由《中庸》《易傳》而回歸落實於《論》《孟》，至明道而充其極。主客觀兩面飽滿而無虛歉，而以圓頓之智慧成其「一本」之論，此明道之所以爲大，而爲圓頓之教之型範也。

程明道言：「道，一本也。」牟先生認爲，所謂「一本」，不論是從主觀方面，還是從客觀方面，總只是這「本體宇宙論的實體」之道德創造或宇宙生化之立體地直貫。此本體論之實體有種種名：天、帝、天命、天道、太極、太虛、誠體、神體、仁體、中體、性體、心體、寂感眞幾、於穆不已之體等皆是。此實體亦得總名曰天理或理。此理是既超越而又內在的動態的生化之理、存在之理、實現之理。自其爲創造之根源說是一，自其散著於萬事萬物而貞定之說則是多；自其爲一言，是動態的理，自其爲多言，是靜態的理。自其爲動態的理言，它既是本體論的存有，又是宇宙論的活動。總之，是「即存有即活動」的這一本體宇宙論的實體。

此實體若就其爲性言，它具有五義：性體、性能、性分、性理、性覺。它是理、是心、是神。若就其爲心說，它亦具五義：心體、心能、心理、心宰、心有。它是心，是理，是神，亦是情。在此直貫創生之「一本」之下，心性天是一，心理是一。理不只是對實然之「然」而推證出一個超越的、靜態的，只存在不活動的「所以然」，而乃是因心之自主自律而不容已地起道德創造或宇宙生化之大用而說爲理。因這種理而立的道德才眞是自律的道德。

此義理之綱維，圓教之智慧，便是明道之承接濂溪，旁通橫渠，而圓滿完成之，而亦妙契於《論》《孟》《中庸》《易傳》之原始型範者。宋明儒學發展至明道，才由《中庸》《易傳》回歸落實於《論》《孟》，主客觀兩面才眞正充實飽滿，儒家圓頓之教遂得以被建立。

牟先生對程明道的儒學貢獻給予了充分的肯定，視明道爲北宋理學發展的高峰。他將程明道與程伊川區別開來，認爲程明道是宋明儒學之嫡傳，是大宗，是胡五峰、劉蕺山的直接開創者，而視伊川爲別子爲宗，爲朱子思想的開創者。

### (四) 宋明儒學義理之轉向：程伊川首重《大學》之格物致知

程伊川（公元一〇三三—一一〇七）爲程明道之弟，少明道僅一歲，明道卒後二十年終。牟先生認爲，二程初期共同講學之時，其義理主要發自程明道，以明道爲主。明道卒後，伊川獨立侍講，終於使自己之生命與思路逐漸透顯出來，以其直線分解之理路，不自覺地使宋明義理轉向主智主義的道德論。

牟先生認爲程明道妙悟道體，善作圓頓表示，程伊川質實，多偏於分解表示。由於質實，轉而比較重視下學上達，重視「下面著實工夫」，而「下學」與「下面著實工夫」之途徑則落在《大學》之致知格物處，伊川依其直線式分解思考方式，將北宋前三家之道體、太虛、神體於穆不已之體分解地體會爲只是理，將性體亦清楚地割截地直說爲只是理。性與廣泛的存有論之理合流，而復與格物窮理之理接頭，並用格物窮理以把握之，使性體作爲道德實踐所以可能之超越根據之義亦漸泯失而不見，而心體亦疲軟、浮動、恍惚。這表明伊川對客觀面的於穆不已之體，與主觀面的仁體、心體，都沒有明確的體悟，而使之發生了歧出與轉向。

牟先生指出，伊川論性是取先驗主義、理性主義的態度，肯定其爲一超越的實有，重客觀性，將道德意識建立於性理之體上。其論心則取經驗主義、實在論的態度，直就心理學的心順說平看，於此持敬存誠，施以涵養之功，並格物窮理，施以致知之功，以期清靜而貞定之，使之如理而合道。這是基於後天工夫上的消極意義的道德意識，此心依然是心理學之心，心氣之心，情識之心，非本心即性之心。以此去黏附《中庸》、《易傳》所說的「即活動即存有」之道體、性體、誠體，自然有不少捍隔不相入，乖違而不相應處。

在牟先生看來，就工夫言，眞能相應《中庸》《易傳》之眞體者，唯在逆覺體證，或內在體證，以呈露本心性體，由此而爲道德創造之「純亦不已」。至於存養持敬，格物致知或博文約禮則是輔助，並非本質的關鍵。而伊川之「久涵養，則天理自明」，「涵養須用敬」，「進學則在致知」，這就使道德變成了心理學的道德，認知的道德，使他以前儒者的自律道德轉而爲他律道德，道德之強度大爲減殺。

在北宋，周濂溪、張橫渠不言《大學》，不言格物，程明道略言格物，其義亦與伊川有別。至伊川正式言《大學》，正式言格物窮理。其雖於義理有新發現，但亦開北宋儒學系統分裂之機，使《論》、《孟》、《中庸》、《易傳》之縱貫系統轉化爲靜涵靜攝之橫列系統。此一系統後來爲朱熹極力完成之。如是，《論》、《孟》、《中庸》、《易傳》之本義遂益隱晦而難辨。

牟宗三認爲，《大學》不能決定內聖之學的本質，由着實於《大學》所決定之系統是漸教，是主智論，是他律之道德，然就內聖學之本質言，此乃爲歧出。故而程伊川所開啟的橫攝系統非儒學之正宗，乃儒學之歧出與旁枝。

牟對程伊川批判甚多，而且是相當嚴肅的批判。可以說，他對伊川學之討論重點在於點明伊川與明道之區別，指出伊川「隨時歧出，時有雜感，膠著別扭，糾結不堪」[31]之處。這就相對淡化他對伊川思想的正面肯定。理順程明道和程伊川的關係，尤其是搞清朱熹與二程的關係是牟先生宋明儒學研究的重要任務，而其目的在於闡明一向爲人們視爲正宗的程朱理學，實乃是伊川，朱子學，實乃是繼別爲宗，不是正宗，大宗。這就使他對伊川的研究多明辨，多批評。

### (五) 順北宋前三家義理而開發：胡五峰之以心著性

宋王朝南渡，程氏兄弟之門人依然沿明道之逆覺體證之入路前進。二程之大弟子無論是謝上蔡[32]，還是楊龜山[33]都不注意伊川之格物致知義之工夫入路。南宋第一大儒，湖湘學的開創者胡五峰復沿程明道，謝上蔡之入路繼續開拓。

胡五峰，名宏，字仁仲，時人稱五峰先生，曾隱居湖南衡山長達二十餘年，創湖湘書院。有《知言》著作流傳。呂祖謙認爲《知言》過於《正蒙》，足見其當時之影響。牟宗三先生指出：「五峰之思路，除逆覺體證之工夫入路外，其重點大體是在**心性對揚**，以心著性，盛言盡

**心以成性**，而最後終歸於**心性是一**。此路既不同於伊川，朱子之靜涵靜攝系統，亦不全同於陸、王之純從孟子學入者。此蓋承北宋濂溪、橫渠、明道之會通《中庸》、《易傳》而言道體，即本天命於穆不已之體而言性體，而復本明道之『識仁』，以會通孔子之仁與孟子所言之本心，而**以心著性**也。此以『由《中庸》《易傳》言道體，性體』爲首出者，所必應有之恰當之義也。」[34]胡五峰之湖湘學在歷史上並非顯學，而今天亦不爲一般學者所重視，然而牟先生認爲，這並不礙於其義理間架有獨立之意義。不僅其義理間架有獨立意義，而且他還是宋明儒學之嫡傳，爲儒學之大宗。

《知言》爲胡五峰之代表作，牟宗三先生在作了詳盡的分析之後，復扼要分析其大義，認爲《知言》首言「道充乎身，塞乎天地」，道無所不在，亦不離事物而存在，故「即事以明道」。即使是夫婦之道，只要「接而知有禮，交而知有道」，亦可「得性命之正矣。」

道之體曰「性」，即以性指目道之自體而實之。「性也者天地所以立也。」「未發之時，聖人與衆人同性。」它是天下之大本，是「天地鬼神之奧。」它是即活動即存有，於穆不已，淵然有定向之奧體。它既是自性原則，又是客觀性原則。

道之用曰心，即就道體之活動義而說心。「性之流行，心爲之主。」心可以知天地，宰萬物以成性。道之活動義而爲心，落於心自己說，此活動義即是心之自覺、自主、自律、自發義，心是主觀性原則，以心爲貴。

攝性於心，性步步彰顯而形著，此即所謂「成性」。成性即著性。性之實全在心中見，亦全在心中立。性沖漠無朕而淵然有定向，以莫大莫久之心以彰顯之。性體遍而無限，心體亦遍而無限，通過心之形著義，則心性爲一，惟是一具體而實體的、道德的、形而上的眞體，即宇宙生化，道德創造之眞體。道德踐履唯在盡心以成性。

盡心以成性，而心之實，性之實，皆仁也。盡心以成性，即是體現仁道於天下。就是以仁爲宗，以心爲用，道不空言。劉蕺山正式言逆覺體證。逆覺爲當下呈現本心仁體之本質的關鍵，亦是自覺地作道德實踐之本質的正因工夫。其他如朱子所說的涵養、察識、居敬，窮理等皆是助緣工夫，亦皆因會萃於此而得其落實，成其爲助緣。否則，皆支離而懵懂。

牟先生在綜述了《知言》之大意後指出：胡五峰是宋南渡後第一個承北宋三家尤其是程明道而消化反省者，即《知言》之義理間架是由「北宋濂溪、橫渠、明道之以《中庸》、《易傳》爲首出，步步會通落實於《論》《孟》而消化反省以成。」牟以爲《中庸》《易傳》言道體、性體是「本體宇宙論」地言之，客觀地言之，而孔子言仁、孟子言心性則是道德踐履地言之，主觀地言之。天下不能有兩體，以理論說明心體與性體、主觀與客觀相契而眞實爲一，恰是胡五峰思想的著眼點。五峰順程明道「一本」圓教模型，盡心成性，以心著性，使雙方契接而爲一，成爲一眞實圓滿之教。宋明儒學的大師們對心性自覺的理解不同，從而不期然分爲三系。

牟先生以爲，胡五峰之獨特的義理間架，固不爲朱熹所解，五峰門人張南軒[35]由「受教之日淺」（黃宗羲語），亦不能發其師之精蘊，其他子弟門人或因年壽不永，或因倡學不力，使湖湘學終於爲朱子所壓下，《知言》之義理亦隱沒不彰。

由於歷史的原因，胡五峰在儒學史上的地位並不特別令人注意，甚至一般專講中國哲學的教科書亦不提及。牟先生不僅將其義理間架充分顯現出來，而且還發現他是宋明理學之嫡傳，之大宗，如果這一觀點成立，那麼它是牟先生對宋明儒學研究領域的一大貢獻。對於這一貢獻，牟先生本人是十分自豪的。

### ㈥ 完成伊川之轉向：朱子乃「繼別爲宗」

朱熹（一一三〇—一二〇〇），宋代著名理學家，一向被學術界視爲理學的集大成者。牟宗三先生以爲，朱子並非是宋代理學的集大成者，他的思想並不能代表周濂溪、張橫渠、程明道思想之發展，其心態、思路與伊川相應，充分發展和完成了由伊川開創的橫攝系統，爲伊川之功臣。

朱子研究是牟宗三先生全部宋明理學研究的中心。重新校正朱子的學術地位，理順他與北宋理學家的關係是牟先生宋明理學研究的重要課題。在三大冊的《心體與性體》中，牟先生用整整一冊的篇幅專論朱子，而在其他兩冊中，在論及程明道、程伊川、胡五峰等人時，牟先生還將他拉進來，時時對比，處處照察，以了別他與明道、伊川、五峰的關係，朱子研究實爲牟先生注目的焦點。牟先生說：「朱子注遍群經，講遍各家，其反映投射之顏色沾滿一切。吾人雖不能以之爲標準，實不能不以之爲中心（焦點）。」[36]將朱子所投射到群經和北宋理學家身上的顏色剝剝開，還其本來面目，是牟先生在研究此期理學中最爲艱巨的工作。

朱子師事李延平[37]，但他對李之「超越的逆覺體證」並不相應，與北宋前三家思想亦不相應，他以實在論之心態，以直線分解之思考方式，終於順伊川之分解綱領而走上橫攝系統。這是朱子所以偉大處，亦是其不足處。在朱子，總天地萬物而本體宇宙論地言之之道體不再是「於穆不已」的天命實體，不再是「生物不測」的創生之道，而只為靜態的存有，本體論的存有，從而使道體義和性體義減殺。就主觀的「工夫」說，朱子所建立起來的是認知的靜涵靜攝系統，就道德意識言，他所建立的只是他律道德，而不是自律道德，就哲學言，朱子所建立的是主智主義的道德的形而上學。

牟先生認為，北宋前三家是由《易傳》《中庸》逐漸回歸於《論語》《孟子》，而朱子順程伊川之義理間架而落實於《大學》。《大學》之明明德、格物致知、正心誠意只是實踐間架擺列出的一個綱領，而其間各步工夫都需要解析。這種解析既可作經驗主義或實在論的解析，亦可從超越的本心處作先驗主義或道德理想主義的解析。朱子是前者，而程明道、陸象山、王陽明乃至劉蕺山是後者。但《大學》實踐間架只是現象學地平說，只是個形式的規模。故朱子膠著於《大學》，以《大學》為宗旨，為儒家立教之定本，為聖功之本質的入路，則表示他於《論語》之仁，《孟子》之本心，《中庸》《易傳》之本體宇宙論的實體之創生直貫義並無相應之會契，從而遠離了孔孟之真精神。

朱子順伊川之義理間架，所展開的是對於那屬於「本體論的存有」之存在之理之靜的函攝之系統。此一系統與北宋周濂溪、張橫渠、程明道所弘揚之本體宇宙論的實體創生直貫之縱貫系統為對立。牟先生認為這種對立的關鍵表現在如下三點：（一）「對於『天命流行之體』是否能明澈地知其為是理、是心、亦是神？」（二）「中體、性體、本心是否能一？」（三）「喜怒哀樂未發已發之發與本心發見之發不同，如是，是否能明澈地知『先察識後涵養』在實踐工夫上之眞切的意義與本質的意義？」[38]如果承認以上三點而說爲是，則其義理爲縱貫系統，朱子說爲否則爲靜涵橫攝系統。

在朱子，其「性理」只是理，不能與誠、神、心、寂感通而爲一。自宇宙論言之，在朱子「理」「氣」成爲橫列的相對之二，自道德言之，「心」「性」亦成爲橫列相對之二。由於朱子的性即是理，亦只是理，不是道德本心，故而其理是「只存有而不活動」的實有。朱子之心是氣之靈，心能知覺，有動靜，而所以知覺，所以動靜的理，則是「性」，心不是性，亦不是理。「情」爲心氣之發，而心統性情。從而使心性情三分。朱子以心性情三分之義理規模訓釋「仁」。認爲仁不是心，而是心所當具之德，仁不是愛，而是愛所以然之理。仁不再是一具體活潑的生生之仁，而是普遍而不具體，超越而不內在的形上的抽象之理。這說明朱子對孔子之仁，孟子之本心，四端之心缺乏相應之了解。

牟先生認爲，朱子並非是北宋理學的集大成者，他繼承的只是程伊川一人而已。朱子既非北宋理學之嫡傳，亦非孔孟《中庸》《易傳》之傳統，朱子學不以儒家大流爲準，故而不得爲正宗，而是繼別爲宗。牟將朱子從儒家的正宗地位上拉下來，復又試圖在學術地位上將朱子推上去。他不僅盡力證明朱子學在一經一緯，一縱一橫的儒學中的獨特價值，而且也爲朱子後宗朱子者不能弘揚朱子之潛德幽光而黯然神傷。他說：「至於朱子後而宗朱子者，如宋末清初之輩，則皆奄奄無生氣。」「近人又多喜談陽明，而很少有人講朱子，朱子似只成爲陳腐之古董，則亦中國學術之不幸也。」「朱子之潛德幽光猶待發揚也。」[39]牟先生將朱子從儒家正統地位拉下來，將湖湘學從湮沒不彰中凸現出來，就其本願說並非是爲某某宗，某某派爭正統，而是為恢復歷史本有之面貌，還原有之舊。當然，這並不是牟先生沒有統緒意識，而是說他的統緒意識力圖建立在客觀了解的基礎上。退一步說，如果他真在為儒家爭正統，為陸王爭正統的話，他爭的亦有理、有力，再推翻此爭，亦是相當困難的。

《心體與性體》乃至牟先生全部宋明儒學研究論著的焦點在朱子，而朱子實為解開六百年宋明儒學義理紐結之關鍵。隨牟先生對朱子具有挑戰性研究成果的問世，宋明儒學研究的新頁已經翻開，他必然會引起人們的廣泛注意乃至爭議，給沈寂的宋明儒學研究注入新的生機和活力。

### (七)　直承孟子而孤峰凸起：陸象山言心即理

陸象山（一一三九——一一九二），字子靜，名九淵，自號象山居士，故世又稱象山先生，為宋明理學心學一派的開創者。牟先生認為，北宋理學由周濂溪、張橫渠到程明道，義理上一脈相承，到程伊川始發生歧出和轉向。至南宋，胡五峰默契北宋前三家之理義，言以心著性。朱熹相應程伊川之理路，進一步完成伊川之義理規模。唯獨陸象山孤峰突起，其學「因讀《孟子》而自得之。」故而象山學純是孟子學，他是孟子後唯一能懂孟子，能與孟子相應者。象山之學無概念的分解，其所預設之分解全在《孟子》。牟先生認為，象山之學其大要為「辨志」；「先立其大」；「明本心」；「心即理」；「簡易」；「存養」。然而這六點全本孟子，並無新說。他指出：辨志是本於孔孟義利之辨以及孟子之言「士尚志」；先立其大是本於孟子大體小體之辨；明本心是本於孟子之言四端之心；心即理是本於孟子之言「仁義內在」以及「心之所同然」乃至「理義悅心」等；簡易是本於孟子之言良知良能等；存養是本於孟子之「操則存、舍則亡」，「存其心，養其性」等語。陸象山對孟子思想的繼承並非是就概念重新分解以建立之，而是以啟發、指點、訓戒、遮撥之方式來繼承之。此則更警策而有力，足以豁醒人。

陸象山十三歲讀古書，至宇宙二字，忽覺宇宙無窮，進而洞悟「宇宙內事乃己分內事，己分內事乃宇宙內事」，「宇宙便是吾心，吾心即是宇宙」。心遍理遍，宇宙無窮，心亦無窮，理亦無窮。牟先生指出：這是以踐履爲背景而來的洞悟，非思辨理性之知解問題。這種洞悟可謂「原初洞悟」[40]三十四歲後，陸象山開始授徒講學，以辨志、明本心爲其講學宗旨。辨志、明本心就是去私意，求放心，以見本心之天理。有人問陸象山的學生陳正己：先生何以教人？陳正己說：「首尾一月，先生諄諄，只言辨志。」象山由辨志進而言辨義利。據年譜記載，陸象山應朱熹之邀在白鹿洞講「君子喻於義，小人喻於利」一章，講得最爲精到和痛快，朱熹深爲感動，時天氣微寒，而汗出揮扇，甚有感動流涕者。牟先生稱：「象山有實感，故出語能感動人。」「象山所謂見道不見道，關鍵即在此。辨志、明本心，直達實事實理之坦然明白，即爲見道，否則爲不見道。」[41]

象山之學全是孟子學，他直下從「明本心、先立其大」入手，故其學只是「一心之朗現，一心之申展，一心之遍潤」。在象山，「蓋心，一心也；理，一理也。至當歸一，精一無二，此心此理，實不容有二」。心理不二，心性理爲一，本心即理，即表示宇宙人生通而爲一。陸象山有言，「宇宙不曾限隔人，人自限隔宇宙耳」。「宇宙內事，乃己分內事；己分內事，乃宇宙內事」。一心無外，心外無理，吾之本心與宇宙通而爲一，因而吾之本心即天心，本心即理，就是天理。心所本有之理是有根的，實在的，故而爲「實理」，由「實理」所顯發的行爲即是「實行」，有實理便有實事、實德。一心無外，一理無外，坦然明白，並無迂曲，當惻隱自會惻隱，當羞惡自會羞惡，一切皆是實理實事之如如呈現，一體平鋪。此爲陸象山學精神所在。

牟先生認爲，象山之學是孟子學，但亦有超越孟子之處，此超過者「即是『心即理』之達其絕對普遍性而『充塞宇宙』也」。[42]在陸象山，心即是理，心外無物，道外無事，此心此理充塞宇宙，無能逃之。此一縱貫之「心即理」之心理之函蓋性與絕對普遍性乃是孔孟之教之所許，惟象山能直接相應地發明之。此超越孟子處，實爲相應孟子處。牟先生指出：陸象山「全幅生命幾全是孟子生命」。「孟子後眞了解孟子者，象山是第一人」。[43]

朱子與陸象山之異同，歷來爲學者所注意，在《象山與朱子爭辯》一文中，牟先生對這一問題進行詳細的解剖。牟先生認爲，陸象山全幅是一孟子的生命，其心態完全與孟子相應，故而他所強調者爲承體起用之道德的創造性、道德的目的性之實現，所以陸象山爲本體論的、宇宙論的，爲立體直貫的。而朱子的心態與孟子、《中庸》、《易傳》之義理不相應，故而他所特用力處，乃是認識論的並列，是靜態的橫列，不是本體論的、動態論的。陸象山之講孟子是直接相應地講，是第一義的，而朱子則不能相應地講，他將孟子盡心知性知天之本體論的直貫轉爲認識論的橫列，順伊川之「性即理」之精神，以落下來之格物窮理居敬集義之第二義爲定本，以理氣二分、心性情三分爲定局，至使孔孟之直貫義全失。總之朱陸衝突之客觀義理上的總癥結即在此直貫與橫列兩向之衝突。牟先生說：

吾嘗以李、杜喻朱、陸。朱子如杜甫，是「萬景皆實」。象山如李白，是「萬景皆虛」。萬景皆實，到磨平時，只見有「本體論的存有」之實理之平鋪。到此時，亦可真至「心是理，理是心，聲爲律，身爲度」之境。（明道說曾子語）但這仍是認知橫列之平鋪，本體論的存有之平鋪，敬貫動靜、涵養於未發、察識於已發，步步收斂凝聚貞定其心氣所至之平鋪，而非是本心直貫之平鋪也。象山萬景皆虛，是以本心之虛明穿透一切，以本心之沛然成就一切，故通體透明，亦全體是實事實理也。此是道德踐履之創造，本體論的直貫之實現之平鋪也。此是虛以成實，而非如朱子之實以達虛也。虛以成實重生化，實以達虛重靜涵。重生化，……此是本心直貫之平鋪也。重靜涵，……此是認知橫列之形態，本體論的存有之形態，乃靜涵之平鋪也。此是朱子重後天功夫以學聖所特別彰著之橫列形態，而非孔孟立教之直貫形態也。（以直貫橫，非無橫也）而象山則直承此直貫形態而立言，故尤近於孔孟也。㊹

學者們研究朱陸之異同，大都以「心即理」和「性即理」、「尊德性」和「道問學」，乃至主觀唯心主義和客觀唯心主義等浮詞概括之。撥開其表面之文字現象，直就其內在的精蘊而揭發之，正是牟先生不同尋常處。非大手筆、眞見識，不能及此。牟先生對朱陸異同的上述表述，是相當深刻、精到和透徹的。

### (八) 良知即天理：王陽明盛倡「致良知」教

朱陸之爭，勢如冰炭，天下言學術者，不歸於朱則歸於陸。降及元代，朱子被官方奉爲正宗。至明代，官學仍尊朱子。至中葉，王陽明出現，後王學盛行天下。

王陽明（一四七二——一五二八），名守仁，字伯安。因曾築室陽明洞中，故世稱陽明先生。王陽明生活在朱子學氾濫天下，然奄奄無生氣的時代，他提出了「致良知教」，對朱子學提出了強有力的挑戰。

牟先生認爲：王學是孟子學。王陽明言「良知」是本於孟子「人之所不學而能者，其良能也，所不慮而知者，其良知也」。王陽明依孟子對良知之規定，把良知提升上來以之代表本心，以綜括孟子所言的四端之心。在王陽明，良知就是天理，陽明云：「良知只是一個天理自然明覺發見處，只是一個眞誠惻怛，便是他本體。」牟宗三在詮釋王陽明的良知與天理的關係時說：「良知是**天理之自然而明覺處**，則**天理雖客觀而亦主觀**；**天理**是良知之必然而不可移處，則**良知雖主觀而亦客觀**。此是『心即理』，『心外無理』，『良知之天理』諸語之實義。」㊺在牟先生的疏解下，良知是即主觀，即客觀，天理是即客觀即主觀，是主觀與客觀的合一。

在牟先生看來，王陽明的良知雖可追源於孟子，但王陽明的良知並非是精研孟子而得之，而實有賴於自己之獨悟。但一經獨悟而實得，事後一經反省，便覺與孟子所說無不符契。而孟子所說的本心，所說的良知，亦只有如王陽明之所悟者始能定得住，而孟子之義亦實如此。故而孟子之桀桀大才所確定的內聖學之弘規，除陸象山與王陽明外，很少有人能接得上，王學亦是孟子學。

在王陽明，良知不但是道德實踐的根據，亦是一切存在之存有論的根據，它是造化的精靈。「致良知」實質上就是充分地將人之道德本心呈現出來。牟先生認爲，王陽明所說的「致良知」之「致」字，「直接地是『向前推致』底意思，等於孟子所謂的『擴充』。」㊻他說：「『致良知』是把良知之天理或良知所覺之是非善惡不讓他爲私欲所間隔而充分地把它呈現出來以使之見於行事，即成道德行爲。」㊼時時、事事擴而充之，「則吾之全部生命便全體皆是良知天理之流行」。但如何「致」，並沒有繞出去的巧妙方法，只有「逆覺」，或「逆覺體證」。逆覺是良知明覺之自照，是良知明覺自覺其自己，「即隨其呈露反而自覺地意識及之」。體證是在生活中隨時呈露而體證之，證驗之。這種與日常生活不隔離的體證，爲「內在的逆覺體證」，而以靜坐隔離方式的體證，是「超越的逆覺體證」。前者是儒家實踐的定然之則，而後者是一時之權。

牟先生進而區分了兩種「致知」方法，一是認知心下之「致知究物」，此是認知心之活動，是認識論的「能所爲二」之橫列的，這是朱子之路。一是良知下之「致知正物」，此是道德實踐的攝物歸心，心以宰物之縱貫的或曰本體宇宙論的攝物歸心，以心成物之縱貫的，這是王陽明的路子。在牟先生看來，陽明路子自然高於朱子的路子。

牟先生認爲，陸象山、王陽明是單由孔子之仁與孟子之本心而完成圓教下的道德的形上學或實踐的形上學。在王陽明，心外無事，心外亦無物，一切皆在吾良知明覺之貫徹與涵潤中。「由眞誠惻怛之仁心之感通，或良知明覺之感應，而與天地萬物爲一體。感應於孺子，即與孺子爲一體，而孺子得其所；感應於鳥獸、草木、瓦石，亦皆然。」「就事言，良知明覺是吾實踐德行之根據；就物言，良知明覺是天地萬物之存有論的根據。就主觀地說，是由仁心之感通而爲一體，就客觀地說，則此一體之仁心頓時即是天地萬物之生化之理。……就成己而言，是道德實踐；就成物言，是形上學，然而是在合內外之道之實踐下，亦即是在圓教下的形上學，故是實踐的形上學，亦曰道德的形上學。」㊽在牟先生看來，儒家自孔子講仁起，通過孟子的本心即性，已涵著向道德的形上學走的趨勢，至《中庸》之天命之性，《易傳》之窮神知化，此道德的形上學在先秦已初步完成。宋明儒學繼起，則充分完成之。陸象山、王陽明是直承孔孟，周濂溪、張橫渠、程明道、胡五峰則是兼顧《論語》、《孟子》和《中庸》、《易傳》而完成之，而程伊川和朱子則歧出未能達到此境域。「道德的形上學」一詞源於康德，而牟先生認爲，康德只完成了一道德的神學，並沒有充分證成道德的形上學。宋明儒學才是眞正意義的道德的形上學。牟先生用「道德的形上學」來概括儒家哲學尤其是宋明儒學的哲學，甚爲諦當。故而「道德的形上學」一詞經牟先生這一詮釋和利用，不徑而走，爲海內外許多學人所接受、所樂用。今日它竟頻頻出現於海內外華人學者的文章論著，乃至一般的交談對話之中。

牟先生對王陽明的良知說，層層分析，步步展示，展示至「道德的形上學」而後止。牟先生對王學的分析是諦當的，亦是新穎的。這種展示，既不同於不相應的、外在的文字疏解，亦非像時下學人先構造一個公式或套子，然後剪裁資料，使之對號入座。總之，牟先生的展示不是外在的，而是內在的，不僅僅是知識的，更是生命的，價值的。唯其如此，對王陽明的理解才精到與透闢。

牟先生對王陽明以後的王學分化與發展亦作了系統的陳述，認為王陽明倡致良知教後，王學遍天下，然重要者不過三支：一是浙中派，二是泰州派，三是江右派。牟先生選出浙中派的王龍溪、泰州派的羅近溪、江右派的聶雙江，羅念菴四位頗有爭議的人物以展示他們與王陽明義理之異同。他認為王龍溪以「四無」著名（無心之心則藏密，無意之意則應圓，無知之知則體寂，無物之物則用神）。但其四無亦有所本，他大體是守著王陽明的規範而發揮，為王陽明之嫡傳。他的四無是將王學境界推至究竟義，同時亦表現了他的疏闊。但這仍是致良知教的調適而上遂，並非是錯。泰州派開創者為王艮，王艮遠比王龍溪怪誕，他認為眼前即是道，主平常，主自然，全無學究氣，講學大眾化。至羅近溪泰州學派已傳至四代（王艮——徐波石——顏山農——羅近溪），羅繼承了泰州學派的傳統風格，特重光景之拆穿，最終歸宗於仁，視知體與仁體全然是一。牟先生評價羅近溪「**清新俊逸，通透圓熟**」。羅近溪與王龍溪是「能調適上遂而完成王學之風格者」，[49]為王學之嫡傳。但此二人亦皆有病，順龍溪之風格，可誤引至「虛玄而蕩」，而順近溪之風格，可誤引至「情識而肆」。不過這終究是人病，非法病。至江右派之聶雙江和羅念菴，與王學則根本有隔，而未能相契。他們講學支解王陽明之義理，弄得面目全非，而最後又未能跳出陽明之圈套，「此真亂動手腳窮勞攘攘矣」。[50]牟先生以義理疏導為主，以王陽明本人義理為根據，刪繁就簡，對上述三派四人的得失精純作出了恰當的評價。

(九)　歸顯於密：劉蕺山集「以心著性」之大成

劉蕺山(一五七八——一六四五)，明末哲學家，名宗周，號念台，因講學蕺山，世稱蕺山先生。王學之發展與分化，流弊甚多，或「虛玄而蕩」，或「情識而肆」。劉蕺山正是乘王學之流弊而起者。王學之所以有如此之流弊，以其爲顯教故。劉蕺山乘王學流弊之機，更端別起，堵住流弊，重新調整，開出一新學路，此新學路即是「歸顯於密」。所謂歸顯於密，是「將新學之顯教歸於愼獨之密教是也」。❺❶蕺山學就是愼獨之學，而《大學》、《中庸》俱言愼獨，依劉蕺山，《大學》言愼獨是從心體說，《中庸》言愼獨是從性體說，前者爲心宗，後者爲性宗。從心言愼獨，則獨是所指之體是好善惡惡之「意」。「意」與「念」不同，意爲超越層，念爲感性層。在劉蕺山，「意根最微，誠體本天」。意根即誠體，「此誠體之好善惡惡之中即藏有知善知惡之良知，此即意之不可欺。故『知藏於意，非意之所起』。此即第一步先將良知之顯教歸於『意根最微』之密教也」。❺❷但意與知俱屬於心，而心則在自覺活動範圍之內，即「心本人者也」。有自覺必有超自覺者以爲其體，此體即性體，「性本天者也」。在劉蕺山，「天非人不盡，性非心不體」。盡是充盡而實現之，體是體驗體現而體證之。這是說天若離開人能即無以充盡實現之，性體若離開心體即無以體現體驗而體證之，體證之即所以彰著之。「是則心與性之關係乃是一形著之關係，亦是一自覺與超自覺之關係。自形著關係言，即性體之具體而眞實的內容與意義盡在心體中見，心體即足以彰著之。」❺❸在形著關係中，性體要逐步主觀化、內在化；在自覺與超自覺的關係中，則心體之主觀活動亦步步要融攝於超越的性體中，而得其客觀之貞定。這樣就可以堵住王學之「虛玄而蕩」、「情識而肆」之流弊。「此是第二步將心體之顯教復攝於性體之密教也。經過以上兩步歸顯於密，最後仍可心性是一。」[54]

就道德踐履說，儒家之內聖之學成德之教之道德意識至劉蕺山始充極而完備。就道德造詣說，劉之齋莊端肅，凝歛寧靜之風格大類朱子。然朱子是外延型，而蕺山是內容型；朱子之底子是即物窮理，心靜理明，而劉之底子是誠意愼獨，「從深根寧極中證入」。劉蕺山之晚年定論《人譜》，詳細闡明了成聖實踐功夫之歷程。《人譜》仿周濂溪之《太極圖》與《太極圖說》而作《人極圖》和《人極圖說》。《人極圖》共六，一是無極太極圖，二是動而無動圖，三是靜而無靜圖，四是五行攸敘圖，五是物物太極圖，六是其要無咎圖。劉依六圖而說人之成聖之歷程。由第一圖而言「凜閑居以體獨」，以此說「微過」；由第二圖而言「卜動念以知幾」，以此說「隱過」；由第三圖而言「謹威儀以定命」，以此說「顯過」；由第四圖而說「敦大倫以凝道」，以此說「大過」；由第五圖而言「備百行以考旋」，以此說「叢過」；由第六圖而言「遷善改過以作聖」，以此說「迷復，成過爲衆惡門，以克念終焉」。這六步實踐就是成聖的功夫，亦是成聖的歷程。這六步實踐就是「通過格致誠意使心意知物順適調暢地一體呈現也。然六步實踐中必隨時有反面之過惡以隨之。化此反面者，正面者始顯。……此一正反兩面所成之實踐歷程爲從來所未有，而蕺山獨發之。……此是蕺山誠意愼獨工夫之深也」。[55]

牟先生對劉蕺山愼獨之學給予了很高的評價，認爲儒家內聖之學成德之教之道德意識至劉蕺山始充極完備。但他同時亦指出蕺山學之不足，其一是劉蕺山對王學的許多辨駁完全不行，不如理，多滯辭。其二是劉蕺山之歸顯於密，雖可堵情識而肆、虛玄而蕩，但堵得太緊，亦太清苦，未至化境。「若再能以顯教化脫之，則當大成」。[56]劉蕺山是宋明儒學之最後的殿軍，南明亡後，劉蕺山絕食而死，此學亦隨明亡而亡。

《從陸象山到劉蕺山》是牟先生宋明儒學研究的重要成果，也是其宋明儒學研究最後的論著。在這部論著行將結束的時候，牟先生用兩段話概括了其對宋明儒學的基本看法：

> 自孔、孟立教即已解行雙彰，有本體有功夫，扣緊實踐以明道理。故孔子踐仁知天，孟子盡心知性知天，《中庸》自性體言慎獨，《大學》自心體言慎獨，《易傳》窮神知化，窮理盡性以至於命，其教路固一系相承也。至乎宋明重講此學，濂溪首先默契道妙，而亦必由「思曰睿，睿作聖」，言「幾動於彼，誠動於此」，以誠體通化那可善可惡之幾（「幾善惡」）。橫渠思參造化，天道性命通而爲一，而亦必由「聖人盡道其間兼體而無累」之存神以言「盡心化氣以成性。」明道盛言「一本」，而亦必由識仁定性入。至伊川、朱子重格物窮理，言「涵養須用敬，進學在致知」，學路之端緒遂稍轉向而歧出，轉爲靜涵橫攝之系統，而靜涵亦爲外延型。南宋胡五峰承北宋前三家（濂溪、橫渠、明道）首言「盡心成性，以心著性」之形著義，不走伊川、朱子之路也。象山與起，本孟子明本心，辨端緒之得失，遂扭轉朱子之歧出，而歸於正。陽明承之言致良知，使「明本心」更爲確切可行者。至蕺山「歸顯於密」，言慎獨，明標心宗與性宗，不期然而自然走上胡五峰「以心著性」之義理間架，而又著《人譜》以明實踐之歷程，如

是，內聖之學、成德之教之全譜至此遂徹底窮源而完備，而三系之分亦成爲顯然可見者，而陸、王系與胡、劉系總可合而爲一大系，同一圓圈之兩往來，亦成爲顯然可見者。自實踐規模言，象山提綱挈領，略舉端緒，至陽明而較詳，至劉蕺山而尤詳。然而學者用心亦可迴環參用，不可執一。如若順蕺山《人譜》作實踐，覺得太緊，太清苦，則可參詳致良知以稍活之，又可參詳象山明本心以更活之。反之，如覺得象山之明本心太疏闊，無下手處，則可參之以致良知。如覺得致良知仍稍疏，則再詳之以《人譜》。

自實踐規模言，濂溪、橫渠、明道俱有其實踐之規模，何以單自象山說起？曰：彼三人之言實踐功夫亦不過是明本心耳，故可收攝於象山，單自象山說。蕺山之所以詳而完備者，於本體方面，兼言心宗與性宗，濂溪、橫渠、明道所言之道體性體盡攝於其所說之性宗中，而心與性不可以分合言，而總歸是一，則陸、王之只由心言亦無礙，而伊川、朱子所言之道體性體（理）只存有而不活動者，則必須放棄而令歸於即存有即活動，如是，本體方面一矣；本體既一，則於功夫方面決不能走伊川、朱子格物窮理之順取之路而必扭轉而爲逆覺之路，其餘七人皆逆覺之路也，如是，則功夫亦一矣，而詳而完備於蕺山。正因功夫爲逆覺，所以本體方面，無論自心體言，或自道體性體言，必爲即存有即活動者。正因本體爲即存有即活動，故功夫必爲逆覺。本體者道德實踐中之本體，即自由自律之無限心是也，客觀而超絕地言之即道體性體。功夫者道德實踐中之功夫也，故必由逆覺呈本體以化過惡，此焉能取決於外在的格物窮理耶？如此言本體與功夫是依自律原則而行之內聖之學成德之教之所必函，此乃是必然者，決無其他交替之可能。異乎此者即爲異端，即爲歧出，不自覺而落於他律道德矣。伊川與朱子正是不自覺而落於他律道德者，此不可諱也，亦不必爲之曲辯也。然而本體與功夫既得其正矣，則格物窮理中所含之知識義的道問學即可只爲助緣，非基要（本質）之功夫。人生全體固不只道德，然必以道德爲本。如是，若進而再以道德融攝知識，則道問學亦可得其分矣。此爲朱、陸異同之解消，亦是宋明三系之大通。[57]

上述評判甚爲簡明扼要，精闢透徹，它是牟先生對全部宋明儒學的基本看法。牟先生的上述看法來之不易，他說：「吾之四冊之巨幅，費二十餘年之時間，最後之評判不過如此。」[58]足見上述評判的分量。這兩段評判在牟先生的宋明儒學的研究中實具有畫龍點睛，全龍盡現之功。它既言本體，又言功夫，既照顧到宋明儒學家的前後繼起、義理的邏輯展示，又兼顧橫向之比較、各系之理論特色；既肯定了上述三系的各自的理論貢獻，又揭示了他們的不足，並進而指出了化解三系異同，打通義理壁壘的途徑。牟先生二十餘年之強探力索，勾沉發微，其最終之結論不過千餘言。正是繁可洋洋灑灑，匯四大冊，化百五十萬言，簡則萬波皆消，玲瓏剔透，以兩頁文字，表千餘言。有人只見其繁，故謂「牟的著作卻又相當的無謂龐大，一點也不乾淨利落」。[59]牟積二十餘年之心血，匯四大冊之成果，且不說牟先生當年之艱辛，就今日要徹頭徹尾讀之，弄清牟先生之義理間架，亦煞費心血，這誠不足與無心力者道也。牟先生之書有簡有繁，繁由簡入，簡由繁出，繁是簡之繁，簡是繁之簡，讀牟先生之四大冊書，需知簡知繁，由簡入繁，復出繁歸簡。如是讀牟先生之書，就覺其龐大並非無謂，並非不乾淨、不利落。當今之世，學者們之書，罕有如牟先生思路清楚，判釋果決者，如此謂牟先生之《心體與性體》不乾淨利落，實不足以服人。

牟先生對六百年宋明儒學研究，實有重要學術價值。幾十年來，宋明儒學研究著述頗豐，然良莠不齊，鮮有問鼎之作。這些著述對宋明儒學的字面了解，資料整理與收集也許有相當的成績，但這些研究是相當外在而浮泛的。尤其是那種幾十年來強分宇宙論、認識論、道德說、政治思想的研究框子，使人難見宋明儒學的眞面目。牟先生四大冊研究成果，是生命的，亦是學問的。它從內在角度，使六百年宋明義理之展示順適調暢。在他的詮釋、疏解下，不僅使吾人了解到宋明儒學的本質意義，亦使吾人了解到了宋明儒學的獨特價值，亦使吾人了解到宋明儒學之不足，尤其是「內聖強而外王弱」之不足。劉述先先生說：「中國哲學許多觀念到牟先生才有深入的了解，不訴之於猜測與聯想。」[60]此話並不過分。其或可以說，中國哲學在牟先生的理解下，才成爲一眞正有意義的哲學。

《心體與性體》與《從陸象山到劉蕺山》是牟先生兩部賦有代表性的作品，這兩部作品一向爲學術界所注意，有人稱它們是宋明儒學研究的「一塊里程碑」，是一部「前無古人的偉構」。[61]杜維明先生說：「通過閱讀這三卷著作（指《心體與性體》三冊，引者注），我們爲牟教授的敏銳的洞察力而感到高興，也爲這部著作提供的新的、至關重要的信息而感到慚愧。這部著作不僅是一個富有創造性的學者對一個偉大文化現象的鼓舞人心的詮釋，而且也是一個創造者的心靈所深刻理解了的人的實在的眞誠探索的記錄。」[62]雖說這兩部巨著是牟先生晚年的成熟作品，由此可窺見牟先生的哲學分析的深度和廣度，但它並不能代替牟先生全部的哲學成就。有人僅閱讀了牟先生的《心體與性體》，甚至只閱讀了其中的《綜論部》就大談牟先生的哲學如何如何，並以此來判定牟先生的歷史地位，實質上是過分誇大了這本書的作用。《心體與性體》在牟先生的整個思想發展過程中固然占有相當重要地位，但它並不能代替牟先生的全部思想。

## 注釋

❶ 牟宗三《心體與性體》《序》，台灣正中書局一九六八年十月版。

❷ 參見劉述先《牟宗三先生論智的直覺與中國哲學》，戴《牟宗三先生的哲學與著作》，台灣學生書局一九七八年九月出版。

❸ 《心體與性體》第一冊，第四頁。

❹ 同上書，第六頁。

❺ 同上書，第八頁。

❻ 同上書，第八—九頁。

❼ 同上書，第一三頁。

❽ 同上。

❾ 同上書，第一七—一八頁。

❿ 同上書，第四四頁。

⓫ 同上書，第四九頁。

⓬ 同上書，第五九頁。

⑬ 同上書，第五九頁。

⑭ 同上書，第一八頁。

⑮ 馮友蘭《中國哲學史》第八六九頁，中華書局一九六一年四月新一版。

⑯ 劉述先《儒家思想與現代化》第二七一頁，中國廣播電視出版社，一九九二年五月。

⑰ 《心體與性體》第一冊，第五六頁。

⑱ 郁有學《牟宗三的新儒學思想》，一九九二年十月，濟南：牟宗三與當代新儒家學術研究討會》論文。

⑲ 牟宗三《從陸象山到劉蕺山》第四五八頁，台灣學生書局。

⑳ 《心體與體性》第一冊，第三二四——三二五頁。

㉑ 同上書，第三二四頁。

㉒ 同上書，第三三六頁。

㉓ 同上書，第三二九頁。

㉔ 同上書，第四一七頁。

㉕ 同上書，第四三七頁。

㉖ 同上書，第四四二頁。

㉗ 同上書，第四四四頁。

㉘ 同上書，第四四五頁。

㉙ 同上書，第五五八頁。

㉚ 《心體與性體》第二冊，第八頁。

㉛ 同上書，第三七七頁。

㉜ 謝上蔡（一〇五〇——一一〇三），學者，名良佐，字顯道，上蔡（今屬河南）人，時稱上蔡先生，爲程明道，程伊川之門人，著有《論語說》，《上蔡語錄》。

㉝ 楊龜山（一〇五三—一一三五）宋代學者，名時，字中立。晚年隱居龜山，時稱龜山先生，爲二程門人。著有《龜山文集》。

㉞ 同上書，第四三一頁。

㉟ 張南軒（一一三三—一一八〇）南宋學者，名木式，字敬夫，號南軒，少時從胡五峰問程氏之學。著有《南軒集》。

㊱ 《心體與性體》第一冊，第五六頁。

㊲ 李延平（一〇九三—一一六三）南宋理學家，名個，字愿中，時稱延平先生。朱熹曾從其游，其語錄爲朱熹編爲《延平問答》。

㊳ 《心體與心體》第三冊，第九八頁。

㊴ 同上書，第六九頁。

㊵ 《從陸象山到劉蕺山》第二六頁。

㊶ 《從陸象山到劉蕺山》第三〇頁。

㊷ 同上書，第十九頁。

㊸ 同上書，第八五頁。

㊹ 同上書，第九八—九九頁。

㊺ 同上書，第二二〇頁。

㊻ 同上書，第二三九頁。

㊼ 同上書，第二三九頁。

㊽ 同上書，第二四〇—二四一頁。

㊾ 同上書，第二八八頁。

㊿ 同上書，第三一〇頁。

51 同上書，第四五三頁。
52 同上。
53 同上書，第四五三—四五四頁。
54 同上書，第四五四頁。
55 同上書，第五二〇頁。
56 同上書，第四八七頁。
57 同上書，第五三九—五四一頁。
58 同上書，第五四一頁。
59 李澤原《中國現代思想史論》，第三〇九頁。
60 劉述先《儒家思想與現代化》，第五七四頁。
61 同上書，第二五三頁。
62 杜維明《儒家傳統的現代轉化》，第五九六頁。

# 第三章　中國文化的創造性重構

自四十年代末期以後，牟宗三先生傾注了大量的精力研究中國文化。揭示中國文化的本質特徵，分析其未能走上近代化的原因，探索她進入現代化的現實道路是牟先生四十年代中後期以來，尤其四十年代末到六十年代初的理論的興奮點。《歷史哲學》、《政道與治道》、《道德的理想主義》三書是這一時期的主要成果。他認爲，自一九四九年至一九五九年是其「文化意識及時代悲感最爲昂揚之時。」❶而這種意識之蘊蓄由來以久，甚至可上溯至抗日戰爭初期，當時他雖正從事《認識心之批判》的蘊釀與寫作，但瞻望家國天下，世道人心，學術風氣，怵目驚心，悲感益增，蘊蓄益深。到一九四九年以後，此種蘊蓄始全部瀉出，一發而十年之久。目的在「批抉中國文化之癥結，以期蕩滌腥穢，開出中國文化健康發展之途徑。」❷這十年在牟先生的思想進程中實爲轉折時期，具有承上啟下之功。一方面它是牟先生前期思想演進的必然結果，另一方面此期所揭揚的文化意識對牟先生進一步轉向中國文化傳統中各階段之學術思想研究實具有決定性影響。就前者言，牟先生由對邏輯之解析至言知性主體，並將知性主體之全體大用予以全幅展現，「窮盡其全幅歷程而見其窮，則道德主體朗然而現矣。」這正是「窮智見德。」「認識心智也，道德主體即道德的天心，仁也。學問之事，仁與智盡之矣。」❸由邏輯之解析敲開知性主體之門，復由知性主體上達道德主體，正是牟先生下學上達之路。故而我們完全有理由說，牟宗三這一時期的「文化意識」是其以前思想進展的必然歸宿。就後者言，「吾所努力者仍本此階段之文化意識進而向裏疏通中國文化傳統中各階段之學術思想，藉以暢通吾華族智慧方向之大動脈。」❹由此而降，牟先生的主要精力轉向了傳統學術思想的疏通工作，直至八十年代才有所變化。一九六三年出版的《才性與玄理》是疏通魏晉一階段，一九六八年出版的《心體與性體》是疏通宋明一階段，一九七六年出版的《佛性與般若》是疏通南北朝隋唐一階段。可以說前者是論道，中者是論儒，後者是論佛，所有這些仍不出自一九四九年至一九五九年十年間所發揚的文化意識之規模，牟先生稱這是他「由藝術性的興趣之不容己，轉到道德性的擔負之不容己」之時期，足見這十年在牟宗三生命歷程中的地位，前是其準備，後是其深入。因而弄清牟先生這十年間的思想理路，對於理解他的全部思想意蘊，實具有重大價值。

## 第一節　中西互照，探究中國文化的本質特徵

牟宗三先生認爲，中國文化「乃是以儒家作主流所決定的那個文化生命的方向以及文化生命形態」❺他懷著「爲往聖繼絶學」的苦心悲願，以西方文化爲參照，深入地剖析中國文化的底蘊；又以中國文化爲參照，探析西方文化的所以昌盛之故及其不足。以期正本清源，蕩腥滌臭，開出中國文化健康發展的坦途。

## 一、中國文化的核心是生命的學問

牟宗三先生認爲，中國文化是一個獨特的文化系統，它有獨特性與根源性，用德國哲學家費希特的話說，中華民族是最具有原初性的民族，有著「特有的文化生命」。這個特有的文化生命與西方文化源頭之一的希臘不同的地方在於「它首先把握『生命』，而希臘則首先把握『自然』」。[6]在他看來，《尚書·大禹謨》說：「正德利用厚生」，是中國文化生命裏最根源的一個觀念形態，這個觀念形態表示中華民族首先是向生命處用心。因向生命處用心，故對自己要正德，對人民要利用厚生，正德利用厚生也就是修己以安百姓。正德或修己是對付自己的生命，而利用厚生或安百姓是對付百姓的生命，這裏的對付是調護、安頓之意。但中國文化所注意的生命，所把握的生命，不是生物學的把握和了解，而「乃是一個道德政治的把握。」[7]「生命」本是自然現象，是屬於形而下的領域，但中國文化就在如何調護生命和安頓生命這一點上，開出了精神領域，開出了心靈世界和價值提昇，也開啟了儒家的「內聖外王」之學。正德是內聖，律己要嚴；利用厚生是外王，對人要寬。而「內聖外王」之學實是一仁學，故而牟宗三先生進而規定：「中國的文化系統是一個仁的文化系統。」更確切地說：「是仁智合一而以仁爲籠罩者的系統。」[8]

牟先生所說的「生命」不是生物的生命，而是道德的生命，理性的生命，關於這種生命的學問，只有中國有之，西方則無。西方哲學講生命不外有兩條入路，一是感性的、浪漫的文學之路，一是科學的、自然主義的生物學入路，但沿這兩條路卻不能入生命之堂奧。西方人亦有宗教信仰，但他們不能就宗教信仰而開出生命的學問。「他們有『知識中心』的哲學，而並無『生命中心』的生命學問。」「眞正的生命學問是在中國。」❾「中國文化的核心是生命的學問。由眞實生命之覺醒，向外開出建立事業與追求知識之理想，向內滲透此等理想之眞實本源，以使理想眞成其爲理想，此是生命的學問之全體大用。」牟先生進而疏導生命的學問的具體內容，他說：「生命的學問，可以從兩方面講：一是個人主觀方面的，一是客觀的集團方面的。前者是個人修養之事，個人精神生活升進之事，如一切宗教之所講。後者是一切人文世界的事，……生命之客觀方面的事。如照儒家，『明明德』的學問講，這兩方面是溝通而爲一的。」❿因爲個人之成德決不封限在個人自身，而一定要向外感通，一定要客觀化於人文世界，並且擴及於整個的天地萬物，這才算是成德。但他認爲明亡以後，中國的生命學問斷絕了。顧炎武、王船山、黃宗羲諸大儒生於晚明，他們繼承中國的生命學問傳統，而重新反省秦漢以降的政體與制度，以期自內聖向外開以重建其外王之道。不過，由於滿清入主中國，他們的心志因滿清之歪曲而暢通不下來，從而使民族的生命遭到曲折，文化生命亦遭到曲折。牟先生所說的生命是道德生命，而生命的學問實際上指的是儒家的學問。視儒家的學問爲生命的學問並非是牟先生獨創，梁漱溟、熊十力乃至方東美都十分重視大易的「生生之德」，均高揚生命，皆重視道德的理性，但他們的生命是哲學的、本體的，牟宗三先生的生命既是哲學的，亦是道德的，亦是歷史文化的，它不僅是一哲學本體範疇，亦是方法論範疇。故而他反對歷史文化領域的理智一層論，反對唯科學主義，要求將歷史文化的研究落實到生命的層面來，他說：

我必須指出對於文化的兩種態度：一、是把文化推出生命以外視爲外在的材料，在這種態度下，就是講孔子耶穌，亦視爲外在的東西。視爲外在的東西，完全與人不相干，與生命不相干，與人格不相干，他們才好從事排比爬梳，作歷史的考據，美其名曰科學方法。科學方法誠然是科學方法，因爲就自然科學言，它所研究的是自然現象，而自然現象本是外在的東西，從獲得知識上說，當然須用觀察歸納的方法以整理之。把這種方法用在歷史文化上，當然也是科學的。當然也必須把歷史文化推出去視爲外在的物質材料。但是這樣一來，則歷史文化毀矣，孔子耶穌死矣。二、是把文化收進來，落於生命上，落於生活上。看歷史文化是聖賢豪傑精神之表現，是他們的精神所貫注，看聖賢豪傑是當作一個道德智慧的精神人格來看。在這種態度下，歷史文化可以保住而復其真實性，孔子耶穌可以不死而在我們當下生命中起作用，因此，文化意識自然油然而生，沛然莫之能御。[11]

理性之了解亦非只客觀了解而已，要能融納於生命中方爲真實，且亦須有相應之生命爲其基點，否則未有能通解古人之語意而得其原委者也。[12]

正因歷史文化是活的，是有生命的，故而對歷史文化的研究應收到生命中來，落實在生命上。中國的學問是生命的學問，而生命反過來又成爲他觀照歷史文化方法，這是牟先生高明之處。事實上，哲學本體不能成爲照察萬象的法眼，它就不是眞正意義上的本體，牟先生對此體認甚深。

牟宗三乃至整個新儒家群注重生命，意在對抗近代以來，盛極一時的理智主義和唯科學主義，意在對抗西化主義。西方以知識爲中心，中國以生命爲中心，這一比較的確不同凡響，鞭僻入裏，當下抓住了問題的實質。但生命與知識並不衝突，中西文化亦並非是對立的兩極，中國文化固然首先把握生命，西方文化首先把握自然，但以生命爲中心的中國文化，並非僅講生命而不講知識，而以知識爲中心的西方文化亦非僅重知識，而不講生命。牟先生既然承認一切宗教所講的皆是個人修養等生命層面的問題，就應承認西方之耶教亦是如此，耶教如此就應承認西方文化亦有生命的學問。所以感情地對抗西化主義是並無太大的價值，而一味地反抗唯科學主義也並非完全合理。科學的方法，科學態度就是客觀的方法，客觀態度，就是理性的態度，這種方法在總結、整理人類文化遺產中是有價值的。如果說中西文化俱是知識與生命共同體，那麼科學與生命的雙重研究進路可以相互欣賞，相得益彰。在這裏，我們批評牟先生對西化主義，唯科學主義的態度，並非是不理解先生。當西化主義盛極一時候，當唯科學主義肆虐泛濫，無孔不入的時候，牟先生等人獨立特行，毅然站出來維護傳統，提倡生命以對治理智一層論，對世人實具有鎮靜之作用。牟先生是孔孟之信徒，當代之大儒，如對這個時代的西化主義、理智主義無動於衷，他就不是孔孟之信徒，當代之大儒。「聖賢易地而皆然」，孔孟復生，亦當如是做。故而，我們對牟先生的批評並非是立足於他那個時代，他那個處境下的批評，而是立足於現時代，超越乎其外的批評。這種批評與牟先生本人是不相應的，亦是無意義，但對現時代則有意義。

## 二、中國文化是「綜和的盡理之精神」下的文化系統 西方文化是「分解的盡理之精神」下的文化系統

牟先生認爲，孔子廣大了周公制禮的意義，開闢了中國文化生命的全幅精神領域。這個精神領域可以說廣大無邊，但它有一中心要領，這就是由孟子的「仁義內在」而確定性善。仁義是由於如何調護安頓我們的形而下的自然生命而顯出的一個道德生命，理性生命。我們不僅有一生物的生命，自然的生命，更有一異質的生命，道德的生命。依此，仁義必內在，而性善必成立。孟子的哲學就是「仁義內在，性由心顯。」仁義禮智是心之德，由心而見性。這個心性是先天而內在的，是無條件的。「這個心性一透露，人之所以爲人的『道德主體性』（Moral Subjectivity）完全壁立千仞地樹起來。上面通天，下面通人。此即爲天人合一之道。內而透精神價值之源，外而通事爲禮節之文。」[13]因此義理所極成的文化系統，牟宗三先生稱之爲：「禮樂型的文化系統」，以與西方的宗教型的文化系統相區別。從仁義內在之心性言，他又稱之爲「綜和的盡理之精神」下的文化系統，以與西方的「分解的盡理之精神」下的文化系統相區別。

所謂「綜和的盡理之精神」的綜和就是「上下通徹，內外貫通」之意，而盡理是由荀子的「聖人盡倫者也，王者盡制者也」和孟子的「盡其心者知其性也」以及《中庸》之盡己之性，盡人之性，盡物之性等綜攝而成。盡心、盡性、盡倫、盡制，統概之曰盡理。「盡心盡性是從仁義內在之心性一面說，盡倫盡制則是從社會禮制一面說。其實是一事。盡心盡性就要在

禮樂的禮制中盡，而盡倫盡制亦就算盡了仁義內在之心性」[14]在牟先生看來，心、性、倫、制皆是理性生命，道德生命之所發，故皆可曰「理」。故而，這種盡理是「綜和的盡理。」「其所盡之理是道德政治的，不是自然外物的，是實踐的，不是認識的或『觀解的（Theoretical）這完全屬於價值世界事，不屬於『實然世界』事。」[15]中國的文化生命完全順這一條線而發展。

西方文化生命的源泉之一的希臘，則首先把握「自然」。他們是在外在的自然中表現其心靈之光。生命是內在的，自然是外在的。「所以中國人之運用其心靈是內向的，由內而向上翻；西方則是外向的，由外面向上翻。」[16]由外而向上翻，就是把握自然宇宙所以形成之理。其觀解的是自然，而能觀解的「心靈之光」就是智，所以西方文化是智的一方面特別凸出，是「智的系統。」

智的文化系統背後的根本精神是「分解的盡理之精神。」「分解」具有三義，一是抽象義；二是偏至義；三是善用概念義。一抽象，完整而具體者就被打開而破裂之，抽象了這一面就不得不捨棄了那一面，偏至就產生了。偏至於某一面，則概念即形成確定，人們就須遵循概念之路以前進，始彰分解之所以爲分解。分解的精神是方方正正的，是層層限定的，用《易經》的話說就是「方以智」的精神，而中國「綜和的盡理之精神」則是「圓而神」的精神。「至於『分解的盡理』中之『盡理』，從內容方面說，以邏輯數學爲主。若籠罩言之，則其所盡之理大體是超越而外在之理，或以觀解之智所撲著之『是什麼』之對象而特別彰著『有』之理（Being）。」[17]牟宗三所說的「分解的盡理之精神」，就是希臘的「學之傳統」。他甚至以爲由希伯來而來的宗教傳統下的基督教精神，也是分解的盡理之精神。因爲基督教精神是隔離的、偏至的，這種隔離的、偏至的精神一方面表現在基督教爲證實上帝之絕對性、純粹性，遂放棄現實的一切，乃至放棄現實的生命，另一方面人與上帝之間睽隔不通，人永遠不能爲上帝。而在中國文化中，人可以與天地萬物爲一體，人人可以爲聖人，因而中國文化是「圓盈形態」的文化，而西方文化是「隔離形態」的文化，基督教爲「離教」，而儒教爲「圓盈之教」。

中西文化兩大系統在其長期發展過程中，中國文化仁的一面特別彰著，而智的一面則始終未能獨立地彰著出來。西方文化在其長期發展中，成就了科學和民主政治，然而卻始終未轉出生命的學問。不過牟先生堅信中西文化是可以會通的，其背後的精神也是可以相互消融的。他說：「因爲西方的文化生命雖是分解的盡理之精神，卻未嘗不可再從根上消融一下，融化出綜和的盡理之精神。而中國的文化生命雖是綜和的盡理之精神，亦未嘗不可再從其本源處，轉折一下，開闢出分解的盡理之精神。這裏將有中西文化會通之途徑。」[18]

自嚴復起，中西文化就成爲研究者的熱衷話題，經五四時代的洗禮，這種研究已由表面現象的陳述轉向根本精神的探求。牟先生所謂的「綜和的盡理之精神」和「分解的盡理之精神」是就頂尖一層而言，是終極的。事實上，人類文化是一多面體，任何反映這個多面體一面的理論都具有解說文化的功能，但任何一種解說都有其局限性，都不能說是絕對的、終極的。借用牟先生的話說，任何理論範式都是抽象的，一抽象就取了這面象，而捨棄了另一面象，都具有偏至義、限定義。理論的解說與詮釋有能亦有限，萬能的理論永遠也不會出現。不過，相對五四時代比較理論而言，牟先生上述兩個命題的確更具有根源性。梁漱溟先生曾言，「西方文化是以意欲向前要求爲其根本精神的」，「中國文化是以意欲自爲調和，持中爲根本精神」，「印度文化是以意欲反身向後要求爲其根本精神的」[19]。可見梁亦認爲他發現了中西印文化的根本精神，認爲中西印文化的不同是由對意欲這一人類本質問題的不同態度造成的，而牟則認爲中西文化的不同決定於思考問題的方式不同，這兩種解說何者更有根源性肯定會由於使用的判斷標準不同而發生異議。但可以說，二者都是現時代的深刻理論，都具有不可取代性。

## 三、以氣盡理——西方文化周期斷滅論所依據的原則
## 以理生氣——中國文化所以悠久之超越原則

斯賓格勒（Oswald Spengler，一八八〇——一九三六），德國哲學家，歷史學家。斯氏認爲，每一民族的歷史文化猶如生物個體一樣，都有其產生、長成以至於解體或死亡的過程，每一單獨的文化系統如埃及、印度、中國、希臘、西方等都會經歷同樣的生命周期。牟宗三先生稱斯氏的這一理論爲周期斷滅論，而此周期斷滅論所不自覺地依據的原則爲「以氣盡理」。以氣盡理，未有不竭之時。而超越此原則之上的原則爲「以理生氣」，以理生氣，可引生無盡的未來，而永不斷滅。西方文化的基本精神就是以氣盡理，而中國文化的基本精神爲以理生氣，故而西方文化周期斷滅，中國文化永久廣大。

所謂「以氣盡理」，就是「順生命之凸出而盡量用其才情氣者」或「文化成果就等於才情氣撲向一具體對象而在具體對象中盡理所成之產品。」[20]牟認爲，生命是一強度的歷程，故它

必須服從拋物線的原則。而人類的歷史文化不能不依靠人之生命去創造，而創造又不能不依靠才、情、氣。才、情、氣皆從生命之強度發。才情氣俱是能，俱是材質的。這時的精神以才情氣爲主，心靈只在才情氣中用，只表現爲一無色之能的精神。而文化之創造而成爲文化成果不能不靠發自生命之才情氣，即不能不靠能。才情氣這個能天然是外向的，天然是發散的。生命之強度表現而爲才情氣，即是生命之發散，亦即是生命之凸出，而不是生命之收斂。科學、哲學、宗教、藝術、文學，乃至政治形態，社會形態，俱是才情氣撲向一具體對象而在具體對象中所成之產品。當然，這裏盡理不是德性之理，而是外在的事物之理。西方人就是順著生命之發散，使用其才情氣以撲向對象而盡其理者。它是一往不回頭的凸出，順生命之凸出而滾下去。「順之則生天生地，逆之則成聖成賢」，西方人只有順，而無逆。順之則才情氣用事，逆之則德性用事。順之則產生文化成果，逆之則成就聖賢人格。西方人不能在逆中講學問，亦不了解此境界，更無聖賢人格。他們的科學或哲學，都是在才情氣之撲向對象中完成，其宗教亦是在撲向上帝這一對象中完成。西方人重天才，重英雄，天才與英雄俱是在才情氣中用事。牟先生指出：「西人順生命之凸出而盡量用其才情氣，故神工鬼斧，繁興大用，眞是生天生地也。然一往順之不回頭，則其生命之強度與才情氣之強度，必有耗竭之時。此決不能無限拉長。此蓋爲必然者。」㉑由是而觀照各民族之文化創造，故有周期斷滅論。

牟先生認爲，西方人順生命之凸出，冒出一超越之理想，而由才情氣以赴，因此而產生了各種文化成果，然而在矢向和對象中，生命必外在而分裂，故而西方文化多頭發展。而在生命與才情之凸出中之精神，「必以智爲領導，或必以智的形態而表現，此即吾所謂分解的盡理之精神」。「而分解的盡理之精神，使用概念之精神，自覺地求表現之精神，以及唐先生（唐君毅，引者注）所常讚美他們的超越精神，客觀化其理性之精神，尊重個人自由之精神，及其文化之多端發展之精神，皆是此『以氣盡理』形諸外所結成的種種形態。」㉒「以氣盡理」和「分解的盡理之精神」都是就西方文化系統的背後精神而說的，但「分解的盡理之精神」是就西方文化的背後精神展現方式、表現形態言，而「以氣盡理」則是就西方文化的成因言。前者是用以分析西方文化的主要特徵，後者是用以占斷西方智慧與文化的命運——周期斷滅。

牟宗三先生認爲，生命之凸出，才情氣之奔赴，是文化生命之創造，文化成果之出現不可少者，因而，不獨西方文化，任何人類文化都是如此。西方文化的不足在於它只知「順之則生天地」，而不知「逆之則成聖成賢。」它只有一往不回頭之順，而無一種逆回來以潤澤生命、調護生命、安頓生命之學問。而中國文化的核心就是生命的學問，故而「中國文化是在『以理生氣』之原則下進行，故知文化所以悠久之道。」㉓

他認爲中國文化是由「以氣盡理」逆回來而講「以理生氣」。正是「先由生命之凸出逆回來而呈露『無我無人之法體，統天先天之悲願，』故能以理生氣，引生無盡的未來，而決然主張文化不斷也。」㉔而文化不斷的超越原則就是由悲願無盡所成的「以理生氣」。故「中國文化生命所走的途徑乃是『逆之則成聖成賢』的途徑，乃由順生命之凸出之常情途徑轉了一念，逆回來先由德性以涵潤生命與才情氣，而不欲使之多表現。」㉕與西方文化「順之」之路不同，中國文化是「逆之」之途徑。中國之智慧與學問俱從此「逆轉」中開出，逆轉而見德性，以德性涵潤生命，調護才情氣。儒、釋、道三家無不如此。在儒家，孔子言仁，孟子道性善，首言「浩然之氣」，認爲「浩然之氣」至大至剛，配義與道，集義所生，以明確道出「以理生氣」。宋明儒更是講涵養、察識、居敬以及致良知。牟先生認爲這一切都是透露本源，以理生氣。故在中國只重視聖賢豪傑，而不是重視天才英雄。儒家以德性化才情氣，而引生眞氣，而道家是收攝生命與才情氣，而不使之外露，與儒家無二，且甚於儒家。後來之佛家，「在此逆轉上以顯自然生命以上之心靈」，[26]與儒、道亦相同。所以「逆轉之以潤生護生」，是中國學問之大智慧，此大智慧可總名曰「心性之學。」[27]

他認爲，心性之學最大的作用就是「以理生氣」，此是文化不斷之超越原則，亦是實踐之超越原則。在牟先生看來，歷史發展總是升降隆替的，總是曲折宛轉的。然而根據心性之學之以理生氣，則歷史縱在斷潢絕港、極端晦否之時，人心風俗雖已極端陷溺，人之生命雖已極端墮落淫靡，然一念不昧，則當下即「獨握天樞以爭剝復」，「以理生氣」不是知解的原則，而是實踐的原則。以此原則觀歷史，不是居於旁觀者的態度，而是把各人的生命拉進歷史文化中直接承擔起來的態度，一種自我作主的態度，參與的態度，直就吾之生命與歷史文化大流相貫通。總之西方文化的原則是以氣盡理，故有「周期斷滅」之說，中國文化是在以氣盡理之原則上逆轉而開出以理生氣。前者之理是外在事物之理，後者之理是德性之理，正是自然之氣有盡，而心願之理無盡，引生亦無盡。故以理生氣，能引生無盡的未來而不斷滅。這就是中國文化悠久之道。

牟先生乃至所有當代新儒家們都認爲西方應向東方文化學習文化之所以悠久的智慧。但這種智慧的根據何在？人們大都未言。牟先生將其揭示出來了，那就是以理生氣，就是心性之學。因而他要求西方人重視中國心性之學的意義和作用，以謀求其文化生命之無窮。同時他亦指出，「以理生氣」和「以氣盡理」，「順之」之途徑與「逆之」之途徑，應相資相補和諧爲一。

牟先生以爲文化有特殊性，亦有世界性（會通性），特殊性無盡，會通亦無盡。中國文化沒有科學，今後定會轉出，沒有民主政治，今後定會轉出，西方沒有心性之學，亦定要逐漸轉出。總之「德的文化價值，智的文化價值，美的文化價值，都要各循其文化生命之根，在無限發展中，步步實現出來。」㉘在這種會通之中，中國文化不僅保持其悠久之道，而且還會實現其民主與科學的價值，西方文化亦然。這樣，人類文化就由路向上的對立，轉而爲不同層面上的相互觀摩，相互會通，這是牟超越的地方。

牟先生運思常出新意，其用詞亦十分獨特，像「以氣盡理」和「以理生氣」只是牟先生獨創詞匯之一例。而諸如此類的用語在牟先生那裏十分常見。這些詞匯非用一番心思鑽研是弄不通的。牟先生曾言：「我之寫文章，就好像是一個藝術品之鑄造。鑄造成了，交付出去就算完了。我沒有必期人懂之意念。我把道理說出來，置諸天壤間，悟者自悟，迷者自迷。」㉙這樣就給續者讀其書造成了一定程度的困難。

## 四、中國文化的生命特徵——理性之運用表現

### 西方文化的生命特徵——理性之架構表現

就中西文化的根本精神所展現的方式言，牟宗三先生將中國文化生命的特徵概括爲「理性

之運用表現」，西方文化的生命特徵概括爲「理性之架構表現。」

理性之運用表現，這裏的理性不是抽象的理論理性，而是就具體生活而言的實踐理性，運用就是「作用」或「功能」之意，「表現」是指「據體以成用，或承體之用。」[30]「運用表現」就是禪宗所謂的「作用見性」，宋明儒者所謂的「即用見體」，《易經》所謂的「於變易中見不易。」理性之運用表現就是「德性之感召，或德性之智慧妙用。」[31]它是生活，是智慧，亦是德性，是三者的有機交融。這種理性表現主要表現在如下三個方面：

一、就人格方面說，聖賢人格之感召是理性之運用表現。牟先生認爲孟子的「君子所存者神，所過者化」這兩句話最能體現理性之運用表現之意義。聖賢人格之感召，聖德之「神」，聖德之「化」，並不需要經過一個媒介，一個橋樑，不需要任何媒介，當下即是，一下子就感召和化解了他。

二、就政治方面說，牟先生認爲理性之運用表現就是儒家的德化治道。中國過去的政治形態是君主專制，君主專制根本缺陷是政權在皇帝。這一缺陷造成政權之行使與取得未有一定之常軌，打天下，治亂循環，宮廷政變成爲政權交替的唯一方式。對此，以往儒家始終未能找到一妥善的解決辦法。如是結果其唯是一把握不放者即在想德化此代表政權之皇帝。而德化皇帝之歸宿則落在治道上，而對於政道則不提。「這是以治道之極來濟政道之窮」，[32]使治道單線地一條鞭地發展至最高形態，從而產生了儒家的德化治道，道家的道化治道，法家的物化治道。儒家的德化治道的最高境界和最後的歸宿即是「乾道變化，各正性命，保合太和乃利貞」，而道家的道化治道則是「各適其性，各遂其生」。牟先生對莊子的「魚相忘於江湖，人相忘於道術」兩語甚爲欣賞，認爲德化與道化的治道就是使人民與萬物均得其所，「人民忘掉政治，君相忘掉他們的權位，個個皆撒手讓開而守其『獨』。此爲徹底散開之個體主義。」㉝這種徹底散開的個體主義如果說是政治，那麼它是「高級的政治」，「超政治」，是「神治」，非是現代意義的政治。此種治道，「皆係君相之德之妙用，『所存者神，所過者化』之應用於君相，亦即是理性之運用的表現。」㉞

三、就知識方面說，牟先生認爲理性之運用表現在道德心靈之「智」收攝於仁而成爲道心之觀照或寂照，從而成就了智的直覺形態，而非知性形態。在中國，道心之觀照萬物有兩個特點，（一）是非經驗的，（二）是非邏輯的。前者是說知識的獲取不需要耳自之感觸，亦不受耳目之限制，後者是說思想形式的出現不需要通過辨解的推理過程，亦不需要邏輯的程序和數學的量。這種非經驗、非邏輯數學的知，當然不能成就科學知識。中國以前講學問即以德性爲主，則心之智用即必然收攝於德性而轉成一種德慧，此德慧就是理性之運用表現。這種運用表現永遠也不能成就科學知識。

牟先生對理性之運用表現上述三方面的說明，實際上兩句話即可概括，那就是中國文化「有治道而無政道，有道統而無學統。」有治道、有道統是以說明中國文化境界之高，無政道、無學統亦說明它落實不足。理性之運用表現實際上是「綜和的盡理之精神」的進一步說明，它旨在探求中國文化優劣得失的根本原因，以及克服其不足的現實道路。下面讓我們再看看他對「理性之架構表現」的論述。

理性之架構表現中之理性不是實踐理性，而是理論理性，架構表現（constructive

presentation,frame presentation），即對列表現。「它的底子是對待關係，由對待關係而成一『對列之局』（Co-ordination）。是以架構表現便以『對列之局』來規定。」[35]牟先生認爲西方文化生命的展現形態就是「理性之架構表現」。而科學與民主恰恰是架構表現的成就。他從政道、政治、國家、法律、科學知識等五方面來展現架構表現的內容。

一、政道就是安排政權之道。牟先生認爲，在政權之取得上，根本改變打天下的局面，「政權由寄托在具體的個人上轉而爲寄托在抽象的制度上。」[36]人民有政治上獨立的個性，即意識到自己是一政治之存在。這樣人民就成爲國家元首的對立體（敵體），在這種對立體的關係上政權才從個人身上拖下來，使之寄托在抽象的制度上，使大家總持地共有之。此政道出現，則民主政體出現，對待關係與對立之局始成。

二、就政治言，近代的政治意義不是古代的聖君賢相的吏治意義，它是隨民主政體下來的民主政治，民主政體下的政治運用只是選舉被選舉而取得定期之治權，故而此政治之運用亦是理性之架構表現。

三、就國家言，近代國家亦是理性之架構表現。「國家是因人民有政治上的獨立個性而在一制度下（政權的與治權的）重新組織起來的一個統一體。」[37]以往統一是靠武力硬打下來的統一，人民無獨立的政治意義，只是被動體，因而這種統一，是虛浮無實的統一，這種國家亦不是眞正意義上的國家。故而，以往中國只是一文化單位，而不是國家單位。

四、就法律言，中國以往的法律只是倫常法，不是獨立意義的法律。近代意義的法律是人民政治自覺的產物，它不是一面倒地爲當權者所訂定，故而它是理性之架構表現。

五、就科學知識言，科學知識的成立，主要依靠兩個條件：一是經驗，二是邏輯數學。知識成立決不能離開主客體的對偶性。在認知中，外界被推出去成爲認識的對象，而主體亦成爲認知的主體，這兩者均在對立關係中而凸現，因而科學知識亦是理性之架構表現。

牟先生認爲理性之架構表現是現代化的基本精神，中國社會之所以有治道而無政道，有吏治而無政治，只有道統而無學統，究其原因是在中國文化生命裡缺乏理性之架構表現這一現代精神。而西方的民主政體，近代國家，科學知識恰恰是這一精神的表現。理性之運用表現和理性之架構表現是中西文化生命的區別所在，而這種區別導致中西文化不同的歷史結局。在中國它直接導致了民主與科學的難產。足見牟宗三亦不局限於問題的表面現象的陳述，而是試圖穿透社會的表面現象，去把握「學統不出，政統不建」的本質原因。

牟先生對「理性之運用表現」和「理性之架構表現」之是非得失作了衡定，他認爲，論境界，理性之運用表現高於理性之架構表現，也就是說中國文化高於西方文化。所以「中國不出現科學與民主，不能近代化，乃是超過的不能，不是不及的不能。」[38]但由於缺少了理性之架構表現這一環，故使中國文化未出現近代意義的國家政治法律，未出現邏輯、數學和科學。這就導至了中國文化「一方面有很高的境界，智慧與氣象，另一方面又是空蕩蕩的，令近人列舉的頭腦發生太慘的感覺。」[39]牟畢竟是中國文化的摯愛者，是一位現代儒者，故而他在揭示中國文化的缺點的同時，又肯定了中國文化高於西方文化。

牟先生觀照問題，有其堅定的立場和鮮明態度，那就是中國文化的立場和儒者的態度，這一立場和態度就是，理性之運用表現高於理性之架構表現。蓋因爲這一文化問題是中國所必須面對的問題，也是吾人自己所必須能擔負得起而解決之的問題，即中國文化自己必能轉出理性之架構表面而消融科學與民主，以達至現代化而善化之之境。這不是西方人的問題。若順西方文化之基本精神一條鞭地滾下去，則中國文化必將先毀滅，此決非人類之福。

## 五、中國政治思想展開的理路——理性之內容表現　西方政治思想展開的理路——理性之外延表現

就中西政治思想展開的理論路數言，牟宗三先生稱中國的政治思想，尤其是儒家的政治思想全幅是「理性之內容表現」，而西方的政治思想爲「理性之外延表現。」

牟先生認爲，「理性之內容表現」與「理性之外延表現」中的「內容」和「外延」皆是方法上的借用，並不是言理性之內容和外延。表現理性，有是內容地表現之，有是外延地表現之。所謂內容地表現之，「是說對政治一概念本身既沒有客觀地表現其理性，以成就此概念之自性，復沒有在具備客觀的內容與外延之政治概念自性下以表現其理性，而單就生活實體上事理之當然，自『仁者德治』之措施與運用上，以表現其理性，故爲『理性之內容表現』。」[40] 所謂外延地表現之，「則內容即限在一定界域中能使一概念當身之自性，因客觀的內容與外延之確定而被建立。雖不能盡其具體之牽連與出入，然而可以使人正視每一概念之自性。此雖不免於抽象，然在政治上，(乃至科學知識上)卻是必需的。此即西方文化生命所走之途徑，所表現的理路。定義，內容，外延，這一起根本都是『理性之外延的表現』。」[41]

可見，牟先生這裡所使用的內容表現與外延表現並不是通常邏輯學意義的內容和外延，在

邏輯領域，無內容就無外延，無外延亦就無內容，內容與外延相互規定，誰也離不開誰，可以說內容是外延確定下的內容，而外延是內容的外延。牟先生將內容表現與外延表現分屬於中西兩大政治思想系統，也就是說它們可以分別成立，這顯然不是上述內容與外延的意義。故而，牟先生稱是「方法上的借用。」這種借用表示中國政治思想和西方政治思想之差異。在中國，政治思想之表現不是概念地表現之，而是生活地表現之；而西方則純是概念的心靈。中國政治不能盡政治概念當身之自性，從而使中國政治無論從內容，還是外延都不能被穩定，不能盡其方正之界域；以概念的心靈視政治，故而西方政治無論從內容，還是從外延講，都被客觀地穩定住，界域清，西方之政治不免於抽象，而界域不清，中國之政治則流於漫蕩和軟罷。

就政治自身言，牟先生對理性之內容表現與理性之外延表現又作了簡潔的說明。他說：「由『仁者德治』所開出的『物各付物』之精神與『就個體而順成』之原則是『理性之內容的表現』，而通過階級對立以爭人權，權利，自由，平等，並進而論國家之主體，政府權力之分配與限制，則是『理性之外延的表現』。」㊷就具體內容說，理性之內容表現就是尊生命、重個體，主觀服從客觀，即治者服從人民的政治樣式。他認爲，在這一政治樣式中，「直接以主觀服從客觀」是其最高原則。主觀是治者，客觀是人民。主觀服從客觀就是視人民如其爲一存在的生命個體而還之，全幅讓開，「順此存在的生命個體所固有之人性人情而成全之以至達乎人道。」㊸這是一個全幅敞開而不是封閉的社會，不是強人從己的社會。它是直接就人民爲一存在的生命個體而注意其具體的生活，價值，與幸福，而被體認出的。牟先生認爲這就是「理性之內容表現。」他還詳細列證了孟子思想對理性之內容表現作了多角度的說明：孟子曾向齊宣王言，要王者憂民之憂，樂民之樂，牟先生認爲這就是主觀服從客觀，這就是尊重生命個體之情感。孟子言「王如好貨，與百姓同之」，牟先生認爲這是富藏於民，則國富，亦是尊重個體生命而富有之。孟子追求「內無怨女，外無曠夫，」言「王如好色，與百姓同之」，牟先生認爲，這是言與民同成其家室，使人民得有康樂安定之生活。牟先生認爲所有這些憂樂與民共之，好貨與民共之，好色與民共之，皆是「民之所好好之，民之所惡惡之」之意，這就是德治天下之最高原則。這個原則根於仁心，體現了仁的精神。它是德治之極致，是個體主義之極致。他說：「主觀敞開，服從客觀，則客觀方面即全散開而落在『存在的生命個體』之『各適其性，各遂其生』之『各正性命』上：無騷擾，無矯揉，無懸隔，無設計，個體落實地還其爲個體，此爲儒者『理性之內容的表現』之德治之極致。此種全幅讓開散開的德治亦可以說是內容表現上如實如理的個體主義之極致。」[44]

牟先生進而就理性之內容表現所體現的政治原則與現代意義的民主作了比較，指出這種內容表現自然不是現代意義的民主，但其所表現的物各付物之個體原則亦不與今日民主政體之下的個體原則相悖，而今日民主政體下的個體原則，不過是對「內容表現」之個體原則的充分實現而已。總之，就民主政體講，儒家的德治不是民主的，但就內容講，它是民主的。他說，中國儒家德治原則「是理性之內容的表現，民主之內容的意義；而今日之民主政體，由西方所首先表現者，則是理性之外延意義的表現，民主之外延意義，此是確定民主爲政體者。」[45]就後者言，中國以往儒者之政治理路未進至此地步。在中國古代政治思想中，尤其在儒家的政治思想中，有無民主是學術界衆說紛紜的問題。對這一問題的不同回答直接關係到對民主的認識，對中國古代文化，尤其是對儒家政治思想的評價。在嚴復、陳獨秀、胡適等西化主義者看來，中國古代非但沒有民主，而且它所體現的精神和由此精神所外化的政治制度處處與民主相抵觸。康有爲、熊十力等人認爲民主在中國古已有之。梁漱溟也認爲：「中國非無民主，但沒有西洋近代國家那樣的民主。」牟宗三先生的上述觀點是試圖平息近代以來的有無民主之爭。然而事實上牟先生的觀點是梁氏的注腳。只不過梁氏沒有詳細說明中國民主和西方近代民主的區別，而牟則對這一問題充分證成了而已。

牟先生立足於儒家人文主義立場，深刻地揭示了中國政治思想中有無民主的問題。然而牟先生對這一問題的揭示是建立在儒家理想的基礎之上的，並非是建立在對中國現實政治考察的基礎上的，憂樂與民共之，好貨與民共之，好色與民共之，「民之所好好之，民之所惡惡之」，只是儒家意想中的王者，所臆想中社會圖式，它決不是幾千年中國社會現實，而儒家的上述臆想在歷史上根本就沒有出現過。如果誠如牟先生所說中國有內容的民主，那麼這種內容的民主仍舊存在於儒家思想家的理論中，並非存在於現實的社會中。

西方理性之外延表現是一種在政治概念諸如自由、平等、人權、權利等的限定下尊生命、重個體的政治樣式。這種理性表現在政治上的最大成就是建立了民主政體，形成了種種法律，契約等等。但由於法律、契約等的死板性、限定性、被動性，從而給社會帶來了種種的不足。西方人就是在種種法律，契約架構，限制中生存活動，在這種限定中人們忘記了順適調暢個體的內在生命。在外在的綱維夾逼中，西方人「各爲利來，各爲利往，盡量地鬆馳，盡量地散亂，盡量地紛馳追逐，玩弄巧慧，盡量地庸俗浮淺，虛無迷茫。不復見理性在那裡，理想之根在那裡，人生宇宙之本源在那裡。一方外在地極端技巧與文明，一方內在地又極端虛無與野蠻。」㊻這段話對西方理性之外延表現的批評是相當冷峻與尖刻的，他試圖將西方社會的負面、污穢的東西全部抖出來，以回敬西化主義者對於西方社會的一味崇拜。但牟並非全盤否定理性之外延表現的價值，相反，他認爲，「要找社會世界之律則，要在政治世界中找堅實可靠的基礎，這外延表現畢竟是一條路，在西方還須首先順這條路找，而且在我們也須參考這條路。」㊼

在牟先生看來，中國僅有「內容表現」固然不夠，但西方只有「外延表現」亦有缺陷。西方成就了民主政體，固然可貴，而中國之內容表現「不但不能說無價值，而且其價值很高。」㊽中西之間皆有其長處，亦皆有不足，中西會通，可以取長補短，「以內容的表現提撕並護住外延的表現，令其理性眞實而不蹈空，常在而不走失；以外延的表現充實開擴並確定內容的表現，令其豐富而不枯窘，光暢而不萎縮。」「以我們的內容表現之路之眞實，定常，而易見，配合彼之外延表現之客觀性與業積性，則人類社會世界與政治世界之理性律則與堅實基礎，即呼之欲出而確然無疑矣。」㊾中西會通，中西合璧以解決中國文化的出路，以解決全人類所共同面臨的問題，是牟先生的終生企求。

從中西文化比較的角度去把握中國文化的本質特徵，是近百年來國人所熱衷的話題。學術界、思想界曾數度興起中西文化大論戰，這些論戰歸根到底只想通過對中西文化本質特徵的比較，以探中國的現實出路。然而，縱觀這些論戰（包括五四論戰）的內容大都停留在文化的表層上，泛泛而談。諸如什麼西方是動文明，東方是靜文明，西方是物質文化，東方是精神文化等等。牟宗三超越前人之處，是他穿透文化的表面現象，抓住中西方文化的深層結構和內在精神，由此出發來談論中西文化的本質特徵，討論中西文化的優劣得失，窺測中國文化乃至世界文化的未來走向。他的成功在於他尋求到了觀照文化、解釋文化現象獨特法式，諸如「分解的盡理之精神」，「綜合的盡理之精神」；「以氣盡理」，「以理生氣」；「理性之架構表現」，「理性之運用表現」；「理性之外延表現」，「理性之內容表現」等等，這些比較不是具體的現象列舉，而是當下抓住決定種種文化現象的背後精神，現象舉列浮泛無準，而本質精神則確然有定，這是牟先生的超越往聖時賢的主要原因。

當然，牟先生的對中西文化的比較既非盡善盡美，其一，牟先生在比較中西文化時，好造新名詞。在牟先生，這些令人費解的新術語也許能表達他思想的眞義，但給人的印象是生疏、冷峻，缺乏理論的親近感，也影響了其理論的感染力。其二，諸如「綜和」、「分解」、「架構」、「運用」、「內容」、「外延」等等仍然是如胡適所說是些「整齊好玩」的公式，用二分法來解析文化，難免有將複雜的問題簡單化之嫌。

## 注釋

❶《道德的理想主義》《修訂版序》。

❷同上。

❸《認識心之批判》《序》。
❹《道德的理想主義》《修訂版序》。
❺《政道與治道》《新版序》。
❻《歷史哲學》第一六四頁。
❼同上。
❽同上書，第一六五頁。
❾《生命的學問》第三五頁。
❿同上書，第三七頁。
⓫《道德的理想主義》，第二二七—二二八頁。
⓬《心體與性體》第一冊，《序》。
⓭《歷史哲學》第一六六頁。
⓮同上書，第一六七頁。
⓯同上。
⓰同上書，第一六八—一六九頁。
⓱同上書，第一七〇頁。
⓲同上書，第一七四頁。
⓳梁漱溟《東西文化及其哲學》，第三五頁，八一頁，商務印書局，一九二三年一月。
⓴《道德的理想主義》第二一七—二一八頁。
㉑同上書，第二一八頁。
㉒同上書，第二一九頁。
㉓同上書，第二二〇頁。

㉔ 同上。
㉕ 同上。
㉖ 同上書，第二三二頁。
㉗ 同上。
㉘ 《道德的理想主義》第二二五頁。
㉙ 《生命的學問》第四頁。
㉚ 牟宗三《政道與治道》第四六頁，台灣學生書局，一九八三年十月版。
㉛ 同上書，第四七頁。
㉜ 同上書，第四八頁。
㉝ 同上書，第四九頁。
㉞ 同上。
㉟ 同上書，第五二頁。
㊱ 同上書，第五三頁。
㊲ 同上書，第五三—五四頁。
㊳ 同上書，第五一—五二頁。
㊴ 同上書，第五一頁。
㊵ 同上書，第一四三—一四四頁。
㊶ 同上書，第一四四頁。
㊷ 同上。
㊸ 同上書，第一一七頁。
㊹ 同上書，第一二〇頁。

㊺ 同上書，第一二三頁。
㊻ 同上書，第一五九頁。
㊼ 同上。
㊽ 同上，第一五七頁。
㊾ 同上書，第一六〇頁。

## 第二節　中國文化缺乏民主與科學之故

牟先生對中國文化優劣得失的評價，可有兩語概括之，即「有道統而無學統」、「有治道而無政道」。道統即由孔孟所開闢的內聖成德之教，政道即權力安排之道，具體地說就是客觀化的政治制度，就是近代化的民主政體。學統是指獨立的科學知識之統。「有道統而無學統」、「有治道而無政道」是說由孔孟所開闢，爲歷代學者傳承的內聖成德之教和儒家德化治道是中國文化之所長，而民主不建，獨立的科學之統不出則爲中國文化的兩大不足，亦是中國文化的根本癥結之所在。

### 一、中國政治之困局

對中國古代政治癥結的診斷是牟宗三先生長期思考的問題。這個問題實質上是中國社會的根源問題，此問不解決則中國一切問題的解決皆無從談起。牟先生以其深刻的哲學睿智，對中國政治癥結準確地把握和透闢的分析，提出了許多超越古人的見解，韻味深遠，很值得品評。

牟先生認爲，古代中國，只有治道而無政道，只有吏治而無政治，亦可說是政道與治道合一。在中國，政權以馬上打天下得之，從而導致了治亂循環的悲慘局面。他指出政道是相應政權言，治道是相應治權言，中國以前於治道方面，已進至極高之自覺境界，而於政道則始終無辦法。在他看來，自有史以來，人類社會經歷了封建貴族政治、君主專制政治和立憲民主政治三種形態，而任何一種政治形態都有其政道。然而，在中國由於馬上得天下，政權的取得唯是靠打，唯是寄托在個人或民族部落身上，正是在這個意義上說中國有治道而無政道，即政權的代替無一正常的運轉軌道。

牟宗三對政道有兩種解釋，一是關於政權的道理，一是安排政權之道。他認爲在中國取得政權者爲帝王，而帝王之取得政權其始是由德和力，其後是由世襲。政權的取得，開始時，個人必須積德，必須具有相當的正義與理想，並足以伸張大義於天下，但只有德而無力，亦不能衝破腐敗之物化勢力，自己之義、理想亦不足於廣被於天下，故而以武力打散膠固，除民衆寃苦，是實現其價值的必要條件。這就是中國以前「革命」、「馬上得天下」或「打天下」。「革命」一詞在中國出現甚古，商湯伐桀、周武伐紂，皆爲革命，「是以革命者變更政權，取得政權之謂也。」❶漢劉邦出自布衣，以「馬上得天下」，曠古未有，亦爲革命。劉邦以前，是以氏族部落之方式取政權，劉邦以後便是個人打天下取得政權。這說明封建貴族始逐漸崩解，君主專制政治正式開始。

然而「革命」也好，「馬上得天下」也罷，政治均寄托於具體個人或氏族部落身上。而

「政權既寄託在具體之個人或氏族部落上，則即不能有客觀合法之軌道以產生作爲元首之帝王。」❷在此情形下，若相關政權而問道，則必曰，其開端並無道，只有打。

在中國以往歷史中，政權靠打取得，其開始即無道，似乎繼起有道，此道即依宗法世襲。牟先生認爲世襲亦非眞實之政道，它不足以極成政權之爲「靜態實有」。依牟先生，政權不是一物，可以取得來、拿得去，它是不可取、不可拿的「靜態之實有」。依宗法之世襲制，在商表現爲「主親親，篤母弟」，政權之交替正是以親親之仁愛爲原則，兄終弟及。到周代則爲「主尊尊，篤世子」，政權交替以尊尊之義爲原則，父終子及。他認爲商代之世襲並未自覺到依客觀之法度軌道爲繼體，至周公制禮，客觀法度始燦然明備。政權依托於個體或氏族部落身上，依世襲制度可以維持久遠，政權便成爲「不可變滅」的靜態的實有。但將政權寄托於具體個人身上或一家之血統身上，雖有世襲法度以延續之，但終不能完成其爲一不可變者。這主要原因有二：其一，政權是可取的。既然是可以取得來的，必然也就能拿得去，其二，繼體之君不能常有德有能而合乎君之理。當君主之生命墮落，君主之心靈昏迷，非但不能造福人民，反而會禍害天下，故而人民起而打散它，亦是理不容已。再說君有爲君之理，君有爲君之格。宋徽宗可以是一藝術家，李後主亦可以爲一文學家，然而則不能盡合君主之理格。因其不合，故政權被拿去，亦是理之順至。故而牟宗三先生指出：「宗法世襲之爲政權之道，並不能眞成爲政權之道也。」

由是他指出中國政治的矛盾困境，他說：

政權在理上講不斷，而事實上又不能不斷，既寄托在個人上，可以取得來，當然亦可被拿得去，而又意想其爲不斷，不應被拿得去，此皆是一矛盾。政權一概念之本身即陷於矛盾中，而無法完成其恆常之本性，以歸於其自身之一致。而前賢對此矛盾，始終未能正面思以解之，而對於由政權一概念之陷於矛盾中所成立之政治困境，歷史困境，甚至文化困境，亦始終無法衝得破。此處不能不說是以後儒者思想上之缺憾。❸

牟先生認爲這就是中國政治的一大困局。此困局的形成與解決自然有歷史條件的原因，不純爲思想。然而，中國前賢對政權之反省，對於政道之建立，不能順概念之本性，一一考核、思辨出應然之理路，開出觀念上之模型，則是問題癥結之所在。他說：「吾於此常感中國學人之思考方式常是直覺而具體的，常是不能轉變的，不能由概念之思辨以撐開」。這是造成中國政治困境的主要原因和根本癥結。

牟宗三所謂的無政道是指中國以往之政治形態對解決這一困局根本無辦法，即在政權之安排上根本無辦法。政權安排無辦法從而致使政權可以「馬上」取之，亦可被「馬上」拿去，打天下，治亂循環。政道不足，中國傳統儒者試圖以治道補之，故使中國之治道發展至極高形態，然而治道終爲政道所累，爲政道所限。他說：

只有治權之民主，而無政權之民主，則治權之民主亦無客觀之保證，而不得其必然性。而真正之民主則寄托於政權之民主。若論治權之民主，治權方面之「天下爲公，選賢與能」，則三代以後及秦漢以後，皆事實上已時有之，而原則上亦普遍肯定之。故吾謂中國有治權之民主也。……秦漢以後，士人握治權，則治權民主之門尤開擴。故云事實上時有之，原則上亦普遍肯定之。然政權不民主，則時有而不必有，即無客觀保證也。原則上雖普遍肯定之，而若無政權之民主以冒之，則此原則孤立而無效，亦不能得其客觀之保證也。此義胥見於宰相地位之不能得保證。是以中國以往雖有治權之民主，而仍爲君主專制也。❹

中國，在政道方面無辦法，試圖以治道之極來補政道之窮，然而由政道不民主，致使治道之民主無客觀之保證。這樣政治困局相環而生，一方面是士人握治權，另一方面是大皇帝，即一方面爲治權之民主，一方爲政權之專制，代表治權的士人對代表政權的皇帝並無約束力，制衡力，唯一把握不放者乃想德化皇帝，使皇帝由王而聖，成爲聖王。而皇帝對代表治權的宰相則可以任意地罷黜乃至殺戮。牟先生曾詳細分析這種只有治權之民主，而無政權之民主的不足。

其一，這種不足表現在「得天下」方面儒家的「推薦」「天予」的公天下觀念不能作爲一合理的制度而形式地被建立起來，從而在「天與賢，則與賢，天與子，則與子」上說已成爲無限連續下去的「家天下」觀念。這是「理性之內容表現」之不足，亦是治權之民主之不足。

其二，在「治權」方面說，治權之民主之不足表現爲「人存政舉，人亡政息」。「理性之內容表現」，治權之民主所開的「物各付物」的個體主義精神是靠仁者的德性來支持的，或者是靠聖君賢相來維持的。但仁者，聖君賢相是可遇而不可求。牟先生指出，如以二帝三王爲仁者之標準，則王霸乃至由劉邦所開出的那些英雄，皆不合乎此標準。因他們皆是以力打天下和把持天下，由此足見「仁者之德」之難求，亦顯出儒家理想之迂闊少功。其次仁者之德治，必含「人存政舉，人亡政息」。靠仁者之德性運用，則必是「現時法」，而不見普遍性。因爲每一仁者之德性運用皆是獨一無二的，皆是創造的，它並沒有形式的確定性。因而「仁者德治」之觀念完全是理性之內容表現上的「人治主義」，是重人不重法，終不能建立起眞正的法治。其三，只從治者個人一面想，治者擔負過重，開不出「政治之自性」。在「仁者德治」的觀念下，「唯仁者宜在高位」。這就是說必以聖人爲王，即聖王。聖王落實於君相上，必然是「聖君賢相」。君而不聖，不得爲君，相而不賢，不得爲相。「唯是從治者個人方面着重其德量之提高」，「仁者用心如日月，仁者德量同天地。對於治者之要求如此其高，即是加重其負擔。」❺對治者之德性要求如此之高，其負擔如此之重，則人民對於國家、政治、法律，即成爲無負擔者，至少負擔過輕。而政治的本質即政治之自性是不能單從治者一面想的，必須從治者與被治者兩方面著想，故而中國亦未能開出「政治之自性」。

牟先生並不是研究中國政治思想史的專家，自然他對問題的分析和把握沒有政治思想史專家分析的細膩與全面，然而，他是以一位當今之世少有的哲學家，他以其精湛的分析技巧和敏銳的洞察力，對中國政治困局的分析令許多專家教授的分析都黯然失色。他的見解確有獨到之處，亦有令人讚嘆之處。可以說他對中國政治困局的分析足以成爲現代的一大慧果。

衆所周知，近代以來，尤其是嚴復、譚嗣同以來，思想家們猛烈地抨擊封建專制主義，讚揚歐美之自由民主。至五四時代，這種批判、讚揚已帶有十足的感情色彩，達到了空前激烈的程度。然而，一般學者卻鮮有對中國政治作出冷靜分析者，亦鮮有能揭示出中國政治的困局者。中國問題的癥結究竟在哪裡？牟先生對這個問題的分析已超越了五四時代，也就是說他已經由對傳統政治情緒型批判深化爲對中國政治困境的理智探討，深化爲對中國政治出路的尋求。

在中國近代史上，雖說鮮有能客觀對待中國政治問題者，但自幼接受西式教育，且爲共和而奮鬥終生的孫中山先生是一例外。他首先把政權與治權分開，充分注意到了中國政治的長處，他把中國的考試制度和檢察制度提取出來，加以發展，同西方的三權制度相結合，創立了「五權憲法」理論，這足以說明孫中山先生不流俗、不追趕時尚，而冷靜、理智、負責地解決中國政治問題。牟宗三先生對中國政治問題透闢的揭示恰恰是順孫中山先生的理路繼續展開。這一步展開從而進一步證成了孫中山政治學說。❻

牟宗三先生對中國政道與治道的分析具有某種整合近代政治理念衝突意義。中國古代究竟有沒有民主，近代以來兩種相反的觀點同時並存，勢如冰炭，認爲中國古代有民主者，無法面對中國幾千年來封建專制主義的現實，而認爲中國古代沒有民主者，亦不能棄「天下爲公，選賢與能」、「民貴君輕」等觀念而不顧，二者對中國政治的解說皆有不盡，皆有不圓滿處。而牟先生將政權之民主與治權之民主分開，將民主的內容意義和外延意義分開，從而解決了這一理論難題。在他看來，中國既有民主，又沒有民主，中國有治權之民主，而沒有政權之民主，而政權之民主不僅是眞正意義上的民主，近代意義上的民主，而且它還是治權民主的客觀保證。而沒有這一保證正是中國既有民主而又爲君主專制的根本原因。

## 二、中國未出現民主政治之故

牟宗三先生認爲中國雖有治權之民主，中國之「物各付物」「各正性命」的觀點的確能體現個體主義之精蘊，然而，中國的的確確亦沒有出現西方意義上的民主，沒有政權之民主，沒有外延意義之民主。在他看來西方民主的出現有兩個原因：一是現實的因緣，二是本質的因緣，中國這兩者俱缺，故而向君主專制一路走，不向民主一路走。

在西方，自古就有階級對立，而階級對立是民主政治出現的現實因緣。他們是以階級或集團的對立方式爭取公平正義，訂定客觀的制度法律以保障雙方對自己的權利和對他人的義務。就本質上講，西方文化背後的精神是分解的盡理之精神，這種精神必然是向外的，與物爲對的，必然是使用概念，抽象地概念地思考對象。這種向外，與物爲對的思維方式表現在政治方面是階級集團對立，而概念、抽象地思考對象表現在民主政治上則爲集團地對外爭取，訂定制度與法律。

而中國之所以未產生民主政治恰恰在於缺少在西方產生民主政治的現實因緣和本質因緣。牟先生指出：「中國政治史何以不向民主制一路走，而向君主制一路走，而且在以往二千年中，何以終未出現民主制，其故即在，從現實因緣方面說，是因爲無階級對立，從文化生命方面說，是因爲以道德價值觀念作領導而湧現出之盡心盡性盡倫盡制之『綜和的盡理之精神』」。❼牟先生認爲中國自古即無固定的階級之流傳，就無階級對立。他引用梁漱溟先生的話說，中國社會是「倫理本位，職業殊途。」《禮記·郊特性篇》說「天下無生而貴者」，牟先生認爲這就是中國沒有階級觀念的明證。在他看來，中國文化裡的貴賤只是一個價值觀念，並不是階級觀念。他還認爲中國社會的發展亦不是階級鬥爭推動的結果。像社會大轉變的春秋戰國時期亦不以階級鬥爭而轉出。那時君、民、士從西周之貴族制及井田制的崩潰中解放出來，但這種解放並不是以階級的姿態去與貴族鬥爭取得的。「惟因貴族、士、民皆不以階級姿態出現，故君、士、民之解放出來，一方徒成爲貴族政治上地位之消滅於無形，一方士與民亦未自覺地訂定其權利與義務。」❽對君言，只是解放出來了，並未確定其權限，亦無一超越君之上之法律限制之；對民言，其只是解放出來而成爲自由民，成爲國家之分子，然而這種自由只是被動地放任，並無眞實意義。他稱這種解放爲「無限制的敞開」。對士言，其解放出來握治權，只成爲後來之宰相系統，雖可說治權之民主，而卻並無客觀之保障。如是，他說，君、士、民「只是解放出來了，而並無一個政治法律上的道理回應之，安排之。」❾這就決定了中國社會不能向民主制一路走，而向君主制一路走。

沒有階級對立，只是中國未出現民主政治的現實因緣，而中國文化生命裡只有「綜和的盡理之精神」，而缺乏「分解的盡理之精神」才是其本質原因。他說：「順綜和的盡理之精神而發展，其用心唯是以成聖賢人格爲終極目的，因而政治方面亦只成爲聖君賢相之形態，即此便使中國以往歷史發展不能出現民主政治。」❿在中國，只成就了「道德主體」，實現了「道德主體自由」，並未開出一政治主體。

爲了進一步探求中國文化之所以未出現民主政治之故，牟先生又從「理性之運用表現」

和「理性之架構表現」，「理性之內容表現」和「理性之外延表現」等方面加以說明。理性之運用表現和理性之架構表現旨在說明中國只有治道而無政道，只有吏治而無政治。順治道之單線發展，近代意義的國家，政治，法律無從出現。「是故中國以前是一文化單位，不是一國家單位，它是一天下觀念；而政治方面則只有吏治而無政治，（因政道無辦法故）；而法律則只維持五倫之工具，賞罰之媒介，其本身無獨立之意義。」[11]而政道、政治、國家、法律、科學知識恰恰是理性之架構表現的產物。牟先生借助「理性之內容表現」和「理性之外延表現」力圖解決中國過去究竟有無民主的問題。在他看來，中國只有「內容意義」的民主，而無「外延意義」之民主，就是說儒家德治，道家的道治在治權上，在理性之內容表現上是民主的，而在政權上，在理性之外延的表現上是不民主的。

在牟先生看來，中國文化有道統而無學統，有治道而無政道，這一有一無體現了中國文化與西方的差別，體現了中國文化長處與不足，這裡的有與無，足與不足是由中國文化背後的根本精神決定的。旨言之，是因爲在中國文化生命裡，只有「綜和的盡理之精神」，而缺少「分解的盡理之精神」；只有「理性之運用之表現」，而缺少了「理性之架構表現」；只有「理性之內容表現，而缺少了「理性之外延表現」。這就是中國文化問題的全部癥結之所在。

牟先生對中國未出現民主政治原因的分析，無疑是深刻的。他穿透中國政治問題表面現象直接就中國政治的底蘊加以探究，以打開中國政治之黑箱系統，解開中國政治紐結。中國許多政治問題癥結政治學家未能充分意識到，反而爲這位哲學家所揭穿了。牟先生對中國政治史研究給人以清新之感。

但是，我們也注意到牟先生對中國政治的探討有其長處，亦有其不足。他對中國未出現民主政治的分析是政治的和文化的，然而一十分重要的分析——經濟的分析爲他有意避開了。就文化分析言，他充分注意到中西文化、中西民族的文化差異，思維方式的差異，但對中西社會的時代差異重視不夠。實質上，中西之間的政治差別主要是時代問題，即是古典和現代的落差問題，但這一問題恰恰爲牟先生所忽略。

## 三、中國未出現邏輯、數學、科學之故

牟先生認爲，邏輯、數學、科學是「概念心靈」的結果，是智的「知性形態」的結果。西方文化系統是智的系統，其背後的精神是「分解的盡理之精神。」這種精神其外在的表現就是概念的心靈（conceptual mentality），而概念的心靈就是智之知性形態（understanding-form）。故而在西方文化裡形成了近代的邏輯、數學和科學。

可是在中國，無論是儒家，還是道家，知性形態始終未彰著出來，智之獨立系統始終未彰著出來。道家，無論是老子的《道德經》，還是莊周之《莊子》，對知性境界和超知性境界都意識的很清楚。《道德經》開頭就言「道可道，非常道，」從而把可道世界和不可道世界區分開來。可道世界是現象世界，是可用一定的概念去論謂的世界。不可道世界是不能用一定的概念去論謂的世界，它是本體世界。道家對可道世界或知性境界的事未能正面而視，就轉向了超知性境界或不可道世界，故而概念心靈未彰著出來。

儒家對知性領域的事，順俗而承認之，不抹殺，亦不顚倒，但他們亦不曾注意其詳細之歷

程以及確定其成果。他們的用心在道德政治、倫理教化，不在純粹的知識。他們順盡心盡性盡倫盡制之路而透至超知性境界。而透到超知性境界則是以「仁」爲主，惟在顯「德性」，「惟德性一顯，本心呈露，則本心亦自有其靈光之覺照，即自此而言『智』。此『智』即在仁心中，亦惟是仁心之靈覺。儒家從未單獨考察此智以及其所超過之『知性之智』。」⑫儒家的仁心就是天心，道德的本心，非認知心，其所講的智是一種超知性形態的圓智，非邏輯、數學之智，牟先生指出：

智，在中國，是無事的。因爲圓智神智是無事的。知性形態之智是有事的。惟轉出知性形態，始可説智之獨立發展，獨具成果，（即邏輯數學科學），自成領域。圓智神智，在儒家隨德走，以德爲主，不以智爲主。它本身無事，而儒表亦不在此顯精采。智只是在仁義之綱維中通曉事理之分際。而在道家，無仁義爲綱維，則顯爲察事變之機智，轉而爲政治上之權術而流入賊。依是，人究竟是人，不是神，人間究竟是人間，不是天國，而無事之圓智亦只好在道德政治範圍而用事。

一個文化生命裡，如果轉不出智之知性形態，則邏輯數學科學無由出現，分解的盡理之精神無由出現，而除德性之學之道統外，各種學問之獨立的多頭的發展無由可能，而學統亦無由成。此中國所以只有道統而無學統也。⑬

中國文化的一切毛病，一切苦難，均由於未能轉出近代的民主與科學。而民主不出是由於在中國文化傳統裡未彰著出國家政治法律方面的「客觀實踐形態」，科學不出則在於在中國文化傳統裡未彰著出「知性形態」。中國文化在其發展中，徹底透露了天人貫通之道，透露了本源形態，可以說是上達有餘。然而它就此本源形態停住了，未能向下撐開，可以說它是下開不足。這就是中國之所以未產生近代民主與科學的癥結所在。

近代以來，不少學者試圖揭開中國文化何以未出現西方民主與科學的謎底，實事說明，許多人並未獲得眞正的成功。當然，我們不能說牟宗三先生完全揭開了這一謎底，但牟先生的確將這一問題引向了深入。他與許多傳統文化的摯愛者不同，那些人不願承認中國文化缺乏民主與科學的嚴酷事實，而牟先生不僅承認了這一事實，而且還進一步探究造成這一事實的原因。這一點上他接近於西化主義者。但西化主義者對傳統文化的批判是情緒的，外在的，而牟先生則是立足於儒家人文主義之立場，對傳統文化的批判是一種內在的自我批判。儒家人文主義思潮由梁漱溟、熊十力發展至牟宗三，已由儒學的復興轉向儒學的再造，由內聖成教的現代闡釋轉向本內聖而開外主。就這一點言，牟先生是現代新儒家的眞正發言人。

## 注釋

❶《政道與治道》第二頁。

❷同上書，第四頁。

❸同上書，第九頁。

❹ 同上書，第一〇一一一頁。
❺ 同上書，第一三八頁。
❻ 牟宗三曾說，他的「政道與治道是相應孫中山先生所說的政權治權而言」，足見他對孫中山學說的某種繼承。
❼ 《歷史哲學》第一八五頁。
❽ 同上書，第一八四頁。
❾ 同上書，第一八五頁。
❿ 同上書，第一八三一一八四頁。
⓫ 《政道與治道》第四九頁。
⓬ 《歷史哲學》第一七七頁。
⓭ 同上書，第一八〇一一八一頁。

## 第三節　中國文化如何實現現代化

牟宗三先生研究中國文化的終極目的，是尋求中國文化現代化的現實道路，創造性地重鑄中國文化，實現中國文化的現代化。他認爲，中國文化欲實現現代化，從根本精神處講，就是要由「綜和的盡理之精神」轉出「分解的盡理之精神」，由「理性之運用表現」轉出「理性之架構表現」，由「理性之內容表現」轉出「理性之外延表現」。從現實處言，就是道德理性經自我坎陷開出民主與科學。

## 一、「良知自我坎陷」說的提出

據牟宗三先生的早年弟子傅成綸先生回憶，牟先生的自我坎陷說提出在一九四七年四、五月間。他說：一九四七年四、五月間，他同牟宗三先生住在一起，牟先生曾輾轉反側，數夜難眠，反覆思索，一天早上起來，驚喜若狂，大聲告訴他，終於把問題想通了，這就是「良知自我坎陷」說。

以上是傅成綸先生在濟南山東大學舉辦的「牟宗三與當代新儒家學術思想研討會」上所作的發言。這個發言無疑是傅先生親身經歷的事實。不過，這個事實至今尚未發現文字材料以爲佐證。因而我們斷言，牟先生這時雖已出現了良知自我坎陷說這一思想，但他並未對這一思想進行系統的理論闡述。

當然，「坎陷」一詞來源甚古，《周易》《說卦》言「坎，陷也。」高亨先生說：「坎爲水，水存於窪陷之處，故坎爲陷。」❶就坎卦之卦象（☵）看，上下兩爻爲陰，中間一爻爲陽，有上下貫通之意。牟先生所謂的坎陷，有陷落，開發、開出、自我否定等意義。

牟先生在四十年代完成的《認識心之批判》一書，就曾使用了坎陷一詞。他說：「理解陷於辨解中始能成知識，而陷於辨解中必有成就其辨解之格度。是以格度之立全就理解之坎陷一相而言之。此一坎陷是吾人全部知識之形成之關鍵，是以論知識者皆集中於此而立言，寖假遂視此爲全部理解相狀之所在，而不復知其只爲一坎陷之相狀。」❷牟先生所謂的理解也就是理性思維，理解之坎陷就是理解之運用或起用。在他看來，了解了坎陷的全過程，也就了解了知識的完成。這就是說，人類知識的構成過程就是理解之自我坎陷全幅外用過程。他把這一過程分爲四步，第一步是理解坎陷其自己形成時空相，第二步坎陷湧現出一因故格度，承因故格度而立範疇之運用，第三步坎陷湧現出一曲全格度，順此格度，承範疇之運用，而措置四種定然命題，第四步坎陷湧現出二用格度，二用格度只內處於四種定然命題中而聯貫之使其成爲一有機之發展。這種有機發展牟先生稱之爲「坎陷中之辨解的辨證發展。」他認爲既有理解之自我坎陷，亦有其提起。所謂提起是對坎陷的破除，是指認識心之自發的創造性。在這裡，坎陷或理解自我坎陷只是一認識論或認識論範疇，它是指人類理性思維在形構知識過程中的有機發展過程。這裡的坎陷具有陷落、展開之意。

牟先生在四十年代並沒有將「坎陷」一詞運用於現實領域，尤其是用它來解說中國文化的現實出路問題。至到一九四九年，牟先生在《儒家學術之發展及其使命》一文中，仍然未在民主與科學的開出上使用自我坎陷一詞。他指出：儒學要轉進第三期，如欲以新的姿態表現於歷史，「端賴西方文化之特質之足以補吾人之短者之吸納及融攝。」所謂西方文化的特質就是民主與科學。這說明牟先生仍然是把西方的民主與科學當作異質的文化融攝與吸納之。這就是說牟先生並不是從中國文化自身生成的角度，而是從中西文化匯通的角度看待民主與科學。

一九五三年，牟先生在《中國文化的特質》一文中，使用了「曲折」一詞，與上面所謂的融攝與吸納已有很大的區別。他說：

> 中國的文化生命之向上透，其境界雖高，而自人間之實現「道德理性」上說，卻是不足

的。……這表示中國以前儒者所講的「外王」是不夠的。以前儒者所講的外王是由內聖直接推出來：以爲正心誠意即可直接函外王，以爲盡心盡性盡倫盡制即可推出外王，以爲聖君賢相一心妙用之神治即可函外王之極致：此爲外王之「直接形態」。這個直接形態的外王是不夠的。現在我們知道，積極的外王，外王之充分地實現，客觀地實現，必須經過一個曲折，即前文所說的轉一個彎，而建立一個政道，一個制度，而爲間接的實現：此爲外王之間接形態。亦如向上透所呈露之仁智合一之心須要再向下曲折一下而轉出「知性」來，以備道德理性（即仁智合一心性）之更進一步地實現。經過這一曲折，亦是間接實現。❸

「曲折」與「融攝」的不同在於二者思考問題的出發點不同，前者是從中國文化生命本身，即從其內在發展的流向上去洞察問題，解決問題，而後者是從中西文化溝通、交融、相互借鑒的角度去看問題和解決問題，應該說「曲折」比「融攝」更具有「儒家本位主義」的特徵。可以說這種由內聖、由道德理性曲折而來的民主與科學，不再是異己文化的攝入，而是其自身生命的展開和演進不可或缺的環節。由內聖而所發生的「曲折」已涵有「良知自我坎陷」的意義。

五十年代中期，牟先生在《理性的運用表現和架構表現》一文中，正式使用道德理性自我坎陷來解決中國文化的現代化問題。他認爲，從內聖、道德理性的運用表現中直接推不出民主與科學來，因而道德理性只有通過自我坎陷即自我否定才能成爲觀解理性（理論理性），從而才能成就民主與科學。由此而後，自我坎陷才在牟先生的著作中盛行和通用起來。牟先生不僅用它來解決中國文化的現實出路問題，而且還把它作爲溝通中西哲學、中西文化的橋樑，把它作爲聯結道德與知識、聖與人、本體界與現象界的樞紐。

## 二、道德理性之自我坎陷——開出民主與科學

牟宗三先生認爲：中國文化的主流是儒學，儒學是內聖外王本末一貫之學。傳統儒學講外王，講事功，講治國平天下，是順著內聖直接講，認爲正心誠意可直接涵外王，以爲盡心盡性盡倫盡制可直接推出外王，因而外王也就成了內聖的作用表現，但民主與科學不同於修齊治平，它不是外王之直接形態，它是一種「新外王。」這種新外王與道德理性有關係，但不是直接的關係，它是一種間接關係，民主與科學有其獨特性。這就是民主與科學同道德理性是一種既獨立又相關的關係。這一關係說明「從內聖之運用表現中直接推不出科學來，亦直接推不出民主政治來。」❹也就是說沒有道德理性，固然不能有民主與科學，但有了德性亦不必然就直接有民主與科學。既然從道德理性直接推不出民主與科學來，因而它就需要「曲通」，就需要「一種轉折上的突變」，需要一種「逆」其自身的東西。牟先生說：

> 德性，在其直接的道德意義中，在其作用表現中，雖不含有架構表現中的科學與民主，但道德理性，依其本性而言之，卻不能不要求代表知識的科學與表現正義公道的民主政治。而內在於科學與民主而言，成就這兩者的「理性之架構表現」其本性卻又與德性之道德意義與作用表現相違反，即觀解理性與實踐理性相違反。即在此違反上遂顯出一

個「逆」的意義。它要求一個與其本性相違反的東西。這顯然是一種矛盾。它所要求的東西必須由其自己之否定轉而爲逆其自性之反對物(即成爲觀解理性)始成立。❺

這就是說道德理性所要求的東西是與其本性相違反的東西，與其本性相違反的東西就是觀解理性的東西，這是一種矛盾。但這種表面的矛盾卻存在著深層的、內在的一致。這表明只有在這種逆的意義中才能滿足道德理性的要求，實現道德理性的願望，也就是說道德理性只有在「逆」中才能「客觀地實現」其自己，這就是曲而能通，不曲則永遠也不能通，永遠也不會出現民主與科學。因而以民主與科學所代表的新外王非邏輯推理所能盡，乃辯證發展之必然。

牟先生認爲德性所需要的「逆」，所需要的「轉折上的突變」，就是其自己否定自己，就是道德理性之自我坎陷。只有經這一步坎陷，才能開出民主與科學。具體講：

科學代表知識，是「眞」的一種表現形式。道理性是指導吾人行爲，其直接作用是成就聖賢人格。牟先生指出：「誠心求知是一種行爲，故亦當爲道德理性所要求，所決定。」「既要求此行爲，而若落下來眞地去作此行爲，則從『主體活動之能』方面說，卻必須轉爲『觀解理性』(理論理性)，即由動態的成德之道德理性轉爲靜態的成知識之觀解理性。這一步轉，我們可以說是道德理性之自我坎陷(自我否定)：經此坎陷，從動態轉爲靜態，從無對轉爲有對，從踐覆上的直貫轉爲理解上的橫列。」❻道德理性之自我坎陷就是開出逆其自身的對立物——理論理性。理論理性是科學知識的基礎，而理論理性就其本性而言，與道德不相干，由此而形成的科學知識亦與道德不相干，這樣，道德就成爲中立之道德，而科學亦成爲獨立之科學。牟先生認爲，中國文化是仁智合一，以仁統智的文化，中國文化之智是「圓智」「神智」，是無主、客對列的超知性形態之智，這種智是仁心所顯發，隨德走，在仁德的籠罩下而沒有獨立意義。道德理性之自我坎陷就是使仁讓開一步，使智在仁智合一的文化模型中暫時冷靜下來，暫時脫離仁，成爲「純粹的知性」，開出智之獨立系統。

在牟先生看來，智之獨立系統亦就是學統，學統所體現的成果就是代表知識的科學。儘管牟在不同場合所使用的名言不同，究其實質是一。那就是使中國文化由仁智合一、以仁統智走向仁智雙行，使智成爲獨立之智。但智之獨立性，科學之獨立性是有限的，並不是無限的。牟先生認爲，當科學家內在於科學本身，可以不管其道德理性的關係，但從外在於科學作反省時，尤其從人性活動和人的文化理想來說，則科學不能與道德理性截然分開，二者可以「相輔助以盡其美。相制衡以佉其弊。」❼在牟的心目中，道德理性是價值之源，它優先於知識，優先於科學，科學是道德理性之客觀實現，科學亦只有在道德的制衡才能盡其利而去其弊。

自民主言之，民主政體之實現亦是道德理性所要求，或者說民主政體之出現就是道德價值之最高、最大的實現，但道德理性「欲實現此價值，道德理性不能不自其作用表現之形態中自我坎陷，讓開一步，而轉爲觀解理性之架構表現。」「當人們內在於此架構表現中，遂見出政治有其獨立的意義，自成一獨立的境域，而暫時脫離了道德，似與道德不相干。在架構表現中，此政體內之各成分，如權力之安排、權利義務之訂定，皆是對等平列的。因此遂有獨立的政治科學。」❽這樣一來，人們對政治問題的討論就成爲純政治學的討論，力求清楚確定合理公道，至於投射此合理公道的道德理性，則被劃出界外，道德成爲獨立之道德，政治成爲獨立之政治。

道德理性之自我坎陷，開出民主與科學，即是關聯中國文化的特徵講的，亦是立足中西文化大會通的角度立言的，就中國文化言，它即是陷落，又是升華，就境界說，爲陷落；就現實言，是升華，從中西文化大會通的角度講，它是吸納與融攝。這一理論提出本身就具有重要的價值。

## 三、「良知自我坎陷」說的意義

牟先生認爲，中國文化生命表現爲「綜和的盡理之精神」，而缺少「分解的盡理之精神」，它只有「理性運用之表現」，而缺少「理性架構之表現」。在綜和的盡理之精神的支配下，順理性之運用表現而趨，可以成就聖賢人格，產生德化的治道，出現智的直覺形態，但決不會產生客觀化的政道（民主）和智的知性形態（科學）。後兩者是「分解的盡理之精神」下的產物，是理性架構表現的成果。因而政統的建立和學統的開出，從根源意義上說，就是中國文化生命由「綜和的盡理之精神」轉出「分解的盡理之精神」，由「理性運用之表現」轉出「理性架構之表現」，道德理性的自我坎陷實質上是中國文化生命的進一步生成，完善和發展。

中國傳統文化未能產生近代的民主與科學這是不待爭論的事實，至於爲什麼未產生民主與科學，學術界則見仁見智，莫衷一是。然而，眞正能深入中國文化的深層結構以探求其機制的缺陷，則並不多見，而牟先生的見解可謂這方面探求具有代表性的觀點，這種觀點多發前人所未發，令人深思。

近世以來，尤其是五四以來，呼喚民主與科學的聲音響徹九州，不絕於耳。然而，怎樣才能在具有幾千年自身文化傳統的中國實現民主與科學，學術界並未探尋出令人滿意的方式或方法。而牟宗三先生的「自我坎陷說將中國文化走向現代化的探求從『爲何』的層面深化至『如何』的領域，即從由對中國文化現代化一般性理論探討深化爲現實性道路的尋求。」❾應當說道德理性自我坎陷說深化了中國文化現代化的探討，具有重要的理論價值。

自我坎陷說的重要意義也許在於它認爲民主與科學的實現是中國文化進一步發展、完善的必要環節。這種學說並不僅僅把民主、科學視爲西方的特質文化，而且它還將民主與科學視爲天下之共器，人間之共法。因而中國文化對於民主、科學並不僅僅作爲異質的文化吸納之，它更是中國文化自身發展的必然趨向。

立足於中西文化融和的角度，牟宗三先生的自我坎陷說並未有也不可能衝破道德中心主義的樊籬，他始終未有忘記以道德宗教作爲民主與科學的核心，生命之源。但當他將中西文化視爲兩個異質文化自然融和時，自我坎陷說並不是扭曲民主與科學以順從道德理性，而是要求道德理性自我否定，自我坎陷，要求其自身來一個轉折上的突變，這就意味著爲應付西方文化挑戰，爲使自身進一步完善，中國文化之生命大原必須作有限度的調整。這裡暫稱這種調整爲「曲己以應人」。當我們跳出自我坎陷說之外，從中西文化交流的角度來觀照這一學說時，它無疑向人們表明：不是西方的民主與科學改變自身以適應中國文化，而是中國文化必須自我轉換以適應民主與科學。近世以來，人們常謂中國文化是一大染缸，在西方一切行之有效的方針、措施、法令，一移植入中國就百弊叢生了，牟先生要求中國文化自我否定，以適應民主與科學，對這種問題也許會得以解決。

自我坎陷說具有積極和消極兩層含意，從積極的角度講，它力圖發掘儒家文化向現代轉進的潛能，就消極的意義說，它要求否定掉那些有礙於民主與科學在中國產生、形成、發展的不利因素。就前者言，牟先生認爲政統的建立，學統的開出是道德理性的最大的願望和要求，認爲民主與科學的出現是中國文化進一步發展不可或缺的方式。就後者言，他認爲要實現民主與科學，中國文化必須經過自我否定，道德理性必須經過轉折上的突變。問題雖然從兩個方面說，而目標只有一個，那就是實現中西文化的自然融和，實現道德、政統、學統的有機統一，實現其儒家第三期發展的文化理想。

當然，道德之理性之自我坎陷開出民主與科學的學說有能亦有限，它既不是包醫中國百病的靈丹妙藥，亦不是點石成金的神方仙術。它是理論、是學問。過分相信這一理論的現實效應，認爲這一理論完全解決了中國的民主與科學問題是幼稚的，而認爲這一理論缺乏因果的必然就完全抹剎它的理論價值，甚或認爲它是主觀唯心主義的變戲法則是誤解。牟宗三是哲學家，不是政治上的設計師，民主與科學的實現不僅僅是理論問題，更是現實問題，不是少數理論家的問題，而是整個民族問題，以這種問題要求牟宗三，是不切實際的。

總之，牟宗三的道德性之自我坎陷開出民主與科學，與黑格爾的「精神之內在有機發展」並不相同，與黑格爾的異化亦存有著重大的差異。道德理性之自我坎陷開出民主與科學並不像老母雞下蛋一樣，良知生出民主與科學，亦不是良知自我異化爲理論理性，形成民主與科學。其坎陷說的本意是試圖解決道德與知識，現象界的存有論與本體界的存有論，道德理性與民主科學乃至中學與西學的關係問題。這種學說視民主與科學爲天下之共法，人間之共器，對中國文化而言，民主與科學的實現是其進一步生成，完善的必要環節。因而不是民主與科學如何適應中國的道德理性的問題，而是道德理性自我否定，來個轉折上的突變，以適應民主與科學。這是牟宗三先生自我坎陷說眞正意義。

## 注釋

❶ 高亨《周易大傳今注》第六一七頁。齊魯書社一九七九年六月第一版。

❷ 牟宗三《認識心之批判》下冊第一九六頁。

❸ 牟宗三等《中國文化的危機與展望—文化傳統的重建》第三三頁。

❹ 《政道與治道》第五六頁。

❺ 同上書，第五七頁。

❻ 同上書，第五七—五八頁。

❼ 同上書，第五八頁。

❽ 同上書，第五九頁。

❾ 參見拙文《牟宗三先生的自我坎陷說與當代文化癥結》，《當代新儒學文集·外王篇》文津出版社，一九九一年。

## 第四節　儒家人文主義的重建

### ——儒學第三期之發展

牟宗三先生檢討中國文化乃至會通中西文化之目的，在於重建中國文化，開出中國文化的現代形態。他將這一形態概括爲儒家式人文主義的徹底透出，而儒家式人文主義的徹底透出，亦就是開出儒學之第三期。他認爲儒學在歷史上已完成了兩期發展：即由孔孟荀至董仲舒的原始儒學爲第一期，由北宋到明末劉蕺山爲儒學第二期，而今我們國家和民族面臨生死之考驗，中國文化能否經得起考驗，關鍵在於我們能否轉出儒學第三期之發展。在他看來，儒學第三期發展的完成不僅可以爲中國文化打開一條光明的出路，完成中國文化向現代形態的過渡，而且還可以爲人類提示一新方向。現在就讓我們看看牟宗三先生對第三期儒學發展藍圖的規劃。

### 一、儒學第三期發展説的提出

八十年代以來，隨著大陸改革、開放政策的貫徹實施，思想界又一度出現中西文化大討論。中國文化的前途及其命運又一次受到學術界的重視，而中國文化，尤其儒家文化的現實效用又一次引起學術界的爭議。就是在這個時候，杜維明先生從大洋彼岸的美國來大陸，到處宣講儒學第三期發展的前景問題。他的觀點對封閉甚久的大陸學術界猶如一陣清風，使許多學子甚感新鮮，在大陸熱騰騰地喧鬧了一陣子。隨著改革、開放的深入，尤其是隨著海峽兩岸文化交流的深入，人們才意識到這個觀點在海外並不新鮮。四十年代末，五十年代初當代儒學大師牟宗三先生就已提出了這一觀點並對其作了系統的論證和闡述。

牟先生的第三期儒學發展說的提出是近代的思想演進的必然結局。要了解牟先生的儒學第三期發展說，就不能不聯想到五四以後，尤其是四十年代中國思想界的狀態。五四以後，儒學由最具有權威的思想學說變成了人人指責的對象，儒學作爲官方意識形態的歷史結束了。傳統的價值體系崩潰了，分裂了。儒學成了封建主義、保守主義、舊思想、舊倫理、舊文化乃至一切舊的東西的代名詞，成了中國物質文明不發達，封建復辟頑症不時復發，民主不上軌道的總根源。在舉國對孔仇儒的狂暴中，梁漱溟先生獨標走孔家路的旗幟。他以「意欲」的向前要求，調和適中，反身向後爲標準，重新校正西方文化，中國文化，印度文化的意義方位，復又以爲人類文化的這三種路向分別體現了人類文化發展的三個高低不同的階段以適合當時盛行的歷史形態線性進化論。他以文化多元主義爲始，公然否定自嚴復以來就盛行的視中西爲古今的論調；以文化進化論爲歸，大膽預言，現在是西方文化盛行的時代，最近的未來便是中國文化即儒家文化復興成爲世界文化的時代。

梁漱溟先生立足世界文化的廣闊視野，指出了人類文化的三種路向和三個發展階段，預測了儒家文化的最近的前途。這種理論無論是對當時的西化主義者還是文化保守主義者，都是一當頭棒喝！這棒喝宣告了儒學舊形態的結束，儒學新形態的來臨。

在梁漱溟先生的理論問世不足十五年的以後，哲學怪傑沈有鼎先生在南京舉行的「中國哲學學會」第三屆年會上宣讀了《中國哲學今後的發展》的論文。他立足於中國哲學動態的角度，對中國哲學的發展趨向進行了耐人尋味的預測。他認爲，過去的中國哲學和文化經過了兩個時期，從堯舜三代至秦漢是第一期，魏晉南北朝隋唐至宋元明清是第二期，現在將轉進第三期。第一期文化，是以儒家窮理盡性的哲學爲主脈，它是剛動的、創造的、健康的、開拓的、理想的、積極的、政治道德的、入世的，第二期文化以道家的歸眞返樸的玄學爲主脈，它是唯物的、非理想的、恬退的、靜觀的、玄悟的、非社會的、藝術的、出世的。在他看來，中國第二期文化已經結束，第三期文化行將出現。第三期文化是對第二期文化的否定，是對第一期文化精神的回歸。因而行將產生的第三期文化精神將是社會性的、健康的、積極的、創造的。第三期文化的產生將以儒家哲學的自覺爲動因，第三期哲學的形態將是儒家「窮理盡性的唯心論大系統。」從問題的範圍看，梁漱溟先生討論的問題是全世界的，全人類的文化問題。沈有鼎先生討論的是中國文化或哲學自身的問題。從某種意義上說，沈有鼎先生是接著梁漱溟先生的《東西文化及其哲學》話題講的，是對梁漱溟思想的深化或具體化。我們看到，儘管兩人討論問題的範圍不同，立足點不同，但兩人都對文化發展中的「三」字特別感興趣，用「三期」，「三路向」來解說世界文化和中國文化，二人從不同角度都得出了同一結論，那就是儒學最近的未來在中國復興。沈比梁更深刻的是，他不僅認爲儒學是復興，而且指出儒家窮理盡性唯心大系統的出現將展示中國文化第三期的來臨。由梁漱溟到沈有鼎，儒學第三期說之出現可以說呼之欲出了。在沈有鼎先生妙論問世十一年以後，也就是一九四八年，牟宗三先生在《重振鵝湖書院緣起》一文中，首次提出了儒學發展三期說。明確指出：自孔孟荀至董仲舒爲儒學第一期，宋明儒學爲第二期，現在則轉入第三期儒學之創造。由此以後，十餘年裡，牟宗三先生先後完成《歷史哲學》、《道德的理想主義》、《政道與治道》三書，這是其「文化意識及時代悲感最爲昂揚之時」，亦是其文化意識通體展露之時。六十年代至八十年代，他先後完成《才性與玄理》、《心體與性體》、《佛性與般若》等研究中國文化之力作，但「仍不出自三十八年至四十八年（指一九四九——一九五九年，引者注）十年間所發揚之文化意識之規模」❶。牟先生的文化意識就是由孔孟所開闢的「道德的理想主義」，或者曰「儒家式的人文主義」。而儒家式人文主義的核心是第三期儒學發展問題。正如當代新儒家的返本是爲了開新一樣，牟先生疏通前兩期儒學之目的是爲創造儒學之第三期。他同沈有鼎先生一樣，亦以正、反、合的發展模型來概括三期儒學的各自特徵。他說：

> 第一期與第二期兩形態不同。第一期之形態，孔孟荀爲典型之鑄造時期，孔子以人格之實踐與天合一而爲大聖，其功效則爲漢帝國之建構。此則爲積極的，豐富的，建設的，綜合的。第二期形態則爲宋明儒之彰顯絕對主體性時期，此則較爲消極的，分解的，空靈的，其功效見於移風易俗。
>
> 第三期，經過第二期之反顯，將有類於第一期之形態，將爲積極的，建構的，綜合的，充實飽滿的。……更爲邏輯的。❷

沈有鼎先生認爲中國哲學的發展是由儒經過道，重新回歸於儒的過程。牟先生認定儒學是中國文化的主流，魏晉道家的重現，南北朝乃至隋唐佛學的泛濫，皆爲中國文化生命離其自己，爲中國文化的歧出，爲中國之大開，這種大開或離其自己之發展對重鑄中國文化雖有極大的幫助，然而歧出本身不是中國文化生命主調之高揚。故而他認爲儒學之發展是由原始儒學，經過宋明儒學，重新鑄造有類於原始儒學的第三期之儒學。他像沈有鼎先生一樣，認爲原始儒學是積極的、豐富的、創造的、綜和的，而第二期則是消極的、空靈的，而第三期儒學則是對第二期儒學的反動，是第一期儒學的復歸，因而它是積極的、建構的、綜和的、充實飽滿的。可見，牟先生與沈先生討論問題的範圍不同，立足點亦有區別，然而，他們論證問題所使用的方法則是一樣的，其最終得出的結論也是相同的。

「三」在近代中國思想家的頭腦中是一個十分熟悉的觀念，龔自珍就把「萬物一而立，再而反，三而如初，」❸視爲宇宙事物發展乃至人類歷史發展的普遍規律。黑格爾、馬克思的哲學傳入中國，正、反、合；肯定、否定、否定之否定成爲一到處盛行的認識問題的方法。深受斯賓格勒史學觀影響的雷海宗先生也提出了中國文化三周論，他認爲一切偉大的文化都有發展、興盛、衰敗、滅亡的過程，唯獨中國文化例外。中國文化已經過了兩周的發展，由殷商西周至淝水之戰前爲第一周，淝水戰後至今爲第二周，現在我們處在第三周的起點上。❹應當說近代以來的思想家們所面對的問題是相同的，他們賴以考察問題的方法也有驚人的相似之處，然而，他們觀照問題的方位不同，考察問題的動機亦不盡然，故而形成了近代錯綜複雜，色彩斑爛的學術思潮的畫卷。

在這一畫卷中，由梁漱溟、沈有鼎至牟宗三的輪廓是相當明顯的。儘管牟宗三對梁漱溟多有微詞，儘管沈有鼎在中國現代思想中的地位並不顯赫，但由梁漱溟、沈有鼎而趨必然逼至第三期儒學說的出現。依牟先生的說法，梁漱溟在反孔頂盛的時候，「他維護孔子的人生哲學。」「他獨能生命化了孔子，使吾人可以與孔子的眞實生命及智慧相照面，而孔子的生命與智慧亦重新活轉而披露於人間。」甚至「他開啓了宋明儒學復興之門。」❺梁的功績在於否定了西化主義的評判標準，在世界文化的廣闊層面上，再度肯定了儒家學說的價值。沈有鼎先生在當代新儒學發展歷程中，是當代學術的研究者們所忽略的人物，但他的《中國哲學今後的開展》一文，是梁漱溟《東西文化及其哲學》的具體落實和進一步論證。在三、四十年代，也許牟宗三先生並沒有特別注意沈先生的妙文，然而，如以沈先生的思路轉換於儒學領域的研究，自然是三期儒學說的出現。在這裡，我們並不是要抹殺牟先生的學術貢獻，僅僅是爲了印證儒學第三期發展說的出現「理有必至」「勢有必然」而已。

儒學第三期發展說的創立，是牟先生自覺地擔荷起現代儒學學術發展使命的體現。無論是對前兩期儒學的疏導，還是對第三期儒學的理論建構，他皆卓然成一家之言。他的理論基本奠定了儒學現代形態的基本格局。任何從事當代思潮研究的人，可以不同意他的見解，甚至批判他對儒學現代形態的看法，但不能無視這一學說的存在及其與日俱增的影響。

## 二、儒家式人文主義的完成——三統並建

牟宗三先生認爲，第三期儒學與前兩期儒學有著根本的區別。從政治的角度說，這種區別主要有兩點：

㈠以往之儒學，乃純以道德形式而表現，今則復須其轉進至以國家形式而表現。

㈡以往之道德形式與天下觀念相應和，今則復需一形式以與國家觀念相應和。❻這樣，才能盡創制建國之責任，才能實現政治之現代化，而政治現代化的實現，社會經濟方可充實而生動，風俗文物尚可再建。就學術言，儒學第三期之發展「端賴西方文化之特質之足以補吾人之短者之吸納與融攝」。❼名數之學及連帶所成之科學正是西方文化之所長，而為中國文化所短。名數之學不立，科學系統不成，致使以往儒學「能上升而不能下貫，能侔於天而不能侔於人。」在現實歷史社會上，民主政制之建，民族國家之立，亦是西學之所長，中學之所短。國家政制不建，儒家極高明之道只能表現為道德形式，只能有個人精神與天地精神相往來，「而不能有客觀精神作集體組織之表現。」❽不能表現於歷史。因而，國家政制之建立必須融於儒家文化之高明中且充實此高明。這「亦有待於偉大歷史哲學與文化哲學之鑄造也。」牟宗三先生將上述理論精闢地概括為「三統並建」即：

> 道統之肯定，此即肯定道德宗教之價值，護住孔孟開闢之人生宇宙之本源。
> 學統之開出，此即轉出「知性主體」以融納希臘傳統，開出學術之獨立性。
> 政統之繼續，此即由認識政體之發展而肯定民主政治為必然。

牟先生認為道統的肯定，政統的建立，學統的開出，就是儒家人文主義的徹底透出，也是中西文化的自然融攝，亦是第三期儒學的骨架和綱維。在他看來，三統是一有機的，不可分割的整體，他說：「道統，政統，學統是一事。道統指內聖言，政統指外王言，學統則即是此內聖外王之學，而內聖外王是一事，其爲一事，亦猶仁義之與禮樂爲一事。」[9]但道統、政統、學統在現代儒家文化中的地位和作用又有區別：

道統，簡言之，就是由孔孟所開出的「道之統緒」，它是一種比科學知識更具綱維性，籠罩性的聖賢之學，是立國之本，是文化創造之源，是日常生活軌道的根據，是人之所以爲人的根據。他說：「人性之尊嚴，人格之尊嚴，俱由此立。人間的理想與光明俱由此發。」它使人成爲一眞正的人。它是一種文制，即人人皆不能不遵循的生活常軌。若失去了它，社會必然混亂，人類勢必淘汰。在他看來，道統是中國文化的生命。它決定了中國文化的方向和主位性，如果失去了它，即使有了民主與科學也不是中國的身份，而是殖民地的身份了。他認爲，道統之繼續就是中國文化之不斷，因而道統之肯定就是肯定中國文化生命之存在。在牟先生看來，這是中國之所以爲中國的本質，是絲毫也不能懷疑和動搖的根本原則。可見，牟宗三先生對道統的維護和痴愛，毫不遜色於傳統的儒者。然而由於時代的變遷，維護道統的出發點已有了很大的差異。當中國文化遭際生死考驗之時，面對著歐風美雨的狂吹猛襲，面對著中華文化的花果飄零，牟先生認爲維護道統就是維護中國文化，就是維護民族的自尊心與自信心。

政統，即實現民主政治，建立起近代化的國家政治、法律制度，轉出政治生活之文制與常軌，以解決中國歷史上兩千餘年不得解決的治亂循環、宮廷殘殺、士人政治無法超越君主限額的三大困局，以彌補中國政治領域「有治道而無政道」、「有吏治而無政治」的不足。他說：「我們必須知道從周之貴族政治到秦漢後的君主專制是一大進步，從君主專制再進到民主政治又是一大進步。」[10]牟先生認爲由周之貴族政治過渡到秦漢後之君主專制，復由君主專制過渡到民主政治，就是政治形態之統緒。近代化國家的政治法律制度的建立，民主政治的實現是「新外王」的第一義，是其形式意義。在他看來，政統的建立，對道統而言是十分重要的。他指出：如果這個政統建立不起來，「儒家所意想的社會幸福的『外王』（王道）即不能眞正實現；而內聖方面所顯的仁義（道德理性），亦不能有眞實的實現，廣度的實現」。因此，「我們必須了解民主政治之實現就是道德理性之客觀的實現。」[11]牟先生充分意識到民主政治的必然性和必要性。從中國社會政治形態演進的角度看，民主政治的實現是中國社會的內在要求和必然趨向，從中國傳統的政治結構上看，民主政治的實現是中國道德理性之要求，是中國傳統的外王所必需。他認爲，民主政治的實現關係到中國政治能不能進一步伸展的問題。由上足見，牟先生肯認了傳統儒學的嚴重不足，揭示了政治近代化的必然性和必要性，這一肯認和揭示向人們昭明了近代儒者的心靈由封閉向開放的變革。從而使他與傳統儒者區別開來。

學統，即獨立的學術之統。牟先生認爲，傳統儒學只有道統而無學統，學統之開出，就是由道德主體轉出認知主體，以消化希臘文化傳統，開出學術之獨立性，彌補中國無近代科學之缺陷。他指出：儒家文化傳統是「仁智合一」、「以仁統智」的文化形態。在這種仁智合一的文化模型中，智始終隨德走，在道德的範圍內用事，沒有獨立的意義，沒有轉出知性形態之智。現在要求智暫時冷靜下來，脫離仁，成爲純粹的「知性」。從而獨立發展，自具成果，即邏輯、數學和科學。在他看來，學統在三統中占有特殊的地位，因爲道統和政統是「實踐的」，唯學統是「觀解的」。道統是個人的實踐，以成就聖賢人格。政統是群體的實踐，以構成客觀組織。而作爲「觀解的」學統恰恰是整個實踐過程中的一個通孔。這個通孔不可或缺。

他說：「這個通孔缺少了，實踐即成爲封閉的。照一個人的實踐說，一個文化生命裡，如果學統出不來，則在此長期的道德宗教的文化生命中，聖賢的人格實踐是很可能膠固窒塞而轉爲非道德的，而其道德理性亦很可能限於主觀內而廣被不出來，而成爲道德理性之窒死。照集團的實踐說，如果這個通孔缺少了，則眞正的外王是很難實現的。」[12]牟先生雖然主張三統並建，主張三統相互聯繫，相互補充，缺一不可，然而在這一統一體中，三者的地位和作用並不相同。道統是核心，是主導，是政統和學統的生命和價值之源，政統和學統是道統的客觀實現，充分實現。先去了道統，政統和學統將會步步下降，日趨墮落，而失去了政統和學統，道統也會日益枯萎和退縮。牟認爲，三統之說立，就是人文主義的徹底透出，就是「儒家式人文主義」的眞正完成，也就是儒學眞正轉進至第三期之發展。

儒學第三期之發展對中國文化來說是一種宏偉的建構，與當代西方文化尤其是西方社會似乎是相距甚遠。不過，牟先生考察中國文化是以整個人類文化的走向爲背景的。因而它必然涉及西方文化，只是由於中西文化不同，解決它們各自問題的方式不同而已。但牟先生認爲道德理性自我坎陷而來的三統並建之說不僅可以解決中國文化的困境，而且亦有世界意義，將爲人類文化提示一新方向。

十九世紀以來，康德、黑格爾的思辨哲學體系，遭到科學主義和人文主義兩股思潮的嚴峻挑戰，科學主義從實證的角度出發，認爲那些不能被證實的形而上學的命題全是沒有意義的假設。他們由背叛形而上學，走上了實證主義和理智一元論。二十世紀以後，又進而走上邏輯分析、語義分析……等等。這說明西方人將理智分析的功能推向前所未有的深度。然而，由於他們否認宇宙終極的思考，睥睨實踐理性的獨特價值，故而他們的理智分析，其術彌工，悖大道愈遠。然而以叔本華、尼采、柏格森、海德格爾、薩特爲代表的人文主義者，雖不反對對宇宙本體的探究，反對理智一元論，主張關心生命，關心人本身，反對人的物化，但他們的研究或者把人降低到生物水平，或偏重於人的潛意識、情緒、意志等非理性的紐結，或否定人類的本質，大都沒有對道德理性作出應有肯定。科學沙文主義固不足道，而西方所謂的人文主義在牟先生看來亦只能識其病，不能治其病。他說：

> 西方名數之學雖昌大，（賅攝自然科學），而見道不真。民族國家雖早日成立，而文化背景不實。……然見道不真，文化背景不實，則不足以持永久，終見其弊。……彼若不能於文化之究竟義上，有真實之體悟，將不能扭轉其毀滅之命運。名數之學與民族國家將徒爲自毀之道，又何貴焉？……然則西方文化之特質，融於中國文化之極高明中，而顯其美，則儒學第三期之發揚，豈徒創造自己而已哉？……必將爲世界性，而爲人類提示一新方向。⑬

可見，在牟先生那裡，無論是對西方民主科學的融攝，還是開出，都不僅僅是對中國文化的癥結而言的，而且亦是有感於西方文化的困惑而發的。在中國，未產生西方近代意義的民主與科學，故使中國滯後、挨打、百弊叢生。在西方，由於其知性主體未能上提到德性主體，沒有產生儒家式的心性之學，其民主與科學最終缺少文化上的根源意義和終極價值。故使其近代精神，步步下降，日趨自毀。他認爲西方文化欲永久保存於人間，必須汲取東方文化的優點，虛心向東方文化學習如下幾點：㈠「『當下即是』之精神與『一切放下』之襟抱」；㈡「一種圓而神的智慧」；㈢「一種温潤而惻怛或悲憫之情」；㈣「如何使文化悠久的智慧」；㈤「天下一家的情懷」。這五點的核心是儒家的心性之學。西方文化如果學習了這幾點，不但能克服其文化缺點，消除其由這種缺點造成的種種危機和衝突，而且還能使其胸懷日益廣大，智慧日益清明，以進達圓而神之境地。在他看來，孔孟陸王之心性之學與西方的民主科學相結合、相融攝的儒家式的人文主義，不僅可以解開中國文化的癥結，而且富有世界意義。

但牟先生對中西文化關係依然堅持了儒家主位主義立場。在他看來，道德宗教，即道統是中國文化之所長，西方文化之所短。而民主與科學是西方文化之所長，而爲中國文化之所短，中西文化自然融和，長短互補。西方的民主與科學只有爲中國文化融納，才能顯示其高明與偉大，保持其永久和不衰，儒家文化亦只有融納了西方的民主與科學，才能開出新的形態，實現其理想。然而在這種中西文化的自然融和中，儒家的道統是核心、是根本。這是牟先生所恪守的根本原則，是決定他之所以爲儒者的本質所在。

翻開當代學人的論著，東方文化救世論並不新鮮，然對東方文化尤其是儒家文化爲什麼能救世，如何才能救世，則大都說不出所以然。只是高談心性文明而已。既能保住東方心性文明的根本價值，又能融攝西方的民主與科學，是當代新儒家的新動向。因而牟宗三先生的三統並建之說，即不同於「唯我獨尊」的文化保守主義，也有別於自暴自棄的西化主義。對前者言，他明確指出了中國文化的缺陷，肯定了西方文化的長處。對後者言，他主張反求諸己，認取自家精神。由此，我們認爲，他的三統並建理論是對文化保守主義和西化主義的一種新的綜和。

## 三、儒學能否再度復興？
### ——「三統並建」說之論衡

自四十年代中後期以來，牟先生以西方文化爲參觀，傾注了大量的心血氣力探討中國文化的本質和優劣得失。《歷史哲學》、《佛性與般若》、《心體與性體》、《從陸象山到劉蕺山》、《政道與治道》、《道德的理想主義》等等，都是牟先生長期研究的心血結晶。他不僅以不同的方位、角度觀照中國文化，而且還用一些獨特的概念範疇來說明傳統文化。如從中西文化研究的對象上看，他認爲西方文化首先關注的是自然，中國文化首先關注的是生命；從文化背後的根本的精神處看，他認爲西方文化的根本精神是「分解的盡理之精神」，中國文化的根本精神是「綜和的盡理之精神」。從文化精神表現方式上看，西方文化是「理性之架構表現」，中國文化是「理性之運用表現」。從文化斷續上看，西方文化是以氣盡理，中國文化是以理生氣等等。這些提法都從不同的側面揭示了中國文化的特徵，展現了中國文化的根本精神及其主要缺陷。通過大量的分析，他指出：中國文化是有道統而無學統，有治道而無政道。因而提出了道統、學統、政統三統並建之說。三統之說的實質是使中國文化走向現代，走向未來，而「自我坎陷」說則是中國文化走向現代、走向未來的橋樑。

百餘年來，面對西方文化的挑戰，許多學者傾注了大量的精力，對我們的民族精神進行深入的解剖和自我反省，提出了許多解決中國文化走出困境的方案。然而這些方案卻一個個流產了，失敗了，給中國人留下了沈痛的經驗教訓。五四以還，在中國又形成了科學主義和人文主義兩條對立的文化基線，以胡適、陳獨秀爲代表的科學主義者，試圖用科學主義來代替一切，鼓吹科學萬能論和理智一元論，用科學理性排抑了人文文化的獨特價值。在對待中西文化的關係上，具有明顯的民族虛無主義和醉心西化的傾向。以梁漱溟、張君勱爲代表的人文主義者，雖然突出了人文文化的特性，肯定了中國文化的內在價值，但由於對科學的負面價值看的太重，對西學的弊端看的太重，又具有以人文文化排擬科學的傾向。當然這裡並不否認陳獨秀、胡適在人文領域的建樹和梁漱溟、張君勱等爲民主所做出的努力。僅僅是說即使立足於他們的邏輯進路，亦不能很好地解決道德理性與思辨理性、科學與人文、中國文化與西方文化的關係問題。牟先生雖仍然是一位儒家式的人文主義者，但他的三統並建說，自我坎陷說，則有助於我們對上述問題的思考。或者說沿著他的邏輯思路，他對上述問題的解決是富有成效的。他基於人文主義的立場，認爲道德理性優於理論理性，德行優先於知識。知性、科學知識依良知明覺自覺要求其有而有，亦可依其自覺要求其無而復歸於無。由於實踐理性的這種獨特作用，使其有而不礙。這樣科學知識、知性就不致於利弊相消，甚至弊大於利，而且還能發揮其正向社會價值，從而解除了人們對科學的擔憂。他又認爲從表層上看，德性與科學民主是對立物，但自內在貫通處看，它們是統一的，互補的。科學與民主是道德理性的最大願望和要求，科學的實現，民主的實現即是道德理性之客觀實現。相反，如政統不建，學統不出，道德理性亦會枯萎退縮。道統、學統、政統三者貌似對立，實則統一。

可見，三統並建之說立足於儒家人文主義立場，解決了道德與科學的關係，糾正了胡適等以科學取代道德或將道德變科學的偏頗。它明確指出實踐理性優於思辯理性，德行優先於知識。當然這裡的優先並不僅僅是時間上、社會功能上的優先，而主要是說對文化的價值之源和對人類的終極關懷，應當將道德放在優先考慮的地位，這是說道德是科學發展的軌約原則和最終理據。如果科學的發展不優先考慮道德的價值，那麼這種科學既可以造福人類，亦可禍害人類。道德的優先性首先表現在這裡。至於斤斤計較於道德與知識在人類歷史上的出現孰先孰後或社會結構上孰重孰輕，其意義並不太大。

因而，牟宗三先生的三統並建說對當代中國文化乃至世界文化言，都是一富有開創性、建構性的文化探索。它立足於儒家人文主義立場，既扭轉了當代科學沙文主義、理智一元論的歧出，又彌補了以梁漱溟、張君勱等爲代表當代人文主義排擬科學的不足。可以說他所設想的儒家式的人文主義是在新的歷史條件下對科學主義和人文主義的一種新綜和。牟先生試圖用這種綜和去形構中國文化，解開中國文化的癥結，爲人類的發展提示一新方向。無論其這種設計的結局如何，人們都無法否認它對文化的探索意義。

儘管三統並建之說是一富有建設性的理論，但這一理論在我們看來亦存在著不足：

(一)　在道德理性和理論理性、道統與政統、學統的關係上，這一理論在承認政統和學統獨立性，道德中立性同時，又認爲理論理性、政統、學統是依道德理性自覺要求而有的，當然亦可自覺撤銷使其歸於無，從而使科學與民主，無而能有，有而能無。這一思想最起碼有兩點令人懷疑，其一是它的現實性，因爲科學與民主一旦形成，與道德理性之間就不是有無的關係問題，而如何使其協調一致，同生並長的關係問題；其二是這一理論實質剝奪了民主與科學的眞正獨立性，從而最終與牟先生所倡導的道德中立之說相矛盾。

㈡ 對儒家文化情意太重，淡化了對前儒的客觀了解。牟先生雖然一再反對文化反省中的感情因素。他說：「吾人今日之反省文化，就不應當只是情感的擁護。情感的擁護與情感的反對是同一層次上的對立，而且也必然都落在以『列舉的方式』說文化，以『外在的東西』之觀點看文化」。⓮但牟先生對儒學的了解並沒有擺脫情感的因素。造成這種局面的原因有二，其一是他沒有超越也不願超越儒家的立場，其二是由於他生活在歐風美雨狂捲中國的時代，儒學近代以來無可奈何的隕落使他不能不對儒學寄於無限「敬意」和「同情」。這種「敬意」和「同情」，最明顯地反映在他對孔孟等人的評價上，我們看到，他對孔子的研究頌揚太多，而客觀分析太少，這樣就很難使非儒家人士信服，到頭來，會影響儒學的現代轉變。

㈢ 對道德理性本身的反省和檢討不夠。牟先生認爲，他五十年代的著作「重在批抉中國文化之癥結，以期蕩滌腥穢，開出中國文化健康發展之途徑。」⓯我們的確看到牟先生對中國文化乃至儒家文化缺陷的揭露是深刻的，內行的，這些揭露甚至比西化主義者更透闢，更精深。但同時我們也注意到牟先生對道德理性則反省不足，沒有這種大關節的反省，儒學就難以開出一全新的形態。

鑒於上述理解，我們認爲，儒學如欲轉出第三期，實現其向現代社會的轉進，如下幾點或不可缺。

首先，儒家文化應挺立起主體精神，實現文化角色的自覺。近代以來，西化主義者視儒家文化爲保守、滯後乃至封建主義的代名詞，視爲國故，自然無視其作爲文化主體的存在，無視其在現代社會中的文化角色和地位。而梁漱溟、熊十力等人爲反擊西化主義，使他們對儒家情意上的了解遠遠勝於其客觀認知，這就決定了他們也無法將儒家文化的主體精神眞正樹立起來。儒家主體精神的挺立和自覺，就是意識到自己作爲人類文化的重要組成部分，既有著無限伸展的生命力，含藏著深刻的智慧。同時亦意識自己的嚴重滯後和不足，意識到自己既不是爲抵禦西化主義而存在，也不是爲捍衛自己的領地而存在，而是作爲一種獨特的文化形態而存在。儒家主體精神一旦獲得確立，就會由原來被動地接受批判轉向自我批判，自我反省，並視這種批判爲自己進一步發展的動源。對西方文化由被迫接受轉爲自覺的融納，並視這種融納爲自己進一步發展的方式。儒家主體精神的確立，就是使自己從披枷帶鎖中解放出來，放棄一切擔荷，回到其本身。

其次，儒家欲實現向現代轉進必須促使傳統儒學作結構上的調整。變儒學的主觀形態爲客觀形態，把中國文化從道德中心主義的籠罩下解放出來，從天道人事渾論不分走向邏輯析離。這就是說重新調整傳統哲學、道德、政治、法律、經濟等文化角色，依照現代社會的要求，使他們各歸其位，互不僭越。從而建立起儒學的現代結構和新的運行機制。

第三，因時轉換儒家義理的活的精神。牟宗三先生曾指出儒家的學問是生命的學問，我們認爲儒家義理中的活的靈魂是儒家學問的生命之本。這種活的靈魂是儒家與時推移，與時俱進的內在因由。儒學的現代轉進關鍵看能否在儒家學說中轉出活的精神。這種活的精神的發掘和轉進是儒學這隻鳳凰在活火中展翅奮飛的重要動源。

誠然，儒學作爲民族精神唯一支柱的時代也許一去不復返了，它不可能恢復其辛亥革命以前的權威和尊嚴，孔子的學說也不可能再度成爲整個民族判斷是非的唯一標準，但隨著文明進步，尤其隨著中國經濟的發展，儒學的精神會進一步得到弘揚。儒學在許多的學者闡釋、發揚之下，必將在未來的人類文化中占據重要的地位，在中國多元的思想流派中成爲富有生命力的流派之一。這就是說儒學失去的是官方的意識形態地位，而獲取的將是眞正的自由與解放，失去的是僵化的思想模式，獲得的將是有活力、有創造性精神。先秦時代，諸子蜂起，百家爭鳴，儒學只是百家中之一家，未來的儒學地位，也猶如先秦然。

## 注釋

❶《道德的理想主義》《修訂版序》

❷同上書，第一一頁。

❸龔自珍《壬癸之際胎觀第五》。

❹參見雷海宗《歷史的形態與例證》。

❺《生命的學問》第一一二頁。

❻《道德的理想主義》第二頁。

❼同上書，第三頁。

❽同上。

❾同上書，第二六〇頁。

❿同上書，第一五五頁。

⓫同上。

⑫ 同上書，第一五七頁。

⑬ 同上書，第四頁。

⑭ 《道德的理想主義》第二六〇頁。

⑮ 同上書，《修訂版序》。

# 第四章　中國哲學的重鑄

## ——道德的形上學之完成

牟宗三先生用力最久，且收穫最豐的是他對中國哲學的創造性重鑄。六十多年來，他出入於康德、黑格爾、懷特海、羅素、維特根斯坦、海德格爾等西方哲學大師之間，又長期默識於儒道佛等中國哲學之門，復以西觀中，以中觀西，交參互入，圓融會通，完成了中國哲學的重鑄，建立起廣大、縝密的道德的形上學這一哲學體系。牟先生是當代中國最富有創造性的哲學家，他的哲學成就代表了中國傳統哲學在現代發展的新水平。傅偉勛先生指出：「牟先生是王陽明以後繼承熊十力理路而足以代表近代到現代的中國哲學眞正水平的第一人。中國哲學的未來發展課題也就關涉到如何消化牟先生的論著，如何超越牟先生理路的艱巨任務。」❶牟宗三先生的哲學成就一方面來自他對中國哲學乃至西方哲學的深刻體認，另一方面亦有賴於他再造中國哲學的獨特方式。因而體認牟先生的哲學境界，剖析其哲學思想的內在脈絡，照察其哲學的得失之處，消化他的義理架構，由之而條暢中國哲學的未來發展之路，是當代學人尤其是致力於中國哲學研究者們的艱巨任務。

# 第一節　道德的形上學之建立

就牟宗三先生的哲學歷程言，是尋下學上達，「智窮見德」之路，即由知性主體升華爲道德主體；就其思想體系言，他依中國哲學傳統，則順上達下開，由德開智之理路；即由道德理性或曰知體明覺自我否定轉出知性。牟宗三先生的哲學實乃是一「順」、一「逆」之雙向回環。「順」言其哲學思想發展歷程，「逆」言其哲學體系的邏輯構造。牟先生的一生就是一展開的哲學體系，道德的形上學代表這一哲學體系的充分完成。依筆者之見，牟宗三道德的形上學是以如下三個命題爲前提的：一、德行優先於知識；二、人雖有限而可無限；三、人有智的直覺。

## 一、下學上達，智窮見德

牟宗三的思想發展歷程就是其哲學體系的建立過程，它本身就是一不斷發展的哲學體系。牟宗三自二十一歲轉入北京大學哲學系，六十多年來，學哲學、思考哲學、講哲學、研究哲學、創造哲學，未曾一日間斷。隨著他思考和研究的深入，隨著時代的發展，他的哲學發展經歷了由美的欣賞，想像式的直覺解悟經架構思辨，敲開知性主體之門，進入心性之學的過程。這一歷程亦是由西學到中學，由知識到德性的發展過程。下學上達、智窮見德八字可以充分體現其哲學探索的結局

一九二八年，十九歲的牟宗三考入北京大學預備科，決定讀哲學。在預科二年級，因讀

《朱子語類》而引發了想像式的直覺解悟。由讀《朱子語類》復開始大規模地讀《易》和研《易》。但他那時鑽研《易經》，正表現了他的想像式的直覺解悟。他所注意的是《易經》的「智之慧照」，而不是「仁守」，是《易經》的宇宙論，而不是其人生哲學。在大學階段，他接觸到柏格森的創化論，杜里舒的生機哲學，杜威的實用主義，但對西方哲學的柏拉圖、亞里士多德、康德、黑格爾傳統根本有隔，而對羅素哲學，數理邏輯，新實在論雖未能獨立運思，但在張申府、金岳霖等的講授中，初感親切而且能接得上，對懷特海的宇宙論系統則懷有深厚的興趣，用力最多。他說：在此階段，「我所以能有宇宙論之興趣，就易經而彰義和之傳統，全該歸功於懷特海。我當時一方大規模讀易經，一方潛讀懷氏書。」❷牟先生在這一時期的著作爲《從周易方面研究中國之元學及道德哲學》，此書雖說是論中國哲學，其心態和照察問題的角度則是西方的、現代的，他說：「本書最大目的在確指中國思想中之哲學的系統，並爲此哲學系統組一形式系統焉。」❸他所發現的中國哲學系統就是義和之智的系統，亦即「中國之畢塔哥拉斯之傳統也。」❹總之，他是以數理邏輯爲方法，以實在論爲參照，以易學發展爲材料來重新組織中國哲學系統，他的整理亦不過是其「近來研究西洋思想時而留意到中國思想所欲說的話」。❺

牟宗三自三十歲以後，就由想像式的直覺解悟轉入爲何如何之「架構思辨」，也從極端外在化逐步轉向正視生命，由極外在的研究向純邏輯、純哲學領域邁進。這一時期，他完成了《邏輯典範》一書，視邏輯爲「純理自己之展現」。他認爲這樣既保住了邏輯之自足獨立性，亦保住了邏輯的超越性和必然性，同時亦扭轉了形式主義、約定主義、共相潛存說與邏輯原子論的歧出。「純理自己」之展現既成，則邏輯爲大常、爲定然，「此大常而定然者歸宿何處乎？此問一起，直敲『認識主體』之門，而見『超越的邏輯我』之建立。康德哲學之全體規模朗然在目矣。」❻《邏輯典範》使牟宗三取得了在哲學上獨立說話的權利，進入了眞正的哲學之域。故而《邏輯典範》對其思想成就並無客觀之價值，而只有過渡之價值。

牟宗三之進入康德領域，進入超越分解之架構思辨，旨在順康德之路向和精神，復活康德，重開哲學，其架構思辨的成就爲《認識心之批判》。《認識心之批判》就此書之名言是試圖重寫康德的《純粹理性批判》，實際上它是沿西方純哲學之理路，重建現代本體論、邏輯學、認識論三位一體的哲學體系。在這部煞費苦心的巨著中，他從經驗的統覺、知性、智的直覺開始，層層展開，步步深入，最後把握一心體和性體即道德主體。正是認識心之全體大用，「窮盡其全幅歷程而見其窮，則道德之體朗然而現矣。」❼這就是下學上達，智窮見德。智窮見德實質就是由知識升華到德行，由西方哲學的認識論回歸到儒家的道德的形上學。

牟先生的哲學困思之歷程亦如上述。至此，牟先生始游刃有餘地創建自己的哲學體系。這一方面是說牟先生並沒有就此而停止哲學的思維，沒有就此而停止發展其學說，另一方面是說牟先生只有達此境界才能從容不迫地從事其哲學體系的邏輯構造。牟先生的哲學歷程可能是整個中國哲學由近代到當代的縮影，他預示了中國未來一定會消化西方哲學，重建中國自己的哲學體系。在我看來，牟宗三哲學有兩個體系，一個是發展體系，一個是邏輯體系。就前者言，是下學上達，智窮見德，由知識升華爲德行；就後者言，是上達下開，由德顯智，由德性開出知性，關於此，我們將在後面詳談。

## 二、德行優先於知識

道德的形上學展現之歷程亦如上言，現在讓我們看一下道德的形上學的理論前提。在我看來，牟宗三先生的道德的形上學的建立是以德行優先於知識，人有限而可無限，人有智的直覺這三個命題爲前提的。失去了這三個命題，牟宗三的道德的形上學根本無從談起。

由德行優先於知識，自然使人們想起康德的實踐理性優先於思辨理性，德性就是力量。牟先生德行優先於知識的提出，雖說與康德哲學有關係，但並不是取自於康德。他說：「我依中國傳統宣說：德行優先於知識。存在主義者所宣說的『存在先於本質』（思想上或知識上劃類的本質）是一可取的副題。『我意故我在』比『我思故我在』爲更根本、更具體。」❽德行優先於知識反映了牟先生對道德與知識、德性之知與見聞之知、中學與西學的基本看法，引發了他的價值取向和文化理想，甚至左右了他的哲學體系的邏輯構造。

牟先生認爲人所最關心的是自己的德行，自己的人品。道德是一種比知識更普遍、更根本，亦更凸顯、更尖銳的問題。他說：

> 人生而在「存在」中，在行動中。在「存在的行動」中，人亦必同時與其周遭的世界相接觸，因而亦必有見聞之知。這是一個起碼的事實。但人所首先最關心的是他自己的德性，自己的人品，因爲行動更有籠罩性與綜綱性。行動包攝知識於其中而爲其自身一副屬品。它首先意識到他的行動之實用上的得當不得當，馬上跟着亦意識到道德上的得當

不得當。處事成務，若舉措的不得當，則達不到目的，因此，他難過。待人接物，若周旋的不得當，他覺得羞恥。羞恥是德行上的事。這是最尖銳，最凸出，而最易爲人所意識及者。知識不及，技藝不及，是能力問題。德行不及是道德問題。前者固亦可恥，但不必是罪惡；而德行不及之愧恥於心則是罪惡之感。故人首先所意識及的是德性；對於德性加以反省以求如何成德而使心安，這亦是首要的問題，而且那亦是最易爲人所首先意識及者。❾

在牟宗三看來，知識是普遍的，必然存在的現象，但德行遠比知識更有籠罩性和綜綱性。知識不及、技藝不及只是能力問題，而德行不及則是道德問題。在前者，人們雖感可恥，但並無罪惡之感；在後者，則足以使人愧恥於心而產生罪惡之感。他認爲人們求知，首先應當求這種「德性之知」。

他比較了「德性之知」和「見聞之知」（經驗知識），認爲經驗知識只是「德性之知」的副產品，只是一專門問題，不是綜綱性的問題。從歷史的角度說，德行亦優先於知識，那單對於經驗知識加以反省以求改進之，乃是後起的事。他說：「故古人首重『正德』與『敬愼』。這不但是中國傳統是如此，即在西方，古人明知重智，其目的亦在成德。單重知識，以知識爲首出，這乃是後來的事，至少從哥白尼開始，科學知識成立後，始如此。」❿由此他嚴肅地批評近代以來流行的唯科學主義和理智主義。認爲唯科學主義和理智主義以科學知識爲首出，爲唯一標準，致使道德隱晦和遼遠。他指出，這是「支離歧出，逐流而忘本。」⓫

在道德與科學知識的關係問題上，牟宗三認爲道德是本，科學知識是末。道德不僅僅是人們日常生活的行爲規範，而且還是人的價值之總根源，是人之所以爲人的根據，因而它是一種比科學知識更高一層、更具綱維性和籠罩性的聖賢之學。在他看來，人性之尊嚴，人格之尊嚴，俱由道德而立，人間的理想與光明亦俱由道德而發。它不是乾枯的、外在的條文之拘束，而是人之向上之情，它能使人成爲一個眞正的人。它不僅可以向上提撕人的內在精神境界，而且還是一個社會正常運轉不可或缺的一種「文制」，即日常生活的常軌。他說：「無論科學家、政治家，智、愚、賢、不肖，皆不能不有日常生活。依是，就不能不有日常生活的常軌（文制）。」⑫這種文制的存廢直接關係到人類的命運和前途。他認爲一旦社會崩潰，道揆法守皆歸絕喪，則人即無日常生活的常軌，且橫衝直撞，泛濫決裂，以至人人性命難保，再茫然決裂下去，人類勢必歸於淘汰」。所以建立文制就是張載所說的「爲生民立命」。而由孔孟所創闢，經董仲舒、二程、朱熹、陸九淵、王陽明、劉宗周一再傳承和弘揚的儒家道德，不僅過去是，而且現在是，將來仍然是生民之本，現代文化之本。

道德不僅是人之本，更是科學知識之本，科學知識若沒有道德作根本，它就會陷入罪惡的物欲，非但不能再給人類帶來福利，而且還會給人類帶來無盡的災難。正如西方文化，其名數之學雖昌大，自然科學雖發達，但由於缺乏道德這一文化根本，致使其見道不眞，文化背景不實，故而其不僅不足以保持永久，而且還日趨於自毀。故而道德是民族國家的眞實文化背景，是名數之學的安頓之所，是一種比科學知識更具綱維性的聖賢之學，它優先於科學知識。

道德固然是科學之本，德行固然優先於知識，然而牟先生並沒有就此否認知識的地位和作用。在他看來，科學知識不僅在整個社會中不可缺少，否則人間的幸福就難以實現，而且它對道德理性的實現亦起著重要作用。他認爲，沒有科學知識，道德理性就很可能限於主觀內而廣被不出來，甚至造成道德理性之窒死。從這個意義上講，科學知識與道德是一有機和諧的統一體，二者合則共存，分則兩亡。

由此，牟宗三依中國傳統宣說：德行優先於知識。他把康德所列的全部理性包括思辨理性和實踐理性所關心的全部問題逆轉其次序，重新列舉如下：

(1) 我應當做什麼？
(2) 我可希望什麼？
(3) 我能知道什麼？
　(a) 我能以「識」識什麼？
　(b) 我能以「智」知什麼？
(4) 人是什麼？⓭

康德在《純粹理性批判》中提出了前三個問題，後在《邏輯學講義》一書中，復將這四個問題全部提出，並依次寫列如下：

(1) 我能知道什麼？

(2) 我應當做什麼？

(3) 我可期望什麼？

(4) 人是什麼？⓮

在康德看來，第一個問題是形而上學的問題，第二個問題是倫理學的問題，第三個問題是宗教問題，第四個問題是人類學問題。同時康德又指出前三個問題都與第四個問題有關，因而可以把這一切都歸結爲人類學的問題。⓯牟宗三先生與康德的不同之處是他把康德的第一個問題作爲其第三個問題，而且把智與識分開。從形式上看，牟宗三先生與康德似乎無太大的差別，然而，認眞探究一下，這一改動實具有本質意義。

就第一個問題言（在康德是第二個問題），康德雖承認實踐理性優於思辨理性，但他不承認人有智的直覺，故而其優先性落空。而牟宗三先生則由道德講無限心，由無限心說智的直覺，故德性之知成立，德行之優先性得以落實。

就第二個問題言（在康德是第三個問題）。康德於第二個問題說宗教，建立起道德的神學。但在康德那裏，道德與宗教究屬兩層。而牟宗三則依中國傳統，說天道性命相貫通，使道德與宗教爲一，於此說成聖、成佛、成眞人。

就第三個問題言（在康德是第一個問題），康德無「識」與「智」之分，他把智歸屬於上帝，在人處不言智的直覺。而牟宗三則在此處言人之智的直覺，認爲以「以識識」與「以智知」於吾人身上即可見之。

就第四個問題言，在康德人有限而不能無限，而牟宗三則認爲人雖有限而可無限。

牟宗三對康德次序的倒轉，實具有重大意義。在這裡，他重新調整了知識與道德的次序。這一調整直接影響了他的「道德的形上學」的哲學體系的內在結構。他認爲，他這一倒轉就是要恢復古人之態度，「以中國傳統的典型，先說德行，後說知識。或這樣說：先說德性之知，知本體，並知物自身；後說見聞之知，知現象。」⑯由此我們就不難理解在牟宗三的「道德的形上學」之中，爲什麼「無執的存有論」在前，而「執的存有論」在後了。

關聯著整個社會講，我們當然不能說德行最具有優先性。依馬克思和馬斯洛的理論，衣食住行等人們的生理需要無疑具有優先性。「衣食足而知榮辱，倉廩實而知禮節」的古訓也許有其道理，孔子雖然講「自古皆有死，民無信不立」，然而他亦主張先富後教。孟子說仁義，道性善，毅然抗拒時俗，然而他亦認爲有恆產則有恆心。就整個社會結構的次第講，德行的優先性是有條件的，不是絕對的。不過，僅局限於知識與德行的範圍內言，這一命題不失爲一富有意義的探索。因爲道德的確能展現人的尊嚴，體現人的價值，表達人格的理想和追求，它比知識更普遍、更莊嚴，科學知識失去了道德，既可造福於社會，亦可禍害於社會。當人類文明進入後工業化的時候，當全人類視爲一大家庭的今天，牟宗三先生的忠告也許更富有意義。他說：

我們依德行底優先性與綜綱性來提挈宇宙以見人之本來面目與宇宙之本來面目。我們的感性與知性所攪擾而扭曲的人生與宇宙不是人生與宇宙之本來面目。這是人生與宇宙之僵滯。人陷於此僵滯而認為是真實，忘其本來面目久矣！故需要本體界的存有論以鬆動而朗現之。孔子曰：「人之生也直，罔之生也幸而免。」⑰

牟宗三先生的德行的優先性，首在駁斥近代以來流行的科學沙文主義和理智一元論，旨在抗拒近代以來膜拜西方唯恐不及的時俗，旨在點醒人生的眞義。上述語言不能說無感情色彩，然而這感情正反映了牟宗三先生的客觀悲情和時代的宏願，反映了他對家國天下、蒼生黎民的憂患與關懷。

## 三、人雖有限而可無限

德行優先於知識是牟宗三先生賴以建造道德的形上學體系的前提。在他的哲學體系中，無執的存有論之所以居前，執的存有論之所以居後，歸根到底是由德行優先於知識這一命題決定的。人雖有限而可無限則是道德的形上學之兩層存有論的根據。就人的有限言，牟宗三言感性和知性，言知識，建立執的存有論；就人的無限言，他言智的直覺，言智知，建立本體界的存有論。他說：「我們依『人雖有限而可無限』，需要兩層存有論，本體界的存有論，此亦曰『無執的存有論』。」以及現象界的存有論，此亦曰『執的存有論』，」⑱人雖有限而可無限，在道德的形上學之建立中實具有重要意義。

依西方的哲學傳統，人只能有限而不能無限。在康德，他認為人只有感觸的直覺，而無智的直覺，人只能認識現象，而不能認識物自身。他提出的「我能知什麼？」，「我應做什麼？」、「我可希望什麼？」，「人是什麼？」四個問題，恰恰是在說明人的有限性。牟宗三先生認爲德國現代哲學家海德格爾順西方哲學之傳統，進一步證明了人的有限性。海德格爾認爲：「我能知什麼？」是把人類理性的能力帶進問題中，「我應做什麼？」是把人類理性的義務帶進問題中，「我可希望什麼？」是把人類理性的希望帶進問題中。他認爲，人類理性不只是因爲它提出了這三個問題而洩露了它的有限性，而且它之所以提出這三個問題乃是因爲它是有限的，它的最內部的業績就是關切這種有限性，正是在這種有限性的基礎上，「人是什麼？」才允許被建立起來。牟宗三認爲，在「有限是有限，無限是無限」底前提下，從上帝與人之間的區分上看人，海德格爾的觀點是對的。但依中國傳統，有限而可無限，人聖之間並無不可超越的鴻溝，海德格爾的解說則並不完善。因而，他對康德的問題重新解說。

他指出，在「人能知道什麼？」一問題中的能力，若只從知性和感性看人的能力，它自然有能有不能，即人的知解能力有限。但若展露出智的直覺，則人亦可知本體和物自身，則人雖有限而可無限。在他看來，只要展露智的直覺，而那只知現象的感性和知性既可以被轉出令其有，亦可被轉化而令其歸於無。「當它們被轉出時，它們決定只知現象，此是充分被穩定了的。若從此看人，則人自是有限的。但當它們被轉化時，人的無限心即呈現。若從此看人，則人即具有無限性。」⑲這種無限性的人不是上帝，甚至與上帝根本不同，它是聖，是眞人，是佛。聖、眞人、佛都是無限的存在。

其次，在「人應當做什麼？」一問題中，義務被帶了進來。牟宗三先生認爲，當只把義務看成是一個應盡而不必能盡，應當是而不必能實是，則人是決定的有限。然而吾人若能展露一超越的無限心，一自由的無限心，則凡有義務則皆應做，亦必能做，則人具有無限性。若自無限的進程言，人不能充盡一切義務，故「仲尼臨終不免嘆口氣」（羅近溪語），則人是有限的。但若自圓頓之教言，則亦可以一時俱盡，隨時絕對，當下俱足，則人是無限的。正是「有限不礙無限，有限即融化於無限中；無限不礙有限，無限即通徹於有限中。」[20]

最後，在「人可希望什麼」一問題中，希望問題被帶進來。牟宗三先生認為，就期望而言，人仍然雖有限而可無限。他認為，若只從可得與不可得之一般期望而言，人是決定的有限。但吾人希望絕對，希望圓善即希望德性與幸福之圓滿和諧的統一，則是無限的。在現實上，修其天爵，人爵不必從之，這說明德性與幸福有距離。但依圓教言之，則幸福與德性並無隔絕之可言。佛具九界而為佛，雖處地獄之餓鬼，亦非無幸福。聖人雖夷狄、患難、造次、顛沛而不避，皆「天刑」之迹，在聖人，說吉，一是皆吉，說凶，一是皆凶，煩惱即菩提，菩提即煩惱，即是圓善。「如是，則人即有無限性，而且即是一無限的存在，而亦不同於上帝之為無限存在。」[21]

牟宗三先生認為，人不是決定的有限，而是「雖有限而可無限」。人雖有限而可無限並非是偶然的無限，「乃是人之最內在的本質也」。海德格爾只關心人的有限性，無視人之無限性存在，自然有獨到的用心，那就是為其存有論奠基。然而海德格爾的存有論只是一「現象界的存有論」(Phenomenal ontology)，他根本不予「本體界的存有論」(Noumenal ontology)以位置。牟宗三先生認為，人雖有限而可無限則開兩層存有論，即「現象界的存有論」和「本體界的存有論」。他說：「我們依『人雖有限而可無限』，需要兩層存有論，本體界的存有論，此亦曰『無執的存有論』，以及現象界的存有論，此亦曰『執的存有論』。」㉒人雖有限而可無限是牟宗三先生道德的形上學之兩層存有論的根據。就人的有限性言，他建立了執的存有論；就人的無限性言，他建立了無執的存有論。

人雖有限而可無限是牟宗三先生對人之內在本質的規定，是一相當可貴的哲學命題。就牟宗三先生的「道德的形上學」建立言，它是一塊堅實的基石。就康德、海德格爾的哲學言，它超越了他們對人的有限規定而更能反映人本質的全貌；就中國傳統哲學言，它使傳統哲學對人的規定更加充實，更加完善。

## 四、人可有智的直覺

人雖有限而可無限，這一命題亦蘊含了一人可有智的直覺，人可有智的直覺是對人的無限性的進一步說明和規定。如果說人雖有限而可無限是牟宗三建立兩層存有論的根據的話，那麼，人有智的直覺則是其無執的存有論得以成立的關鍵，是其消融康德，升華康德，尤其是區別於康德的根本標誌。

在康德，他只承認人有感觸的直覺，而不承認人有智的直覺，因而人們只能認識現象，而不能認識物自身，他把智的直覺單劃給了上帝。牟宗三認爲，依西方哲學的傳統，有限是有限，無限是無限，人不可能有智的直覺。依中國傳統，人雖有限而可無限，人聖之間並不像西方人與上帝那樣睽隔不通，因而人可有智的直覺。他指出，在中國儒釋道三家哲學中，都已肯定了人有智的直覺，否則成聖、成佛、成眞人將不可能。在他看來，肯定人有智的直覺是全部中國哲學的基石，這個基石一動搖，整個中國哲學將會倒塌。他說：「如若眞地人類不能有智的直覺，則全部中國哲學必完全倒塌，以往幾千年的心血必完全白費，只是妄想。這所關甚大，我們必須正視這個問題。」㉓故而，牟宗三在《智的直覺與中國哲學》、《現象與物自身》兩書中，對人可有智的直覺進行了反覆的論證和說明。

他認爲，智的直覺與感觸的直覺相對：就事物存在言，感觸的直覺是認知的呈現原則，而智的直覺則是存有論的實現原則。依中國傳統說，感觸的直覺就是張載所說耳屬目接，而智的直覺是張載所說「心知廓之」。他認爲智的直覺之知不是有限的概念思考的知性之知，「乃是遍、常、一而無限的道德本心之誠明所發的圓照之知。」㉔遍是「遍潤一切而無遺，即圓照一切而無外」。常是「本心仁體之常潤而常照」。一是「一體遍潤而無外之一」。㉕總之，智的直覺就是無限心、道德本心、仁心之明覺作用，「是那唯一的本體無限心之自誠起明」，㉖是「本心仁體底誠明之自照照他（自覺覺他）之活動」。㉗這種活動不在主客關係中呈現，萬物亦不以對象之姿態出現，乃是以非對象的「物自身」的姿態出現，可以說它既非主體，亦非客體，既是主體，亦是客體，「它超越了主客關係之模式而消化了主客相對之主體相與客體相，它是朗現無對的心體大主圓照與遍潤。」㉘在智的直覺中，主體與客體達到眞實不隔、渾融爲一之境界，甚至不能說它們隔與不隔，融與不融，因在此境界中，它們原本就是「一」。

那麼，這種智的直覺究竟如何可能呢？或者說我們人類這有限的存在如何可能有這種直覺？牟宗三先生認爲就道德言，我們不僅在理論上應肯定這種直覺存在，而且在實際上必然呈現智的直覺。

牟先生認爲欲證明智的直覺之可能必須先了解什麼是道德。他認爲「道德即依無條件的定然命令而行之謂。」[29]發此無條件定然命令者，康德稱之爲自由意志，而中國儒者稱之爲本心、仁體或良知，即吾人之性體。這就是說，發布此無條件的定然命令的本心、仁體或良知就是吾人之性。「性是道德行爲底超越根據，而其本身又是絕對而無限地普遍的，因此它不是個類名，所以名曰性體——性即是體。性體既是絕對而無限地普遍的，所以它雖特顯於人類，而卻不爲人類所限，不只限於人類而爲一類概念，它雖特彰顯於成吾人之道德行爲，而卻不爲道德界所限，只封於道德界而無涉於存在界。它是涵蓋乾坤，爲一切存在之源的。」[30]性體是形而上的，絕對而無限的，它創生一切，遍潤一切，體物而不可遺，其極必與天地萬物爲一體。蓋只有如此，始成就其命令爲一無條件的「定然命令，此在儒者即名曰性體之所命」[31]

相反，如果性體不是一普遍而無限的絕對之體，而是有限的概念，那麼它就不能發布無條件的定然命令。因爲性體有限即表示本心、仁體有限。其本身既受限制而爲有限，則發布命令就不能不受制約，因而無條件的定然命令遂不可能。假若本心受限制而爲有限，則本心就不再是本心，而轉爲成心或習心，喪失其自主自律的原則。而仁體受限則仁心之感通亦受限，則仁心之感通就喪失了必然性。總之，本心、仁體、性體一受限制就不再是一無限、普遍、絕對的形上之體，就不再有無條件的定然命令。「如是，當吾人由無條件的定然命令以說本心仁體或性體時，此本心仁體或性體本質上就是無限的，這裡沒有任何曲折，乃是在其自身即絕對自體挺立的。唯有如此絕對自體挺立，所以才能有無條件的定然命令。」[32]而「本心仁體既絕對而無限，則由本心之明覺所發的直覺必然是智的直覺。只有在本心仁體在其自身即自體挺立而爲

絶對而無限時，智的直覺始可能。」㉝

牟先生在此指出了康德的不足，因爲康德於自由意志之外，還肯定有一絶對存在——上帝，使上帝與自由意志不能同一，牟認爲這是康德的不透之論。他認爲，當吾人就無條件的定然命令說自由意志時，自由自律只能是因，不能是果，也就是說它就是條件串上的「第一因」。它只能限制別的，而其它決不能限制它。如是「第一因」與發布無條件的定然命令的自由意志其性質必然是全同。「天地間不能有兩個絶對而無限的實體。」㉞假若只承認上帝是絶對而無限，而不承認自由意志之絶對與無限，則自由就變成了非自由，自律就變成了非自律，自由意志從而受到制約，如是就陷入了自相矛盾。因而當我人由無條件的定然命令說本心、仁體、性體或自由意志時，它只能是絶對而無限的，如有上帝，這上帝就是本心、仁體、性體或自由意志，總之，「只有一實體，並無兩實體」。康德在此問題上講得不透徹，「而儒者講本心，仁體，性體，則於此十分透徹」。㉟牟宗三以徹底的唯心論揭露康德哲學之矛盾，以儒學升進康德哲學，其思想上的深度和理論上的圓融，皆超越了康德。

牟宗三認爲，智的直覺不但在理論上必肯定，而且實際上必呈現。本心仁體不是一個孤懸的、假設的絶對而無限的物，不是一設準，在我們的實踐中它可以隨時躍動，隨時呈現。如見父自然知孝，見兄自然知悌，當惻隱時則惻隱，當羞惡時則羞惡，這都表示本心是隨時在躍動在呈現。當吾人說「仁體」時，亦是當下就不安、不忍、在悱惻之感中而說之，此亦是具體的呈現。孟子說：「舜之居深山之中，與木石居，與鹿豕游，其所以異於深山之野人者幾希？及其聞一善言，見一善行，若決江河，沛然莫之能御也。」㊱牟宗三認爲：「聞一善言，見一善行」，這是特殊的機緣。「在此特殊的機緣上，大舜一覺全覺，其心眼全部開朗，即表示其本心仁體全部呈現，無一毫隱蔽處，無一毫不純處」。[37]這一切全部說明，本心仁體是呈現，而不是一理論的設準，智的直覺亦是一可爲吾人實有之呈現，而不只是在理論上必肯定。

康德的不足之處就在於他把自由意志視爲設準，認爲吾人既不能以感觸的直覺以知，又無一智的直覺以知之，它不能被認知，因而亦不是一具體的呈現。康德只是把自由意志看成一孤懸的、抽象的理性體，而忘記了意志活動就是一種心覺，就是本心明覺之活動，才認爲智的直覺不可能，才認爲它不爲吾人所有。牟宗三認爲這是把可能的東西說死了，遂成爲不可能。其實本心、仁體、自由意志不僅僅是理性體，同時它亦是活動體、明覺體、心體，「是以當本心仁體(自由意志是其良能)隨時在躍動，有其具體呈現時，智的直覺即同時呈現而已可能矣」。[38]「智的直覺既可能，則康德說法中的自由意志必須看成是本心仁體底心能。如是，自由意志不但是理論上的設準而且是實踐上的呈現。」[39]康德在其道德學說中，認爲必須假設「自由意志」，「靈魂不滅」和上帝存在，在他看來，沒有「自由」，道德律令就不是發自內心，就會是受必然性支配的行爲，從而爲自己的行爲不負責任而尋找口實。在認識領域，靈魂是要死的，但在道德領域，靈魂不死恰恰是善行惡行得以獎懲的保證，而上帝則是獎善懲惡、德福一致的保證者。牟宗三認爲，智的直覺既本於本心仁體之絕對普遍性、無限性以及創生性，則上帝的存在和靈魂不滅即不必要。在他看來，本心仁體就是純一不滅、永恆常在之本體，「要說靈魂不滅，此即靈魂不滅，不能於此本心仁體之外，又別有一個靈魂不滅。」[40]自由意志與靈魂不滅，如俱是眞我，那麼兩者是一，俱是本心仁體自己。至於上帝之存在亦復如是，絕對、普遍、無限而又有創造性的實體只能是一，不可能有兩個實體，說上帝，本心仁體即上帝，不能於本心仁體之外別有一個上帝。總之，原則上三者必打通爲一，不能有三個設準。這樣，道德界與自然界之懸隔不待通而自通矣。牟宗三以宋明心性之學去消解康德哲學的幻結。

牟宗三對康德哲學的批評是相當深刻和透徹的。康德一生的哲學工作，恰恰在於證明人的有限，人之理性能力的有限性，康德對此貢獻甚大。然而他的哲學的一切缺憾亦由此而引發。他不承認人的無限性，否認人有智的直覺，這是康德哲學的嚴重不足。牟宗三立足於宋明心性之學的立場，不僅見到康德的這一不足，而且從道德的角度對智的直覺予以充分的顯豁，這是牟宗三利用康德哲學對中國哲學的新發展。

牟宗三認爲，一旦道德界與自然界之懸隔打通，那麼由「我思」所意識到的「自我」與本心仁體之「眞我」的關係亦可得而講清。前者是一邏輯的我、形式的我、結構的我，對本心仁體而言，它是由本心仁體曲折而成。曲折而成邏輯我是要成就科學知識、哲學認識論。因爲智的直覺只如萬物之爲一體而直覺地知之，它無所不知，亦無所知，即對萬物之曲折之相一無所知。因而本心仁體不能不曲折而成邏輯的我，以成就現象之知識。如是在主體方面開出兩層：本心仁體之眞我與邏輯的我，智的直覺與感觸的直覺。在客體方面亦開出兩層：現象與物自身。對邏輯的我言，爲現象，對本心仁體之眞我言，是物自身。

肯定智的直覺之存在在牟宗三的「道德的形上學」之體系中實具有重大的意義，否認了智的直覺就不可能建立起眞正的道德的形上學。在牟宗三，智的直覺不是一抽象的，孤懸的理性體，它是心能，是本心明覺之活動。它不是假定，而是呈現，是在實踐的體證中的呈現，是具體，眞實的呈現。康德所說的自由意志如同王陽明的良知、劉蕺山的意一樣，都是性體、心體之異名，故而，道德的形上學本爲康德思想所涵蘊，「但因他視自由爲假設，不是一呈現，又因他忘掉意志即本心，即是興發力，他遂只成了一個『道德的神學』，而並未作出這種道德意義的形上學，即由道德進路而契接的形上學，簡言之，即並未作成一個『道德的形上學』。」[41]視性體、心體、本心、良知、自由意志是假設、假定，抑或是呈現，這是宋明儒學與康德哲學的重大差別，也是理論透徹與不透徹的重大差別。良知是呈現，不是假設，這一論題首發者爲熊十力。牟宗三先生曾數次回憶起三十年代熊十力與馮友蘭的良知之爭：「一日熊先生與馮友蘭氏談，馮氏謂王陽明所講的良知是一個假設，熊先生聽之，即大爲驚訝說：『良知是呈現，你怎麼說是假設！』」[42]《生命的學問》一書對此所述更詳，他談及聽後的感覺：「良知是眞實，是呈現，這在當時，是從所未聞的。這霹靂一聲，直是振聾發聵，把人的覺悟提升到宋明儒者的層次。」[43]從此，「良知是呈現」之義，牢記於牟宗三的心中，從未忘懷。熊十力當時一語，點活了青年牟宗三的心靈。熊十力大概不會想到此語一發，竟成了其弟子日後創立哲學大廈的基石。

假設與呈現有重大差異，牟宗三嚴守呈現，堅決反對假設，其中確有至理存焉。良知如果只是假設，那麼它就是可有可無，恍惚不定，不可捉摸的東西，根本談不上，更不能作爲「體」而存在，更不可能成爲人們心中的「定盤星」。相反，是呈現，是實踐中的具體呈現，那麼它的確然存在就是勿庸置疑的。只有在確信其存在的前提下，才談得上它是一無限而絕對之實體。「存在先於本質」，良知亦然。牟宗三批評馮友蘭，推崇熊十力，理由甚多，但視良知是呈現，還是假設，不能不說是熊、馮理論上的重大分野，是牟尊熊而貶馮的重要原因。

「德行優先於知識」，「人雖有限而可無限」，「人可有智的直覺」三命題，是牟宗三「道德的形上學」哲學體系賴依建立的三大依據。正是因為他視德行為首要問題，德行為首出，故而在其哲學體系中先講德行，後言知識，先論無執的存有論，後說執的存有論。因為他認為「人雖有限而可無限」，故而他開兩層存有論。又因為他認為「人可有智的直覺」，故而無執的存有論，即眞正的道德的形上學才能眞正建立起來。分析他的這三個命題，對於我們了解其哲學思想內容，理解其哲學的苦心，弄清其思想之來龍去脈、義理架構都大有助益。

## 注釋

❶ 傅偉勛《從西方哲學到禪佛教、哲學探求的荊棘之路》，第二五—二六頁。
❷ 《五十自述》第五一頁。
❸ 《周易方面研究中國之元學及道德哲學·自序》。
❹ 《五十自述》第五〇頁。
❺ 《從周易方面研究中國之元學及道德哲學·導言》。
❻ 《五十自述》第七二頁。
❼ 《認識心之批判·序言》。
❽ 《現象與物自身》第二二頁。

❾ 同上書，第二一一頁。

❿ 同上書，第二三一頁。

⓫ 同上。

⓬ 《道德理想主義》第一五三頁。

⓭ 《現象與物自身》第二二一頁。

⓮ 許景行譯《邏輯學講義》，第一五頁，北京商務印書館一九九一年版。

⓯ 同上。

⓰ 《現象與物自身》第二二三頁。

⓱ 同上書，第三〇頁。

⓲ 同上。

⓳ 同上書，第二一七頁。

⓴ 同上書，第二一八頁。

㉑ 同上書，第二一九頁。

㉒ 同上書，第三〇頁。

㉓ 同上書，《序》。

㉔ 牟宗三《智的直覺與中國哲學》第一八六頁，台灣商務印書館，一九八七年六月第四版。

㉕ 同上書，第一八七頁。

㉖ 《現象與物自身》第四五頁。

㉗ 《智的直覺與中國哲學》第二〇〇頁。

㉘ 同上書，第一八七頁。

㉙ 同上書，第一九〇頁。

❸⓪ 同上書，第一九〇——一九一頁。
㉛ 同上書，第一九一頁。
㉜ 同上書，第一九二頁。
㉝ 同上書，第一九三頁。
㉞ 同上書，第一九二頁。
㉟ 同上。
㊱ 《孟子·盡心上》。
㊲ 《智的直覺與中國哲學》，第一九七頁。
㊳ 同上書，第一九四頁。
㊴ 同上書，第二〇〇頁。
㊵ 同上書，第二〇〇——二〇一頁。
㊶ 《心體與性體》第一冊，第一七三頁。
㊷ 同上書，第一七八頁。
㊸ 《生命的學問》第一三六頁。

## 第二節 「道德的形上學」之完成

有人說：「道德的形上學可以說是牟宗三整個思想的核心。這是他對『實在』的基本看法，也是他重建傳統的理論根基。」❶道德的形上學自詞語上說是牟宗三先生對儒家哲學的現代概括，這一概括生動、傳神、準確，故而此語在今天已風行天下了。從思想上說，它是牟宗三匯通中西，對儒家哲學的現代創發。它不僅在牟先生的思想中占據重要地位，在中國整個文化史上，尤其是當代哲學界都具有重要的位置。

## 一、道德的形上學與道德底形上學

牟宗三先生在《心體與性體》綜論部分和《現象與物自身》的第二章均對「道德的形上學」和「道德底形上學」作了嚴格的區分。他認爲「底」是形容詞，而「的」是當作所有格用，與今日所用之「的」字正相反。「道德底形上學」是關於「道德」的一種形上學的研究，以形上地討論道德本身之基本原理爲主，其研究的題材是道德，而不是「形上學」本身，形上學是借用。而「道德的形上學」則是以形上學爲主，以道德爲進路滲透至宇宙之本源，即由道德進入形上學。前者是道德之形上學解釋，是道德哲學，後者是純哲學。這種區分似乎十分平常，其實這裡面大有文章，因爲這一區分不僅使道德哲學與道德的形上學區分開來，而且還使人們充分意識到以道德的進路可以建立起一套形而上學。

牟宗三先生認爲，「道德的形上學」並非爲其首創，先秦儒家自孔子始就函向此走之趨勢，至宋明儒學道德的形上學已被充分完成。因而儒學的發展，實質上是道德的形上學形成、發展和充分完成的歷史。他的工作就是沿宋明心性之學的理路，融攝西方哲學，尤其是康德哲學，繼續開發、光大道德的形上學而已。他說：「儒家自孔子講仁起（踐仁以知天），通過孟子講本心即性（盡心知性知天），即已函著向此圓教下的道德形上學走之趨勢。至乎通過《中庸》之天命之性以及至誠盡性，而至《易傳》之窮神知化，則此圓教下的道德形上學在先秦儒家已有初步之完成。宋明儒繼起，則是充分完成之。」❷又說：「依宋明儒大宗之看法，《論》《孟》《中庸》《易傳》是通而爲一而無隔者，故成德之教是道德的同時即宗教的，就學問言，道德哲學即涵一道德的形上學」。❸他雖一再肯定中國傳統哲學，尤其是宋明儒學所建立的道德形上學的價值，認爲只有它才能稱得上是「眞正的形上學」，但他也嚴肅指出了這種哲學的不足。在他看來，在以往，由於傳統儒者只重上達而忽視了下開，只能侔於天而不能侔於人，故而造成了中國傳統的道德形上學只證成了「無執的存有論」，即本體界的存有論，而缺乏「執的存有論」，即現象界的本體論。而眞正完備的「道德的形上學」應含兩層存有論，即它只有上通本體界，下開現象界，才是全體大用之學。故而下開不足是中國傳統的道德的形上學的一大缺憾。

然而，在康德，由於他處於西方哲學的傳統下，認爲人有限而不能無限，人只有感觸的直覺而沒有理智的直覺，人只能認識現象而不能認識物自身，故而他只建立了一「道德的神學」，而未能透徹證成道德的形上學。就是說他充分證成了「執的存有論」，而沒有證成本體界的存有論。牟宗三先生所創立的道德的形上學是中國傳統哲學與康德哲學相互參照，相互補充，相互融合的產物。就「執的存有論」言，它主要是取自康德，就「無執的存有論」言，它主要是源於中國傳統哲學。取自康德，並非是照抄康德，更不是康德哲學的中譯本；源於中國傳統哲學，亦不是中國傳統哲學的現代翻版，而是中國傳統哲學與康德哲學的新綜合、新創造、新建構。他說：「我們由中國哲學傳統與康德哲學之相會合激出一個浪花來，見到中國哲學傳統之意義與價值以及時代之使命與新生，並見到康德哲學之不足。」❹他不無自豪地說：他通過「誦數古人已有之慧解，思索以通之，然而亦不期然而竟達至消融康德之境使之百尺竿頭更進一步」，使中西哲學「趨一自然之和諧」。❺牟宗三對中國傳統哲學與西方哲學都有精湛的研究與獨特的體認，他正是在這一研究的基礎上，借助康德之橋，使中西哲學得一自然融合，建立起縝密、精微、龐大的哲學體系。

## 二、無執的存有論——真正的道德形上學

「執」與「無執」是佛家語，佛家有「我執」、「法執」、「遍計執」等等。執是執著、僵執、停滯之意。我執是指執著於有我，法執是虛妄地執著於諸法，認爲世界上的現象是獨立的實在，遍計執是周遍計度，妄分差別，執有實我，實法。牟先生所說的「執」是借用佛家語，以便更準確地表達其思想的內涵。其「執」主要是「識心之執」。所謂「識心」就是有限心。他認爲識心不僅在一定樣式下的事實上有限，而且其本質上就有執著性，故而稱它爲「識心之執」。「執」與「無執」主要是就主體言，同是一心，執著就是識心，不執著就是無限心。在中國，佛家的智心，道家的道心，儒家的良知明覺等皆是無執的無限心，而佛家的識心，道家的成心，儒家的氣靈之心，則都是有限心。牟宗三認爲「執」與「不執」對證成現象與物自身的超越區分，對開出兩層存有論關涉甚大。他認爲，由於康德將主體的有限和無限兩層意義分別賦予人和上帝，從而使其對現象與物自身的超越區分不能穩住。然而依中國傳統，「人可是執而不執的。當其執也，他是有限。當其不執也，他是無限。當其執也，他挑起現象而且只知現象。當其不執也，他知同時即實現物自身，而亦無所謂現象。」❻這樣，現象

與物自身的「超越區分」的主觀義乃得極成，而且得穩定。

現象與物自身的超越區分得以穩住，兩層存有論自然開出。「對物自身而言本體界的存有論，對現象而言現象界的存有論」。❼前者亦曰「無執的存有論」，後者亦曰「執的存有論」。這兩種名稱雖說可以相互取代，但認眞追究起來，亦有差別。可以說本體與現象是從對象、客觀的方面去規範存有論，而「無執」與「執」則是從主體方面去規範存有論。從牟宗三先生的思想義理的方面去洞察，「無執的存有論」和「執的存有論」更能體現哲學的內在精神。

他認爲「無執的存有論」才稱得上是眞正的形上學。在中國哲學傳統裡，儒家的性智，佛家的空智，道家的玄智皆是自由無限心的作用，都是智的直覺，因而它們亦都成就了「無執的存有論」。但在他看來，儒家是大宗，道佛兩家是旁枝。儒家從道德的實踐入手，其展露自由無限心，可以說是正面的，而佛、道兩家是從求止求寂的實踐入，則是負面的，三者都可以稱是「實踐的形上學」。不過儒家是道德的實踐，而佛、道是解脫的實踐，前者是道德的形上學，而後者是解脫的形上學。

道德的形上學就是「依道德的進路對於萬物之存在有所說明」。❽道德的形上學由道德實體的展露而建立，而道德實體的展露又由人的道德意識而顯現。但道德實體不限於人類而爲一「類名」，它是無限的實體；它不僅是吾人道德行爲之根據，它亦是生化之原理；它不僅可以開道德界，而且可以開存在界。

牟先生認爲，直接從道德意識所呈露的道德實體有各種名，依孔子所言的仁，可曰仁體。

依孟子所言的心，可曰心體，而此本心即性，因而亦可曰性體。依《中庸》所言的誠，可曰誠體。依其與自客觀方面言的天道合一而爲一形而上的實體言，亦可曰道體、神體、寂感眞幾。依王陽明，則曰知體明覺。依劉蕺山，則曰獨體。牟先生特別感興趣的是知體明覺。在他看來，知體明覺最能體現內在的道德決斷，與具體的道德生活聯繫亦最密切。他所謂的知體之知，不是認知、知識之知，而是良知、「乾知大始」之知。知體作爲體有三種本質屬性，一是主觀性，二是客觀性，三是絕對性。「主觀性者，知體之爲『良心』也，即『獨知』之知，知是知非（道德上的是非）之知也。客觀性者其本身即理也。絕對性者其本身即『乾坤萬有基』也，……陽明說良知是乾坤萬有之基，意即天地萬物之基。」❾知體實質上是主體性、客觀性、絕對性的合一。

知體明覺是道德的實體，同時亦是存有論的實體。就其作爲存有論的實體言，它是萬物底創生原理，是乾坤萬有之基，是造化底精靈，由此而開存在界。這裡的存在不是感性知性的存在、不是「現象」的存在，而是對知體明覺而爲存在，是萬物底自在相，即「物之在其自己」之存在。這裡的存在與「物之在其自己」的存有相同，可以說存有與存在是一。「本體界的存有論」亦曰「無執的存有論」，或曰「道德的形上學」。道德的形上學是以道德的進路對萬物之存在有所說明，故而哲學之本體研究是其道德形上學之主要內容。

牟先生繼承了中國傳統儒家的理路和精神，對傳統哲學命題繼續予以發揮，重建天人性命心理相貫通的哲學體系。「心外無性」、「心外無物」、「心外無命」、「心外無理」這些傳統儒學的命題，在牟宗三的創造性詮釋下更加圓融。他說：「『心外無性』，性體之顯發即是心體之顯發；『心外無命』，命之明通即是心之明通；同時亦函『心外無物』，心之所顯發而明通之者即是物之所在。心外無性，心就是性；心外無命，心就是命；心外無理，心就是理。心，性，命，理，乃是同一實體之不同的表示也。」⑩但他認爲心外無物，並不是說心就是物，而只是說物之存在只能在心體之顯發而明通中存在。離開了心的顯發而明通，物即爲非有；物爲非有，則心之顯發而明通亦難以展現。正是在心物渾一的顯發明通中，「知體呈現，物亦呈現」。「由此而言，『心外無物』，此是存有論的終窮之辭也。」⑪「即物而言，心在物；即心而言，物在心。物是心的物，心是物的心。」⑫心不離物，物不離心，心物一體流行呈現。

牟先生所說的物有兩層用意，一是意之所在爲物，他稱爲「行爲物」，一是明覺感應處爲物，這兩層含義均導源於王陽明。王陽明認爲，「如意用於事親，即事親爲一物；意用於治民，即治民爲一物。」⑬良知是意之體，意是良知之用。牟先生正是在這種意義上，認爲良知（知體明覺）對意念之動言，是超越的。而意念之動則有善有惡，有是有非，它隨感性軀殼而起念，故而「是落在感性的經驗層上面的」。⑭這種物實際上是事，不是物，若說物，它就是「行爲物」。既然是事，是行爲物，就有道德上的對與不對，當與不當之分，「以及如何使之而爲對，如若不對，又如何能轉化之而使之爲對。這樣，乃直接由認知意義的格物回轉到行爲底實踐上，而求如何使此行爲合理或正當」。⑮如事親一事，孝爲正當，不孝則爲不正當。如何實現孝行，這乃是良知之力量。但在事親這一行爲，事親是一事，「親」是個存在物，親之爲存在物是在事親中被帶進來的。在事親中我們需要注意親這存在物，這裡的注意是認知地注意。牟先生認爲，良知是實現孝行的「形式因」和「動力因」，而認知地了解親之身心狀況則是實現孝行的經驗條件，即提供一「材質因」。這樣，在經驗的層面上，「我們有一現象界，有一認知的活動，有一執的存有論。而就事親這一層說，當事親這一孝行實現而係屬於知體明覺，在知體明覺中一體而化時，我們即有一無執的存有論。」⑯

在無執的存有論中，在明覺感應處言物，我們就有了一本體界的全部朗現，物就由現象界對象意義的物轉爲物之「在其自己」，而認知活動亦轉爲明覺之朗照，即所謂的直覺。牟先生認爲，明覺之感應，眞誠惻怛之良知，並不只限於事，亦通於物。心外無物，心外無事，一切皆在吾良知明覺之感應的貫徹與涵潤中，故而明覺之感應原則上並無界限，其極必與天體萬物爲一體。他說：「散開說，感應於孺子，即與孺子爲一體，而孺子得其所。感應於鳥獸，草木，瓦石，亦皆然。……感應於物而物皆得其所，則吾之行事亦皆純正而得其理。就事言，良知明覺是吾實踐德行之道德的根據；就物言，良知明覺是天地萬物之存有論的根據。故主觀地說，是由仁心之感通而與天地萬物爲一體，而客觀地說，則此一體之仁心頓時即是天地萬物之生化之理。」⑰這就把宋明心性之學的精義用現代語言提煉和概括出來，使其更加系統而整嚴。

知體明覺之感應是「圓而神」，「圓而神」是「神感神應」，不是物感物應。物感是既成的外物來感動於我，物應是我之感性的心被動地接受而應之。知體明覺之感應既是無限心之神感神應，則感無感相，應無應相。在此顯發而明通中，物亦如如地呈現。故知體明覺之神感神應即是一存有論的呈現原則，亦是一創生原則或實現原則。當在神感神應中，物如如地呈現即是物以「在其自己」之身份而存在，物之「在其自己」即是物之自在相，亦即如相，如相亦是實相，實相亦是無相。無相就是無「現象」相，無任何對象相。「物處即知體流行處，知體流行處即物處，故冥冥爲一也。」[18]物與心分而不分，不分而分，一體流行呈現。

自客觀方面講，物無對象相，無任何現象相，自主觀方面說，知體明覺，智的直覺，亦是知無知相，覺無覺相。他說：「知體明覺即爲無知之知，無覺之覺，『無知之知』，即是知無知相；『無覺之覺』，即是覺無覺相。」[19]知無知相，覺無覺相，亦無所不知，無所不覺，這可以稱爲「獨覺」或「圓覺」。這種直覺只負責如如地去實現、創生一物之存在，並不負責辨解地去理解那已存在者之曲折之相。後者是知性，經驗之知之事，經驗之知是有知相之知，它有所知亦有所不知。知體明覺之知則無所不知，無所不知亦是無知之知，「此『無不知』之知正是『無知』之知也。此無知之知正是通徹於一切物而潤生之，使之爲如如地存在，此正是知之至也。知之至者正是冥冥爲一而一起朗現也。此之謂『徹知』，亦曰『證知』。」[20]無論是從物說上來，還是從心說下去，心與物皆不分而分，分而不分，一體流行呈現，冥冥爲一。

知體明覺與事、與物雖然是一體流行，冥冥爲一，但知體明覺與物自身畢竟有「不分而分」的方面，二者究竟是什麼關係呢？牟宗三先生認爲，它們不是現象與物自身的關係，而是體用關係。因在知體明覺之感應中，事是「實事」，物是「實物」，它們是知體明覺之「用」，不是現象，如羅近溪云：「抬頭舉目渾全只是知體著見，啟口容聲纖悉（細）盡是知體發揮。」牟先生認爲，抬頭舉目，啟口容聲，便是實事，便是實德，而不是現象。而只是在其自己之如相、實相。「它們是知體之著見，即是如如地在知體中呈現。此時全知體是事用，全事用是知體。全知體是事用，則知體即在用；全事用是知體，則事用即在體。儒者所謂體用，所謂即體即用，所謂體用不二等，並不可以康德所說智思物（本體界）與感觸物（現象界）以及其所說物自身與現象而視之。」[21]牟先生繼承了康德的說法，認爲現象與物自身的區分一方面不是客觀的，而是主觀的，另一方面認爲現象與物自身的區分到處可用。就前者言，他認爲現象與物自身之分只是對應主體而言的，對應於識心言，即爲現象，對應於知體明覺言，就是物自身。就後者言，他認爲知體明覺本身就一方面是現象，一方面是物自身。「當其是內部感觸直覺底對象時，它是現象；當其不是感觸直覺底對象，進而是非感觸直覺底對象，即智的直覺之對象時，它便是物自身，即知體明覺之在其自己。」[22]總之，體用關係不是現象與物自身的關係，因爲體與用俱是對應知體明覺的，俱是物與事之在其自己。

牟先生所建立的「無執的存有論」，體現了他對儒家哲學的獨特體認，他對儒學的理解之深，尤其是對宋明心性之學的理解和體察之深，當今之世，是第一流的。他把儒家義理的原有之義，活轉過來，引伸出來，並無半點牽強之感，又像全是從自家胸中自然流出，不造作，不矯飾，渾然灑脫，天衣無縫。人們不能不爲其深刻的哲學洞見而讚嘆。

當然，我們亦發現，其建立無執存有論的材料是極爲傳統的，但這些材料在其手中一條條皆活於現代，並用它創造全新的道德的形上學體系。傳統的東西之所以能活，舊的東西之所以能活於現代是因爲他有一現代思維的大腦。環顧當今海內外諸大哲，極少有像他那樣對懷特海、羅素、維特根斯坦、康德等西方諸大哲下過如此大的功夫。他曾是出色的現代邏輯學家，也是一位極富思辨色彩且極具創造性的哲學家。無論從那個角度來評論，牟先生思想的深度和哲學的創造性大概是誰也不會懷疑。

不能否認，牟宗三從熊十力那裡繼承了許多東西，牟先生從邏輯學走向哲學乃至歸宗於儒家與熊十力先生的早年點撥是分不開的。但就建立哲學的方式言，牟宗三與熊十力已有很大的差別。熊十力雖是他那個時代最富哲學氣質的思想家之一，但他畢竟是精於古而疏於今，精於中而疏於西，致使其心本論並未能將宇宙發生論與宇宙本體論嚴格地區分開來，常使二者混在一起。在其心本論中，實體內部含藏大生和太素，陰陽相反之兩性，交相推動，遂成變化，乃有萬物，這本質上是宇宙發生論的問題，從宇宙發生論的角度來論證心本論自然缺乏科學性和說服力。牟宗三在其哲學中對熊十力的這一思想不讚一詞，根本未予以繼承。在熊十力談及「性智」、「本心」、「良知明覺」、「良知是呈現」時，他談得最精彩、最透徹，直揭宇宙人生之源，這些則爲牟宗三全盤承受並予以發揮。熊十力建構哲學體系的方式仍然是傳統式的，並沒有撐開兩層存有論，對聞見之知與德性之知之關係亦沒有作妥當處理。亦可以說他用一本萬殊、體用關係代替了本體與現象的關係，從而使其不能恰當地解決經驗事實和良知本心的關係。

牟宗三不談宇宙發生論，當下從現象與物自身入手，撐開兩層存有論。就主體言，從撐開識心之執和知體明覺，就客體說，他區分了現象與物自身。同一事物，相應於識心言爲現象，相應於知體明覺言爲物自身。這樣就擺脫了經驗的事實對本心、良知、無限心的困擾。誠然，牟先生也說「道德創造與宇宙生化是一」，認爲宇宙生化之理即是宇宙存有論的原理，但這裡的一是宇宙生化與知體明覺一體朗顯之一。這種生化不能當作像雞生蛋那樣在產生與被產生的關係來理解，而是像上帝創造物自身那樣，知體明覺呈現物自身就是實現物自身，就是創造物自身。正是在這種意義上，牟認爲他的哲學是徹底的唯心論。

## 三、知體明覺之自我坎陷——開出執的存有論

牟宗三先生認爲，知體明覺之感應，即智的直覺，只能知物之如相，自在相，即只能如其爲一物自身而圓照之，實現之，但它並不能把物推出去，置定於外，以爲對象，因而從事去究知其曲折之相，即把物作爲外在的對象而研究之，認識之。因而知體明覺雖然高明，但它不能直接開出科學知識。在西方傳統下，上帝是上帝，人是人，兩不相屬。就科學知識言，上帝無而不能有，人有而不能無。依中國傳統，人可是聖，聖亦是人。就其爲人而言，他有科學知識，而且科學知識對人是絶對需要的。就其爲聖而言，他越過科學知識而不滯於科學知識，科學知識亦不必要，這就是有而能無，無而能有。他認爲不僅儒學是這樣，佛、道兩家亦如此，佛家認爲衆生可成佛，佛亦是衆生，言眞諦，亦言俗諦，一心開二門。道家雖重玄智，鄙視「成心」，然而和光同塵，與天爲徒，與人爲徒，眞人是天亦是人，因而它們於科學哲學均爲無而能有，有而能無。但是由於以往儒、佛、道三家皆重視上達，而輕忽下開，故而未能正視科學知識這一環。「吾人今日須開而出之。上達下開，通而爲一，方是眞實圓滿之教。」㉓而科學知識開出的關鍵是如何由知體明覺開出知性，由是他提出了「知性之辯證的開顯」說或「知體明覺之自我坎陷」說。

牟宗三先生認爲，「知性之辯證的開顯」之「辯證」不是康德意義的辯證，而是黑格爾意

義的辯證。康德認爲，當人們運用有限的知性範疇去把握無限的世界時就會陷入矛盾，即「二律背反」。他認爲這種自我矛盾是理性在進行認識活動時必然產生的假象，是不可避免的矛盾。而對這一假象的客觀性和矛盾必然性加以研究和論證，揭示其先驗假象和邏輯，就是辯證法。黑格爾則認爲，一切事物本身都是矛盾的，整個世界充滿了矛盾。自我矛盾並不是理性認識的假象，而是一切運動和生命的根源，是發展的生命力之所在。當然黑格爾的辯證亦是「思想的自我發展」的辯證。在康德，矛盾雖是不可避免的假象，然而未必是合理的。在黑格爾，矛盾的存在是必然的、眞實的、合理的存在，是一切事物自我發展的生命動源所在。也許正是在這種意義上，牟宗三先生使用了黑格爾的「辯證」，而不使用康德意義的「辯證」。在牟先生，知體明覺之自我否定，開出知性亦是其自我完善的不可或缺的必然環節。

他說：

> 知體明覺不能永停在明覺之感應中，它必須自覺地自我否定（亦曰自我坎陷），轉而爲「知性」。此知性與物爲對，始能使物成爲「對象」，從而究知其曲折之相。它必須經由這一步自我坎陷，它始能充分實現其自己，此即所謂辯證的開顯。它經由自我坎陷轉爲知性，它始能解決那屬於人的一切特殊問題，而其道德的心願亦始能暢達無阻。否則險阻不能克服，其道德心願即枯萎而退縮。[24]

可見，知體明覺之自我否定，轉而爲知性，並非康德所謂的虛幻的假象，而是「內在精神自我發展」的辯證必然性。在中西文化交匯已久，人類文明日趨走向一體化的今天，誰也不能無視科學知識重要的社會價值，實現科學是一切民族共同追求的目標。中華民族亦不例外。故而牟先生認爲知體明覺只有轉出科學知識的哲學基礎——知性，它才能充分實現其自己。這說明知體明覺開出知性是知體本身的內在要求，是其進一步發展和完善的必然環節。正是在這種意義上，牟先生認爲他的「辯證」是黑格爾意義的辯證，不是康德意義的辯證。

牟先生依據「德行優先於知識」的原則，先說德性之知，後說聞見之知，先道德，後知識，先說無執的存有論，後說執的存有論。由無執的存有論向執的存有論之轉進，牟先生使用了辯證的開顯，辯證地開顯不是直接地開，其中應經過一個曲折，這就是所謂的「曲折」，即曲而能達。「曲達」即知體明覺之自我坎陷。牟先生在這裡又一次表達了自我坎陷的意義，他說：

> 知體明覺之自覺地自我坎陷即是其自覺地從無執轉爲執。自我坎陷就是執。坎陷者下落而陷於執也。不這樣地坎陷，則永無執，亦不能成爲知性（認知主體）。它自覺地要求坎陷其自己即是自覺地要這一執。㉕

「執」即執著、停住、執持之意。知體明覺自覺地從無執轉爲執，就是其從神感神應中停住而自持其自己，顯停滯相，執就是知體明覺「停住而自持其自己即是執持其自己」。㉖知體明覺在神感神應中，原無任何相，即知無知相，覺無覺相，意無意相，物無物相，但其一停滯就顯了停滯相。而顯停滯相它就偏限於一邊，就轉成了「認知主體」，其明覺之光亦轉成了認識的了別活動，即思解活動。如是知顯知相，覺顯覺相，意顯意相，物顯物相。牟先生借陸象山的話說，這是「平地起土堆」，「無風起浪」。

知體明覺之「無風起浪」、「平地起土堆」可以從兩方面說，從主體方面說，知體明覺之無我相之「眞我」凸顯出一個邏輯的我，形式的我，架構的我，即有我相的我。這種我的本質作用就是思，可以說就是思維的我，它的本質就是執，「這執即轉而就是『思的我』之自己，故『思的我』之本質就是執，它以執爲自性。」❷這種以執思爲自性的思維的我是空無內容的，是定常而爲形式的，是邏輯的。因是邏輯的，它就不能不使用概念，因而亦是一架構的我。「架構者因使用概念把它自己撐架起來而成爲一客觀的、形式的我之謂也。」❷這個客觀的、形式的我相對知體明覺之眞我言，是一現象。「不過這不是被知的對象義的現象，而是能知的主體義的現象。」❷這一現象是主體明覺凸起者，故可以說是「平地起土堆」。知體明覺是無任何相之眞我，是平地，而此有我相之我則是一凸起的現象，是一土堆。

就客觀方面言，知體明覺之自覺地要這一執即坎陷而凸起爲思維的我，有我相之我，那麼神感神應中之「物」亦凸起而爲一對象，即成爲對象相的物，亦即現象意義的對象，這是從客體方面所說的「平地起土堆」。「物之在其自己」是物無物相，是平地，平地無相，而現象是「物之在其自己」凸起者，是土堆，而土堆有相。但牟先生強調這種現象不是「物自身」之客觀地存有論的自起自現，而是認知心認知地挑起或搊起者。這種現象只是認知意義的現象。「物之在其自己」並不是實體，它不能是存有論的自起現象。而客觀地存有論自起自現者為知體明覺，但知體明覺所起而著見者為實事實理，亦是實物，並非是現象，不能作現象觀。知體明覺是體，而實事實理、實物只是用。中國傳統之體用關係並非是本體與現象之關係。牟先生這一區分有著重要的意義，只有在這種說明中傳統哲學的「體用一源，顯微無間」才得以充分證成。如以本體與現象來詮釋傳統的體用關係，即體即用，體用不二等命題就會有被歪曲的危險。

知體明覺經自覺地自我坎陷，從而轉出了知性主體，開出了認識領域之對列之局：一方是能知之主體，一方是被知之客體。但無論是能知之主體還是被知之客體，二者均為現象，由能所、主客之推演建立起「現象界的存有論」，或曰「執的存有論」。

知體明覺之自我坎陷說在牟宗三先生的道德的形上學中占有重要地位，它是連結兩層存有論的橋樑，甚至可以說是連結中西哲學的橋樑。不了解牟先生的良知自我坎陷說，就不可能了解道德的形上學的眞正價值。「自我坎陷」說是理解牟宗三哲學乃至整個思想的關鍵。

知體明覺之自覺地自我坎陷轉出知性，開出現象界的存有論或曰執的存有論，這一步開顯對中國傳統哲學言，具有重大的理論意義。這樣，道德的形上學不但上通本體界，亦下開現象界，成為全體大用之學，成為眞正完備的形上學。

## 四、執的存有論——科學知識的哲學基礎

牟宗三認為，現象界的存有論就是對現象作形上學的思考、說明。如果無執的存有論是德性之知的話，那麼執的存有論則是聞見之知，經驗之知。經驗之知從知性始，經想像下趨至感

性而後止。反過來，「認識心底活動從感性起，步步向後躍起，躍至知性而後止。」㉚感性、想像、知性是同一認識心之三態。感性攝取現象，想像形構時空與規模，知性思辨對象。由知體明覺之自我坎陷，凸起認識主體，建立起執的存有論，至此，道德的形上學「上達下開，通而爲一」，成爲眞實圓滿之教。

牟先生指出：現象是「一存在物對一定樣式的感性主體而現爲如此者之謂也」。㉛他認爲知性思辨對象，但不能給予對象；感性給予對象，攝取對象，但不能思辨對象。

他稱感性底攝取爲「感觸的直覺」。而感觸的直覺爲一「呈現原則」（Principle of presentation），它只是將一現實而具體的存在物呈現給吾人，但不能創生這存在物，它只是認知地呈現之，而不能像知體明覺那樣存有地創生存在物，實現存在物。知體明覺所實現的存在物經過感性之攝取即轉爲對象，感觸的直覺所認知地呈現給吾人的存在物便是現象義即對象義的存在物。

在牟先生看來，現象並不是客觀的存在物，它是吾人識心之執挑起或搊起的主觀存在物。但感性並不能無條件地攝取和呈現現象，它的呈現和攝取必須具備兩個條件：

⑴　人的感覺之特殊構造，譬如只有五官。

⑵　在此特殊構造下，其攝取外物必依時空形式而攝取之。

就第一點而言，他認爲感觸的直覺就是「取象而著相之認知機能」，他是認知心（識心）

之陷於感性中。陷於感性就是順官覺而起直接攝取之用，總之，感觸的直覺就是「五官爲外物所影響（所感動）而吾心被動地起而接受之即攝取之」。㉜牟先生在這裡不但沒有否認外物的存在，而且還認爲外物是形成感觸直覺的重要條件。牟先生這裡所說的外物顯然是物理層面的客觀實在，就此而言，他所說的現象界的存在物亦不純粹是主觀的東西。

就第二點而言，牟先生認爲時空並非是物質的存在形式，並非是客觀的，而是識心之主觀建構，是由超越的想像形構而成者。他的時空觀來源於康德，康德認爲，時空是人們心靈的主觀構造，是整理感覺材料的形式。牟宗三接受了康德的觀點，並對構造時空的心靈作了更加細緻的分析。他認爲，構造時空的心靈不是感性，亦不是知性，而是「純粹的想像」或「超越的想像」。他說：「時間空間既是內外感覺上的一切量度，或甚至說一切對象（量度視之的對象）底純粹影像，則此純粹影像之形成即由『純粹想像』而成。想像是心之活動，所想之像即是影像或圖畫式的形象。純粹的想像無經驗的內容，因此，其所想的圖畫式的形象（影像）即是純粹的影像，此沒有別的，不過就是時間與空間。純粹而超越的想像形式地形構成或湧現地執成一純粹的影像，即時間與空間。」㉝由此，牟先生認爲康德的時空觀過於籠統，而他則順康德之思路進一步探究了時空的根源在於純粹或超越的想像。

時空由超越的想像而形構成，但它用於感性。感性不自覺地帶著這本已有之的形式去攝取現象。牟先生說：「人的感性之攝取外物是在一定樣式下的攝取。」「時空就是標識人的感性之特殊模式或一定樣式之形式條件。」㉞五官和時空就是感觸直覺攝取外物的兩個基本條件，二者缺一不可。

感性攝取外物，給予現象，想像形構時空，但二者都不能思辨對象。「當此認識心脫離感性而爲思維主體即知性時，它即須使用概念而顯思想之用。」㉟知性思辨對象，但知性所思辨者是感性所給予的，是使用概念的思辨。假若思辨所使用的概念無感性直覺的給予只能是空洞的概念，而思辨亦只是空洞的思辨。感性、想像、知性是認知心之三態，感性攝取現象，想像形構時空，知性思辨對象。牟宗三先生認爲：從知性到感性，或從感性到知性表現認知心的雙向運動。他說：「認知心底活動從感性起，步步向後躍起，躍至知性而後止。從知性步步向下趨，趨至感性而後止。」㊱就知性之辯證開顯言，他認爲知體明覺之自覺坎陷而成者爲知性，由此而言，在感性、想像、知性序列中首先出現者爲知性。由知性經想像至感性這是認知心的下趨之路，然而有下趨之路就必有上達之路，而從感性經想像至知性則是上達之路。牟先生所論述的這兩條認識路向均存在於人們的認識活動過程之中。就牟先生對這兩條認識路向的規定言，他從「先說道德，後說知識」出發，故而從知體明覺到知性、想像、感性，知性是邏輯的、是虛的，是道德心願之辯證的伸展。而由感性經想像至知性則是現實的、經驗的。暫時忘卻「無執的存有論」不談，僅就「執的存有論」說，或僅就哲學認識論說，應當是先有感性、想像、知性之上升的認識路向，而後才有由知性經想像至感性之下趨的認識路向。

牟宗三先生認爲，感性、想像、知性是認知心的三種根源機能，在這三種機能的基礎上，遂有三種綜和之出現：即直覺中攝取之綜和，想像中重現之綜和，概念中重認之綜和。三種綜和康德均已言之，牟宗三只是在康德的基礎上進一步引伸之而已。

首先看直覺中攝取之綜和。康德認爲人們的感知一發生就有一種把雜多的感性表象聯結起來的綜和能力，這種綜和就是直覺中攝取之綜和。沒有這種綜和，雜多永遠是單一、零碎的，雜多決不能表現爲雜多。牟先生認爲：「我們的感觸直覺所直覺的現象是一下子紛然呈現的，此即所謂雜多。縱使是只直覺一個單獨的現象，例如說只直覺一個聲音，而如果是直覺，而不只是一個感覺，一個純主觀的感受，則此聲音之直覺亦須在以時空爲形式條件下而直覺之，亦須把此聲音置定之於時空中。」㊲總之，這個直覺是在時空關係的限定中而直覺之，它是「直接的，任運的，亦常是不自覺的，然不能說不是一種綜和」。㊳當然，攝取綜和不僅僅專就經驗的雜多說，亦有攝取先驗雜多之綜和。先驗的雜多亦即純粹的雜多，對這種先驗雜多的綜和就是「直覺地領納部分時間與部分空間而綜和之以成一直覺構造也」。㊴在牟先生看來，綜和就是佛家的「執」，不過佛家只是說心理學意義上的「執」，未曾說及認知意義的「執」，故而未能明知識。「今將執與綜和連在一起，則康德的思想可以暢通，而於佛家亦有利。」㊵

其次，想像中重現之綜和。康德認爲，感知的表象必須保存於記憶中，由想像把它們再現出來，否則，完整的表象就不可能。牟先生順康德之理路，認爲想像的作用是把過去的現象重現出來。但現象之所以能被重現必須服從於一些規律和處於一種關係中。這種關係可以從某一現象轉到另一種現象上去，是以想像的作用是一種重現之綜和作用。這裡的想像是經驗的想像，而重現之綜和是經驗的重現綜和。這種綜和亦是一種「執」，一種經驗的未能反省的就事而執。

牟先生指出，現象重現之所以成爲可能是由「純粹而超越的想像之綜和」決定的，換言之，經驗的想像是以純粹而超越的想像爲依據的。那麼，爲什麼純粹而超越的想像能使重現成爲可能呢?這是由「超越的想像機能」的功能決定的。第一，超越而純粹的想像對感覺對象之量度而形構時空;第二，他對於每一範疇而形成一規模(Schema)，以爲範疇落實之條件。前者已有論及，今說範疇落實之條件的規模。規模藍公武譯爲先驗的圖型。康德認爲規模只是一對象相契合於範疇的現象或感觸的概念。它一方面是知性的，一方面是感性的;一方面與範疇同質，一方面又與現象無殊。它是純粹概念和現象之間的媒介，即經過概念之規模或曰概念之圖型範疇就可以應用現象。衆所周知，康德在其範疇表中列出了四組共計十二範疇:㈠量，包括三個範疇即單一、多數、總體;㈡質，亦有三個即實在、否定、限制;㈢關係，亦有三個即本體與屬性、因果、交互;㈣藍公武譯爲形相，牟先生譯爲程態，亦有三個即可能、現實、必然。康德言十二範疇，言範疇之規模是範疇與現象聯繫的中介，但他對十二範疇之十二規模所言仍不詳盡。牟宗三順康德之理路詳言十二範疇之十二規模相。就「時間系列」言量概念底的規模，就「時間內容」說質概念底規模，就「時間秩序」說關係概念底規模，就「時間的範圍」說程態概念底規模。在概念之規模的形成上牟宗三繼承康德，亦有別於康德。在康德，規模之形成不過是依照規律而來的時間底諸先驗決定。牟宗三同意康德的這種說法，同時又認爲規模是由純粹想像底綜和而執成的。「由知性的執念通過想像所形構成的規模，我們便可以決定出現象底常住性，即以此常住性作爲現象的常體。是以康德說現象的常體是知性的範疇所決定的，其實就是認知心所執成的，此義通一切範疇以及一切範疇之規模。」[41]

牟宗三順康德哲學之思路將想像中重現之綜合分爲兩層，一是經驗的想像，一是純粹而超越的想像。前者重現現象，後者形構時空和規模，後者是前者的根據。就基本理論方向言，牟宗三大體遵循康德，但他比康德論述得更縝密和精緻，更趨系統。但康德並不以執言綜和，牟宗三則以識心之執言綜和。執實質上是一賦有貶擬色彩的字眼。在佛家，它本質就是一種應克服的不合理的存在，成佛之路的伸展就在於對「執」的不斷破除。牟先生以執釋綜和，形象而傳神，且並非完全取佛家之義，但在他那裡卻是一利弊兼容，既合理又不合理的矛盾體。

最後是概念中重認之綜和，對此康德是十分重視的，故而康德所論甚多。牟先生對此則長話短說，認為概念之綜和統一是知性底機能，知性因使用概念而成思，同時亦把現象客觀化，即對象化。概念中重認之綜和是綜和之最高階段，他說：「我們的識心（認知心）之綜和，從直覺中攝取底綜和起，經過想像中重現底綜和，後返至概念之綜括性的統一而止」。[42]三層綜和均為識心之執，但直覺中攝取之綜和是感性的機能，而想像中重現之綜和是「超越想像」的機能，而概念中重認之綜和是知性的機能。純粹想像之綜和是感性和知性的媒介，是知性概念之感觸條件，是足以使概念落實者。「概念落實，能應用於現象，而有客觀的妥效性，便是知性概念之統一。」[43]這樣現象才真正達到客觀的統一，對象才完全客觀化而成為客觀對象。由此而形成的知識才是現象界的存有論的知識，亦即執的存有論的知識，先驗的知識。

三層綜和至概念之綜和，決定性的概念即概念之定執始完成，現象之十二定相即量度相、實在相、虛無相、限制相、常體相、因果相、共在相、可能相、現實相、必然相等始穩定。在直覺之攝取之綜和中，識心之執執成現象之雜多相。在想像之重現之綜和中，純粹想象執成十二規模相。經由十二規模相始成十二定相。這十二定相「是經驗以及經驗對象可能的根據」。[44]

三層綜和實質上皆爲識心之執，就主體言，他們分別是感性、想像、知性之機能。就結局言，它們分別形成雜多相、十二規模相、十二定相。三層綜和依次推進，實質上反映了人類認識的辯證運動過程。牟先生的三層綜和論源於康德，大體上亦相應於康德，但其目的在於消化康德。康德哲學是西方文化宇宙的一大慧果，眞正消化康德決非易事。研究康德而名世者，中外不乏其人。然而眞正能消化康德哲學系統者，在當今中國學術界唯牟先生一人而已。

牟先生認爲由識心之執而起現的純粹的形式概念均爲先驗概念。先驗就是先於經驗而存在。「如果問它們在於何處，則我們說它們即先在於識心之本執。先謂『先』即先到這個地方而止。」[45]執性之本執就是最原初的執，無始執。不過先驗的概念亦有兩層不同，一層邏輯的先驗概念，一層是存有論的先驗概念。邏輯的先驗概念如一切、有些、任何、每一、是、不是、如果、則、或、與等。這些邏輯的先驗概念是識心之執在現實的思解活動中所示現，它們是思解活動所以可能的條件，但不是思解活動的對象所以可能的條件。當識心之執不在現實的涉及存在的思解中而獨行時，這些概念即是純理自己所展示的邏輯系統。

作爲現象底法則的範疇就是存有論的先驗概念。「此等先驗概念是識心之執之在現實的思解活動中所執現者，執現之以使現實的思解活動（所謂經驗）爲可能，並使現實的思解活動底對象爲可能。」[46]就是說它能使現象成爲一客觀的現象。

但這兩種先驗概念皆是認識論的先驗，而不是形而上學的先驗。即它們只有認識論，執的存有論的必然性，而無形而上的必然性，無無執的存有論的必然性。因爲這些概念皆起現於識心之本執，而識心可轉，本執可化，當識心本執被轉化時，這些先驗概念亦同歸於無。但從知體明覺之自覺地要求保住這「無而能有」的「有」底必然性說，則它們亦可間接地說爲有形而上的必然性，即間接地有形而上的必然性。總之，這些先驗的概念是「無而能有」、「有而能無」的。

牟先生認爲，經驗之知即是執知。而識心之執，從知性到感性，一執到底，貫徹始終。無論是先驗的邏輯概念，還是先驗的存有論概念，皆是知性之執。而形構時空，並對應範疇而形構十二規模，便是想像之執，隨感性而成直覺，以時空爲條件，便是感觸的直覺之執。直覺之執給吾人以對象，使對象成爲現象。這是識心之執的下開之路。然而識心之執亦可由直覺執之局限於當下而躍起進於想像，由想像說明時空之起現以及規模之構成，此曰想像之執。再由想像而躍起以至於思維之明確，概念之起現，復由感性經想像到知性，交滲互融，了無滯礙，往返運動，形成執知，建立起現象界的存有論。

牟先生的執的存有論主要來源於康德，可以說是消化康德哲學的結果。無康德，就無牟宗三的執的存有論。牟先生並非完全認同康德。就執的存有論言，康德只承認人有感觸的直覺，而否認人有智的直覺，使現象與物自身的超越區分不能被充分證成。就知識言，康德雖給了知識一些限制，將人類感性和知性作了說明，將人的有限和上帝的無限亦作了說明，「然這些限制是籠統的，散列的，並未能凝聚成一眞實的理境而以之爲其系統的前提」。[47]人雖有限而可無限，人有智的直覺是牟宗三道德的形上學的全部基礎。就人的有限心、感觸的直覺言爲現象，就人的無限心，智的直覺言爲物自身。就執言爲經驗之知，就無執言爲德性之知。融攝康德哲學，以補中國哲學之不足，是牟宗三哲學的重要貢獻。

上面我們曾談到，執的存有論是由無執的存有論自覺地自我坎陷而成者，或者知性是由知體明覺自覺地自我否定而成者，由無執的存有論可以開出執的存有論，執的存有論「無而能有」。同樣牟先生也認爲由「執的存有論」亦可向「無執的存有論」過轉，這就是「有而能無」。他說：

> 識心之執和科學知識是知體明覺之所自覺地要求者。依此義而說「無而能有」，即它們本是無的，但依知體明覺之自覺地要求其有，它們便能有。但依上第四節（《現像與物自身》第四章第四節——引者注），它們既是權用，則仍可把它們化而歸於知體明覺之感應而不失知體聖德之本義。即依此義而說「有而能無」，即它們已經有了，然既是由自覺要求而有，則它們亦可經由自覺的撤消而歸於無。進一步，若以明覺而通之，則雖有不爲礙，亦不必撤消，此亦是有而能無。無而能有，有而能無，由於是這樣地進退自如，故此兩者是一個輪子在知體明覺這個「天均」上圓融無礙地轉。㊽

在牟先生完備的道德的形上學體系中，兩層存有論圓融無礙。康德只證成了「道德的神學」沒有建立起道德的形上學。康德在西方哲學傳統下，人與上帝睽隔不通，人無論如何贖罪，怎樣修行，能上達天庭，但決不能成爲上帝。因而在西方，有而不能無，無而不能有，人只是有限，不能無限，上帝無限，而不能有限。在中國傳統，人而聖，聖而人，人聖之間並不像西方的人與上帝那樣隔絕，人雖有限而可無限，因而科學知識，識心之執，執的存有論無而能有，有而能無。它們本來是知體明覺之自覺地自我坎陷而有，當然它們亦可依知體明覺之要求撤消而歸於無。前者是知體之自我坎陷，是由上達下開，後者是向無執而過轉，是下開而上達，這二者可以說是在一大圓圈相往返。

由「執的存有論」向「無執的存有論」之過轉，可從兩方面言之，其一是從現象與物自身的角度講。牟宗三贊同康德的說法，認爲現象與物自身之分是主觀的，對識心言是現象，對知體明覺言是物自身，現象與物自身只是同一對象而有兩種身份之存在。識心依知體明覺之坎陷而轉成，現象是由此識心而挑起並執成者，它們都是智心之權用（智心即知體明覺，般若智、玄智）。作爲權用的識心與現象皆間接地統於智心，智心亦間接地爲現象之根據。現象亦隨智心之無限而無限地起現。牟先生說：「現象爲權用故，可讓它無限地起現，此是進；亦可不讓它起現，而頓歸於寂，此是退。同時亦可說即現象即物自身，即物自身即現象，即經即權，即權即經；即進即退，即退即進。灑脫自在，經權不礙，進退自如。此是實答。」[49]現象與物自身灑脫自在，進退自如，則執的存有論和無執的存有論亦進退自如。

其二，從知性與知體明覺的關係講，亦可說即明覺即知性，即知性即明覺，進退自如，灑脫自在。如以煩惱說知性（識心之執含有煩惱的種子），以菩提言明覺，則煩惱即菩提，菩提即煩惱。牟先生指出：「知性非爲煩惱也，而煩惱之興必由於知性。由明覺而下開知性，是『菩提即煩惱』，此是無而能有也。由知性而上返於明覺，是『煩惱即菩提』，此是有而能無也。」[50]「無而能有」、「有而能無」，「無」與「有」是指「執的存有論」，然誰無之？誰有之？這裡的「誰」是指「無執的存有論」。即無與有之操縱權全在知體明覺。這表明無執的存有論是體，是本，而執的存有論則是用，是末。兩層存有論全面打開，道德的形上學完備地建立起來，就是儒家之全體大用之學的眞正完成，就是本末一貫之道之眞正完成。如果說執的存有論主要取於康德，或西方哲學，而無執的存有論主要取自中國哲學的話，那麼中西哲學之關係也就不言而喻了。

## 注釋

❶ 陳錦鴻《傳統的重建》載羅義俊編《評新儒家》上海人民出版社，一九九一年十二月第一版。
❷ 《從陸象山到劉蕺山》第二二四頁。
❸ 《心體性體》第一冊，第二〇頁。
❹ 《現象與物自身》《序》。
❺ 《圓善論・序言》。
❻ 《觀象與物自身》第一九頁。
❼ 同上書，第三九頁。
❽ 同上書，第三九頁。
❾ 同上書，第九三頁。
❿ 同上書，第九七頁。
⓫ 同上書，第九八頁。
⓬ 同上。
⓭ 王陽明《傳習錄・答顧東橋書》。

⑭《現象與物自身》第四三七頁。
⑮同上書，第四三八頁。
⑯同上書，第四四一頁。
⑰同上書，第四四二——四四三頁
⑱同上書，第九九頁。
⑲同上書，第四三九頁。
⑳同上書，第一〇〇頁。
㉑同上書，第四四四—四四五頁。
㉒同上書，第四四五頁。
㉓同上書，第一二二頁。
㉔同上書，第一二二頁。
㉕同上書，第一二三頁。
㉖同上。
㉗同上書，第第一二四。
㉘同上。
㉙同上書，第一二七頁。
㉚《現象與物自身》第一三三頁。
㉛同上書，第一二九頁。
㉜同上書，第一三〇頁。
㉝同上書，第第一三二頁。
㉞同上書，第一三〇頁。

㉟同上。
㊱同上書，第一三三頁。
㊲同上書，第一三八頁。
㊳同上。
㊴同上書，第一三九頁。
㊵同上書，第一三八頁。
㊶同上書，第一四七頁。
㊷同上書，第一五一頁。
㊸同上書，第一五二—一五三頁。
㊹同上書，第一五三頁。
㊺同上書，第一六七頁。
㊻同上書，第一六八頁。
㊼同上書，第一七七頁。
㊽同上書，第一七八頁。
㊾同上書，第三二〇頁。
㊿同上書，第一七八頁。

## 第三節　牟宗三與中國哲學的重鑄

牟宗三先生是當代中國最富創造性的哲學家，也是一位足以與當代任何一位西方大哲相抗衡的中國哲人。他的哲學成就代表了中國傳統哲學在現代發展的新水平。毫不誇張地說，不了解牟宗三先生，就不可能了解中國傳統哲學的現代體現；不消化牟氏之論著，超越牟宗三先生就無從談起。無視他的道德的形上學，就不能眞正把握中國哲學的未來發展。牟宗三的哲學成就是巨大的，他的哲學思維的深度和廣度亦是足以令人讚佩的，無論你是同情地肯定他，還是批判地超越他，只要你一打開他的書，你就不能不爲其深刻的思維所吸引，就不能承認他的哲學成就。這些哲學成就的獲得一方面來自他對中國哲學的深刻體認，另一方面亦有賴於他再造中國哲學的獨特方式。因而就牟宗三先生對中國哲學的重鑄加以認眞的研討，這對於理解牟先生的論著，體認牟先生的哲學思維的理路將會有所裨益。

## 一、消融當代哲學兩大路向之爭，探究中國哲學之缺失及其造成缺失之故

近代以來，面對西方文化的挑戰，中國哲學亦暴露出它的嚴重不足和缺失。由是，先進的中國思想家便踏上了自我反省，重鑄中國哲學的艱辛歷程。反省自我，必然尋覓中國哲學的缺失究竟在何處及何以有如此的缺失；重鑄中國哲學，必然涉及如何吸納西方哲學以完善自身。一部中國近代哲學史就是中國近代哲人不斷反省自身，重鑄中國哲學的歷史，亦是中國哲學從自在走向自覺的歷史。

康有爲和嚴復等是首批出來從事這一工作的人。康有爲試圖借助於今文經學的形式，吸納西方「星雲說」和「進化論」的內容，以實現中國哲學的近代轉變，但他只知中國哲學有其不足，而對這種不足究竟出在哪裡並沒有清醒的認識。嚴復則比康有爲深刻得多且更富有近代氣

息。他尖銳地指出，漢學無用，宋學無實，心學有害。這些學問皆以書本爲對象，不以自然界爲對象，大都是些師心自用之說，因而不能產生實證科學和西方的民主制度。可以說他已相當清楚地認識到中國哲學缺乏西方哲學中的認識論和邏輯學。故而他不遺餘力地向國人介紹和宣傳赫胥黎的天演論，斯賓塞的實證哲學、穆勒的邏輯學及培根的經驗論，以彌補中國哲學之不足。但他翻譯有功，創造無力，中國哲學的重建問題在他那裡不過是整部交響樂的前奏而已。

康、嚴以後，胡適和馮友蘭等人又從不同的角度去發掘中國傳統哲學的缺失。胡適認爲，中國自唐代以來哲學與科學之所以不發達，是因爲占統治地位的儒家學說缺乏西方的邏輯方法。❶馮友蘭則認爲，科學、知識論、邏輯學在中國都未曾得到充分發展❷。足見，中國哲學缺乏西方之知識論、邏輯學和科學，已成爲近代學者的共識。然而，對何以有此缺失則大都語焉未詳。

牟宗三先生在此問題上又前進了一步。他不僅指出了中國文化、中國哲學的缺失，而且還進一步探究了造成這一缺失的原因。他說：「在中國文化生命裡，惟在顯德性之仁學。固一方從未單提出智而考論之，而一方亦無這些形式條件諸概念。同時一方既未出現邏輯數學與科學，一方亦無西方哲學中的知識論。此環之缺少，實是中國文化生命發展中一大憾事。」又說：「智，在中國，是無事的，因爲圓智神智是無事的，知性形態之智是有事的，惟轉出知性形態，始可說智之獨立發展，獨具成果，自成領域。圓智神智，在儒家隨德走，以德爲主，不以智爲主，它本身無事，而儒者亦不在此顯精彩，智只是在仁義之綱維中通曉事理之分際。在道家，無仁義爲綱維，則顯爲察事變之機智，轉而爲政治上之權術而流入賊。」❸牟先生認爲，中國文化之所以未能產生民主與科學，原因在於中國文化生命裡只有「綜合的盡理之精神」，而缺乏「分解的盡理之精神」，只有「理性之運用表現」，而缺少「理性之架構表現」。它之所以未出現「分解的盡理之精神」及「理性之架構表現」，是因爲中國的文化生命始終未轉出「智之知性形態」。這一缺失從而導致了中國文化的全失，導致了中國文化「有道統而無學統」，「有治道而無政道」的歷史結局。可見，牟宗三對中國文化缺失的考察，實具有文化上的根源意義。

牟先生所說的「智之知性形態」，實際上就是西方哲學中的認識論。他認爲中國傳統哲學充分證成了德性之知，而對聞見之知雖有論及，卻從未單獨提出予以充分注意。而這種聞見之知正是科學知識的哲學基礎。他進而指出：在中國傳統哲學裡，無論儒家的仁心，佛家的如來藏自性清淨心，還是道家的道心，皆與天地萬物不分而分，分而不分，一體流行呈現。它只能知物之實相，實相即無相，而不能將物推出去，置定於外，並作爲客觀對象以認識之。它是越過了知性而不滯於知性，越過了科學知識而不滯於科學知識。它能使人成聖、成佛、成眞人，但不能給人以科學知識。而科學知識對人而言是絕對需要的，因而需今日開出之。而開出科學知識的關鍵是如何由知體明覺開出知性，由「無執的存有論」轉出「執的存有論」，由「德性之知」轉出「聞見之知」，使中國哲學上達下開，通而爲一，成爲一眞實圓滿之教。

中國哲學缺乏西方哲學的認識論及名數之學，這一見解並非是牟先生的獨創，而是許多學者的共識。而對中國傳統哲學何以缺乏知性，卻很少有人加以深究。牟先生則把這一問題放到整個中國文化的大鏈索中，作整體的把握和終極的探究。在同西方形上智慧的對比、照察中，去剖析中國形上智慧結構上的仁智失衡和功能上的學統不出、政統不建。這一探究就把中國傳統哲學的研究由「缺什麼」提升到「何以缺」的層面，深化了中國文化和中國哲學的研究。

牟宗三對中國傳統形上智慧缺失的考察與以胡適爲代表的科學主義者的分析並不衝突。然而，在如何看待這一缺失上，二者則大相徑庭，但與以梁漱溟爲代表的儒家人文主義者存在着某些內在的默契。他基本贊同梁的觀點，認爲中國之不能產生民主與科學，不是「不及的不能」，而是「超過的不能」。論境界，中國的道德的形上學，高於西方的道德神學和哲學認識論。所以牟先生對當代哲學之爭的綜和是立足於儒家人文主義立場去認同科學主義的某些成份，而不超越於人文主義和科學主義去開闢新的哲學途徑。

## 二、克服傳統哲學之不足，重鑄中國哲學

現代學者，對中國傳統哲學優劣得失的看法是衆說紛紜的，而對如何克服中國傳統哲學的缺陷，重鑄中國哲學，則見解更不相同。梁漱溟等人認爲，只要重光孔子的人生哲學且加以現代疏解，就能擺脫中國哲學乃至中國文化的困境。胡適等人認爲只要從西方引進了哲學學說，且爲國人所接受，就可以克服中國傳統哲學的危機，實現哲學的現代化。馮友蘭認爲只要在中國傳統哲學的形式中塞進西方哲學的內容，就可完成現時代哲學重鑄的歷史使命。牟宗三在這一問題上，匠心獨運，提出了著名的「良知自我坎陷」說。

「良知自我坎陷」說或稱「辯證開顯」說。「良知自我坎陷」說是牟先生以之打開中國傳統哲學乃至中國文化癥結的一把鑰匙。從哲學的意義上說，「良知自我坎陷」說就是良知、仁

心或無限心、知體明覺通過自覺地自我否定轉而爲知性，以開出獨立的智之知性形態。他說：「知體明覺不能永停在明覺之感應中，它必須自覺地自我否定(亦曰自我坎陷)，轉而爲『知性』；此知性與物爲對，始能使物成爲『對象』，從而究知其曲折之相。它必須經由這一步自我坎陷，它始能充分實現其自己，此即所謂辯證的開顯。」❹又說：「知體明覺之自覺地自我坎陷，即是其自覺地從無執轉爲執。自我坎陷就是執，坎陷者下落而陷於執也。不這樣坎陷，則永無執，亦不能成爲知性(認知主體)，它自覺地要坎陷其自己即是自覺地要這一執。」❺執爲佛家語，牟宗三將之解釋爲執持、停滯之意。自我坎陷就是使知體明覺經過自覺地自我否定轉而爲知性，且滯於知性。不這樣坎陷，它永遠是一絕對主體，道德主體，而不能成爲一認知主體。它只有經這一步自我坎陷，始能解決屬於人的一切特殊問題，其道德的心願亦始能通達無阻。因爲仁心、良知的自我坎陷並不是自我分裂，自我削弱，而是良知自我的進一步發展和完善。

知體明覺經自覺地自我坎陷而轉爲知性，「無我相」之眞我亦轉而爲有我相之形式的我，思辨的我，邏輯的我。與知體明覺一體流行呈現之物自身亦凸起爲有對象意義的現象。這樣，一方是能知之主體，一方是所知之客體，從而構成了認識論的基本對偶性。「知性步步向下趨，趨至感性而後止。」反過來，「認知心底活動從感性起，步步向後躍起，躍至知性而後止。」這種由知性到感性、由感性到知性的雙向運動，一方面建立現象界的存有論，一方面成就哲學認識論。

牟先生的哲學體系含有兩層存有論：一是本體界的存有論，即無執的存有論；一是現象界的存有論，即執的存有論。他認爲前者主要取自中國傳統哲學，後者主要取自康德哲學。因而他所建立的道德的形上學是中國傳統哲學與康德哲學相融合的產物。在這種融合中，康德哲學得以升華，而中國傳統哲學的不足得以克服。在他看來，康德哲學處於西方哲學的背景下，認爲人有限而不能無限，人只有感性的直覺而不具有智的直覺。因此，康德對現象與物自身的區分在西方不能被穩定，而在中國哲學的觀照下，這一區分才得以穩住，對無限心而言爲物自身，對識而心言爲現象。由前者，成就無執的存有論；由後者，成就執的存有論。就終極而言，道德的形上學是成聖、成佛、成眞人。他認爲在中西哲學的融合中，他既見到了中國傳統哲學的缺失，又見到了它的傳統價值和意義以及時代使命；既見到了康德哲學的知性存有論不可廢，又見到了它的不足。在這種對比、照察、融和中，既完善了中國傳統哲學，使它上達下開，通而爲一，成爲一眞實圓滿之教，又使康德哲學百尺竿頭，更進一步。攝取西方哲學智慧，重建中國的形上學體系，是當代學術之共法，牟先生亦不能超乎其外。然而，西方世界學派林立，衆說紛呈，攝取何種哲學入中國，則最能反映和體現一位哲學家的器識。牟先生游乎西方哲學幾十年，既不趕西方哲學的時髦，又不做西方哲學衆家的「好好先生」，而認定康德哲學是連結中西哲學的最佳橋樑，不能說無見地。康德哲學集西方經驗主義和理性主義之大成，最典型地體現了西方哲學的基本精神，而其道德哲學又與儒家哲學有許多暗合之處。這可能是牟先生偏愛康德的主要原因。當然，康德哲學並不能代替整個西方哲學，牟先生的哲學體系亦不會是中國當代唯一的哲學體系，不過當牟先生認爲他的哲學體系中的兩層存有論分屬於中西哲學時，連結兩層存有論的自我坎陷說也就只能理解爲中西哲學融合的途徑和方式了。

牟先生認爲，兩層存有論在道德的形上學中的地位和作用有著顯著的不同，執的存有論是無執的存有論自覺地自我坎陷而成者，它只是知體明覺之「權用」，因而它「無而能有」，亦「有而能無」。牟先生指出：「識心之執與科學知識是知體明覺之所自覺要求者，依此義而說『無而能有』，即它們本是無的，但依知體明覺之自覺要求其有，它們便能有。……它們既是權用，則仍可把它們化而歸於知體明覺之感應而不失知體聖德之本義。既依此義而說『有而能無』，即它們已經有了，既然是由自覺的要求而有，則它們亦可經由自覺的撤消而歸於無。進一步，若以明覺而通之，則雖有不爲礙，亦不必撤消，此亦是有而能無。無而能有，有而能無，由於是這樣地進退自如，故此兩者是一個輪子在知體明覺這個『天均』上圓融無礙地轉。」❻可見，無執的存有論是本源的、眞實的，執的存有論是次生的、虛設的，無執的存有論應主宰、統攝執的存有論。既然無執的存有論主要取自中國傳統哲學，尤其是儒家哲學，執的存有論主要取自西方哲學，尤其是康德哲學，那麼無執的存有論同執的存有論的這種關係也就是中國傳統哲學與西方哲學的關係。這就是說在中西哲學融滙中，中國哲學是本源的，主位的，而被融攝的西方哲學則是客位的、賓位的，中國哲學應主宰、統御被引入的西方哲學。

## 三、綜合百家而超越百家，強探力索自成一代儒宗

牟宗三立足於儒家人文主義立場，對如何利用西方哲學以重鑄中國哲學，作出了自己的回答。這種回答既不同於以胡適爲代表的西化主義者，亦有別於以梁漱溟爲代表的文化保守主義者。前者雖欣羨西方的經驗主義，但對中國文化之生命大源和主流的儒家文化缺乏同情的理

解；後者雖能正視儒家文化的現代價值，然而對西方哲學的深層奧蘊畢竟未有確切的體認和把握。牟宗三先生游乎懷特海、羅素、維特根斯坦、海德格爾、康德等西方賢哲之間數十年，而又長期浸潤於當代儒者熊十力先生處，出入孔孟程朱陸之堂奧，故而他既能正視中國文化之主流的儒家文化的現代價值，又能地道地了解西方理性主義之底蘊，並能以儒家化解、消融西方哲學，升進西方哲學，又能以西方哲學補充中國哲學，建立起龐大、嚴密的哲學體系。這是他對中國當代哲學問題的回答，也是他對中國當代哲學的一大貢獻。

在如何重鑄中國當代哲學的問題上，西方主義者強調對西方哲學的「移植」，文化保守主義者則突出對傳統哲學義理的「復活」。牟宗三先生的「良知自我坎陷」說，既不同於「移植論」，也不是簡單的「復活」說，它是一種所謂新的重鑄方式。這種新方式表明：中國哲學的重鑄有賴於中國傳統哲學的進一步生成和完善。這種生成和完善與其說是對傳統心性之學的復活，不如說是基於傳統哲學、融攝西方哲學的一種新的綜合創造。

牟宗三先生對中國當代哲學的重鑄是邏輯和歷史的圓融統一。就邏輯的展開說，仁心、無限心、知體明覺是一絕對、無限而普遍的本體，它經過自覺地自我否定，轉而爲知性，即由道德本心轉而爲認知心。認知心之兩態乃是知性和感性。知性思辨對象，感性給予對象。就邏輯地生成言，牟宗三先生斷定知性先感性而首出。他說：「感性與知性只是一認知心之兩態，而認知心則是由知體明覺之自覺地自我坎陷而成者，此等於知性。如是，首先出現者爲知性。」[7]可見，由知體明覺經知性到感性，這是牟先生哲學體系的下開之路，亦即由「聖而人」之路。有下開之路必有上達之路，有「聖而人」之路必有「人而聖」之路。這一上升之路就是由感性起，步步向上躍起，躍至知性而後止。其實這裡的止是止而不止，按照牟先生的哲學見解，感性、知性仍可「化歸於知體明覺之感應而不失知體聖德之本義」，它甚至可經知體明覺之自覺撤消而歸於無。這裡化歸，這裡的歸於無，就是由感性經知性到知體明覺的上達之路，亦是「人而聖」之路。就邏輯地講，知性、感性是知體明覺間接地開出者，不這樣開出，就永無知性，亦影響科學知識的產生。因而，這一間接地開出對人類而言是絕對需要的。但它對聖賢而言，是虛的，是「無而能有」，「有而能無」，「有不礙無」的。在牟先生那裡，由知體明覺到知性、感性，復由感性、知性到知體明覺，無論是下開，擬或上達，均是圓融無礙，通而爲一的。

就牟宗三先生的中國哲學的重鑄方式言，爲「知體明覺之自我坎陷」，順下開之路。然就牟先生的整個學思歷程言，則爲下學上達之路。牟先生是由下學上達，達至道德主體之建立，復又返回來下開。故而他的哲學認識論的建立，並非是無而生出之，而是有而證成之。牟先生思想發展的第一階段是直覺的解悟。所謂直覺的解悟就是「靈覺用事，其形態是直接向外照」。第二階段是架構的思辨。直覺的解悟基本上反映了牟先生大學畢業以前的思想狀態，而大學畢業後，尤其是從三十歲到四十歲之間，其思想則「從美之欣賞，想像式的直覺解悟，轉入爲爲何如何之『架構的思辨』。」[8]由架構思辨敲開「認識主體」之門，重建哲學認識論。第三階段是道德理性的闡揚。由認識主體升華至道德主體，重新條暢華夏文化之慧命。可見，牟的哲學之路是「智窮見德」之路。正是認識心之全體大用，「窮盡其全幅歷程而見其窮，則道德主體朗然而現矣。」[9]然而見德之後，並非就此而止，而是由「德性」下開爲知性，建立起兩層存有論。故而，牟先生的「良知自我坎陷」或曰「辯證開顯」與黑格爾的「異化」有著根本的區別。「異化」在黑格爾的《精神現象學》中，是一說明自然、社會、歷史等辯證發展的核心範疇。黑格爾把一切都歸結爲「自我意識」，而異化是「自我意識」的異化。自我意識作爲絶對理念外化爲自然，在社會歷史中作爲自我意識發展環節的人又異化爲絶對精神。在黑格爾的異化中，由主體所異化出的對立物，不僅與主體分裂爲二，而且它本身還是一種吞食主體、壓迫主體的力量。而牟先生的良知坎陷出知性，知性決不是壓迫主體、吞食主體的力量，相反，它對良知而言，是無而能有，有而能無，有不礙無的。

可見，就牟先生的哲學歷程言，牟先生是「智窮見德」，下學上達；而就其思想體系的邏輯展開言，則是由德開智，上達下開；就其完整的道德的形上學而言，是上達下開，下開上達的統一，亦是邏輯與歷史的統一。

良知自我坎陷說是牟先生借以重鑄中國哲學乃至中國文化的重要方式，是連結無執的存有論與執的存有論，中國傳統哲學與康德哲學，道德理性與民主科學的樞紐。這一學說告訴人們：執的存有論，哲學認識論乃至民主與科學，並非是西方文化的專利品，而是天下之「公器」，是人間之「共法」。因而執的存有論、知性之學、民主與科學，並不是中國哲學乃至文化的異質因素，而是中國哲學、中國文化自身生成和發展的必要組成部份，是中國哲學和中國文化進一步發展的必然趨向。這一思想無疑是深刻的。但我們認爲牟先生所設想的由知體明覺開出知性、由道德理性開出民主與科學，只有理論的必然性，而無現實的必然性。即是說，如若以之來處理中學與西學，道德理性與民主科學的關係，以之來形構當代中國哲學乃至中國文化的思想體系是有效的。但認爲借助良知自我坎陷說就解決了中國哲學乃至中國文化的一切問題，良知之坎陷出知性就像雞生蛋那樣產生民主與科學，既不符合牟宗三先生思想的原意，也非常不切合實際。我們否認這一學說的現實和因果的必然性，並非故意降低這一學說的價值。在我們看來，這一思想貢獻於當代學術界的，並不僅僅表現於這一學說本身，而是在於它給人們開闢了新的視野，設立了新的範型，並在如何重建中國哲學的方式和道路方面進行新的探索，以及給人帶來新的啟迪。

## 注釋

❶ 參閱胡適《先秦名學史》。

❷ 參閱馮友蘭《中國哲學史》、《緒論》部。

❸ 《歷史哲學》第一八〇頁。

❹ 《現象與自身》第一二二頁。

❺ 同上書，第一二三頁。

❻ 同上書，第一七七—一七八頁。

❼ 同上書，第一三一頁。

❽ 《五十自述》五九頁。

❾ 《認識心之批判·序言》。

# 第五章　圓教與圓善
## ——德福一致如何實現

牟宗三先生以儒家哲學爲主體，通過融攝康德哲學的現象界存有論，建立起完備的道德形上學的哲學體系，實現了儒家哲學由傳統向現代形態的轉進。在其完備的道德形上學中，含有無執的存有論和執的存有論兩層，而無執的存有論則是道德形上學的最高展現。由這一最高表現進而向上翻就逼至圓教之出現，而圓教之出現從而使圓善問題得以解決。可見，牟先生學思演進的過程就是其思想體系步步升進，層層超升過程，是一不斷發展和完善的思想系統，其圓善與圓教思想已接近這一思想發展的窮極。

### 第一節　哲學是實踐的智慧學

牟宗三先生的圓教與圓善思想主要反映在《圓善論》一書中。《圓善論》是由《現象與物自身》的思想邏輯地發展而來。《現象與物自身》是牟先生哲學體系的代表作，該書的最後兩節即《判教與融通》和《哲學原型及其可學》可視爲《圓善論》之過轉。

判教源於天台宗（參閱本書第二章第三節），而依於儒家的智慧方向，對儒、釋、道、耶等重新定位，爲牟先生一生所注重。他首先將各種教分爲兩大類，一是離教，一是盈教。他認爲西方的耶教爲離教，而中國的儒、釋、道三教則爲盈教。離盈兩詞來自公孫龍之《堅白論》。公孫龍認爲，對於一塊堅白石來說，人們用眼睛看就看不到它的堅硬而只見其白色，而用手觸摸就摸不出白色而只覺其堅硬，故「得其白，得其堅。見與不見，謂之離。一二不相盈故離」。❶離是隔離，盈是圓盈。牟先生指出西方的基督教即耶教，認爲人有限而不能無限，上帝無限而不能有限，人神之間睽隔不通，故爲離教。它之所以離而不盈，是因它始終未開出「愼獨」這一自我實踐樞紐。這一樞紐之缺乏，使「衆生無可以通過自己的實踐，以與於上達天德之份，此即隔絕了衆生底生命之無限性；而上帝只成了一客觀的存在，遂亦不能彰其具體而眞實的作用，在吾生命中彰其成德之作用。」❷耶教之離是天人之離，人神之離，有限無限之離。在中國，儒、釋、道三教皆承認人雖有限而可無限，它們都把握住了「愼獨」之樞紐，都認爲人可通過自己的實踐朗現無限心，故都爲盈教。牟先生分別離盈，旨在會通離盈。他認爲離教可化爲盈教，盈教復化爲通教，通教非教，這是時代之判教。由離而盈，上帝即吾人之無限心，吾人之無限心即上帝，二者爲一而不二。由盈而通，即破除一切教的限定相，特殊相，乃至教無教相。「此之謂圓盈教之大通。然須知此大通不是一個教，乃是各圓盈教者之通達」。❸亦可說是得意忘教。由離而盈，由盈而通，是爲教的演進之路。

教分離盈，盈有正盈、偏盈之分，儒家是正盈，佛老是偏盈。正盈之中又有圓不圓之分，周敦頤、張橫渠、程明道、胡五峰、劉蕺山以及陸象山、王陽明皆圓實之正盈，程伊川，朱晦庵則是不圓之正盈。佛、道兩家也有圓不圓之分，在佛家，空宗、有宗是通教，華嚴是別教，唯天台是圓教。在道家，老子大端至於圓，莊子對老子之「調適而上遂」顯得更圓。牟先生的圓教之思想形成，肇始於講天台判教，至《現象與物自身》其大端已備。

《現象與物自身》一書不僅開啟了圓教觀念，而且圓善思想已見端倪。牟先生借助於康德的兩層立法論，論述了最高的善即圓善。康德認爲：「哲學是把一切知識關聯於人類理性底本質目的之學」。牟解釋說：在康德的本質目的中，有終極目的和隸屬目的，終極目的就是實現圓善意義的最高善，隸屬目的屬於終極目的。這裡的圓善或最高的善可視爲《圓善論》的出發點。牟先生還比較了儒家的聖人和康德的理想哲學家區別，認爲「聖人是人類理性底踐履的立法者，而理想的哲學家則是人類理性底詮表的立法者。」❹理想的哲學家依然未達到聖人之境，他只相當於賢人或菩薩。這樣，哲學就是展露「人類理性底立法」之學，就是實踐的智慧學，哲學家亦即「道德家」。《現象與物自身》所建立的兩層存有論是圓善論之基礎，圓善論是兩層存有論，尤其是無執存有論的進一步發展。

## 一、最高的善論是實踐的智慧論

牟先生依儒家的智慧方向，會通佛、道，以成就兩層存有論。把圓滿的善套於無執的存有論中處理，即是從圓教的立場解決圓善，使道德的形上學這一系統更加充實圓成。

牟認爲，哲學就是最高的善論，這是哲學一詞的古義。古希臘哲學家認爲哲學就是「愛智慧」。牟先生指出：這裡所愛的智慧是洞見到「最高善」的智慧，愛智慧就是嚮往最高的善。由此，牟先生認爲哲學就是最高的善論。

牟先生認爲，哲學不僅是愛智慧，而且它還有「愛學問」的含義。「愛學問」就是使「愛智慧」成爲一門學問。他說：「愛智慧就涵著愛學問，愛學問就涵著愛一切思辨理性的理性知識」。「這些理性知識在界定最高善之理念（概念）中以及在表明實踐原則以決定我們的行爲中都是對於理性有用的，即皆可服務於理性而有用於理性，即理性可藉這些思辨理性的理性知識以展現其自己之目的與義用」。[5]就目的言，思辨理性亦是愛智慧，亦可說是實踐的智慧論，即最高的善論。

牟先生指出，這種意義的哲學在康德看來就是一種教訓，即依概念與行爲而說的教訓。依中國儒釋道傳統，它可稱爲「教」。依最高的善論來界定哲學，無人敢稱自己是哲學家。由於它是最高的善論，是實踐的智慧學，那麼它就總是一理想，總是一個具體的不停地努力之目標。這種哲學家就是康德所謂的理想的哲學家。依中國傳統，它是儒家的聖人，道家的眞人、至人，佛家的菩薩、佛。

牟先生對哲學的這種規定當然具有特殊的意義。立足於中國哲學的立場，這一規定確切和傳神，但它卻不完全符合西方哲學的事實。在古希臘，自泰利斯開始，哲學家首先注意的是世界的始基是什麼的問題。中經阿那克西曼德，阿那克西美尼，畢達格拉斯到德謨克利特，無一例外。自智者派出現，普羅泰戈拉首倡「人是萬物的尺度」，哲學開始由研究自然、研究世界的本原是什麼，轉向研究人本身。蘇格拉底極像東方的儒聖，他提出了「美德即知識」的思想，認爲作惡是無知的表現。從而使哲學成爲最高的善論，成爲實踐的智慧學。然而，好景不長，西方哲學自柏拉圖、亞里斯多德始，又開始了新的轉向。亞里斯多德認爲，哲學並非是最高的善論，而是研究本體與屬性的學問。哲學開始轉向本體論的研究。可見，視哲學爲最高的善論只是西方哲學的一層含義，而且這層含義並未構成西方早期哲學的主調。

牟先生本人對此亦十分清楚。他在《歷史哲學》一書中，曾對中西文化進行過系統的比較，認爲中國文化首先把握的是「生命」，而西方文化源頭之一的希臘則首先把握的是「自然」。首先把握生命，從而形成了內聖外王之學；首先把握自然，則形成了西方重智的傳統，即西方的哲學知識論或認識論。在這裡牟先生明明白白地認爲哲學認識論是西方哲學的古老傳統，爲什麼在《圓善論》又認爲實踐的智慧學是西方哲學的古義呢？這又作何解釋！事實上，牟先生主要是一創造性的哲學家，而不是一史學家。史學家是今人爲古人服務，而哲學家，往往要求古人爲我服務，「六經皆我注腳」，牟先生正是借古人已有之慧解來建構自己的思想體系。如果這樣尚不消解牟先生思想中的自我矛盾的話，那麼我們只能將牟先生的矛盾歸結爲其晚年的儒家情感更濃，儒家人文主義的立場更堅定、執著。

牟先生的思想有時並不完全協調一致。如在《現象與物自身》一書，他認爲理想的哲學家與聖人不同，聖人是人類理性底實踐的立法者，而理想的哲學家則是人類理性底表詮的立法者。在他看來康德所謂的理想的哲學家並未達至聖人之境，他只相當於賢人或菩薩。但在《圓善論》一書中，牟先生又明確地指出理想的哲學家就是聖人、眞人、佛，這就是說理想的哲學家與聖人合一，由於說明的對象不同，論證的角度有異，牟先生在表詮問題時往往有些出入。

這種理論的小疵，就牟先生的整個理論體系言雖可忽略不計，讀牟先生的書時卻不能不察。

## 二、孟子是實踐智慧學的奠基者

牟先生說：「我今講圓教與圓善則根據儒學傳統直接從孟子講起。孟子的基本義理正好是自律道德，而且很透闢，首發於二千年以前，不同凡響」。又說：「孟子是智慧學之奠基者，智慧非可強探力索得，乃由有眞實生命者之洞見發，爲不可移故」。❻牟先生講圓善並不是取「依概念之分解純邏輯地憑空架起一義理系統」的方式講，而是取疏解經典的方式講。把圓教與圓善的基本義理定在孟子，然後就孟子的重要思想逐句說明之。

牟先生疏解孟子，全力以赴，煞費苦心。他將《孟子·告子篇上》全文疏解之。其疏解有原文與白話文之對照，有案語，有解說與評論。從杞柳之喻講起，中經湍水之喻，「生之謂性」辨，仁義內在，性善之確定，心之所同然，以牛山之木喻有所同然之仁義之心之普遍地本有，……最後到天爵與人爵——良貴與非良貴。牟先生評《孟子·告子篇上》言：「乃一氣呵成者，甚有條貫性」。❼並視其爲圓教與圓善的基本義理。爾後，他依據這一基本義理，又摘錄孟子一書其他重要資料予以疏解，使《孟子》一書得到通解、切解、確解。

概觀牟先生對孟子的闡發，主要集中於三個方面：一是「生之謂性」和「義理之性」兩層打開；二是天爵和人爵之綜和；三是所性和所樂之綜和。「生之謂性」由告子首倡，孟子堅決地加以否定。牟認爲孟子所反對的只是告子「生之謂性」的根本立場，而不是生之謂性這一根本事實。因「生之謂性」並不能將人和動物從價值層面上根本區別開來，即使它能顯人與動物之區別亦只是知識上劃類的區別，而不是價值上的區別。何況「孟子反對『生之謂性』並不一定反對食色等是性，因爲他明說『耳之於聲也等等**性也**，有命焉，君子不謂性也』。雖『有命焉，君子不謂性』，卻亦並不**否認是性**」。❽牟先生認爲，「生之謂性」是一老傳統，由此而抒發的性是動物性，進而爲氣質之性，再進而爲才性，所有這些都是就氣而言性。但「由『生之謂性』一原則所了解之性決不能建立起道德原則，亦決不能確立人之道德性以於價值上有別於犬牛」。❾它是個體存在時所本具的種種自然之質，而不是道德意義的定然之善。

牟先生認爲，孟子承認食色是性，但他堅決反對就「生之謂性」的原則說性，而是「就人之**內在的道德性**」而言性。由「生之謂性」說性是孟子以前的老傳統，是時代的俗說，而孟子超越古訓，不從俗說性，以孔子之仁爲憑藉，由「仁義內在」說性善。牟宗三先生高度評價孟子性善論的意義，他說：「人性問題至孟子而起**突變**，可說是一種**創**闢性的突變，此眞可說是『**別開生面**』也。此別開生面不是平面地另開一端，而是由**感性層**、**實然層**，進至**超越的當然層也**。」❿孟子開闢了義理之性的先河，將人之價值異於牛馬者標舉出，從而當下把握了人的超越的眞性。

牟先生對其疏解孟子之義理十分自信，認爲兩千多年來，眞能確解、通解、切解孟子者並不多見，諸如程明道、陸象山、朱晦庵等人對孟子之理解亦有不足處，而他對孟子的疏解則超越了前人，遙契了孟子。牟先生對孟子的疏解的確有獨得之見，這主要表現在如下幾個方面：其一，他不再像前人或時賢那樣將性善論、性惡論、中性說、三品說等並列起來，而是把性善論單提出來，認爲性善論與其他諸說有超越層和感性層之區別，是義理之性和氣化之性之別。

其二，他認為孟子反對「生之謂性」之原則立場，但並不否認食色是性，從而消融了氣化之性和義理之性的尖銳衝突。其三，他以自律道德來闡釋孟子的性善說，甚為諦當。牟先生對孟子的上述解說足以顯示了他深刻的哲學器識，是他對孟子研究的新貢獻。

牟先生認為，圍繞人性問題而展開的各種論爭是孟子學的基本義理，也是圓教的基本義理，天爵與人爵問題則是對這一基本問題的進一步展開。他說：「順孟子基本義理前進，直至天爵人爵之提出，此則可以接觸圓善問題矣」。[11]孟子曾言：「有天爵者，有人爵者。仁義忠信，樂善不倦，此天爵也。公卿大夫，此人爵也。古之人修其天爵而人爵從之，今之人修其天爵以要人爵，既得人爵而棄其天爵，則惑之甚者也，終亦必亡而已矣」。[12]人爵是由天子所封賜因而得有貴位，天爵是因德行而自貴非貴於人。牟先生認為，天爵是天貴，是定然的、無條件的貴，人爵是待他而然的貴，是有條件的貴，天爵是道德標準的貴，人爵是政治標準的貴。天爵是貴於己，是良貴，人爵是貴於人，非良貴。在牟先生看來，天爵、良貴是最高之價值標準，是康德所說的尊嚴，是一種內在而固有的絕對價值，是超乎一切相對價值之上的東西，是不可代替的。

他進而指出：天爵與人爵的關係問題就是德福關係問題，天爵是德，人爵是福。他用康德的分析命題和綜和命題來解說孟子的天爵與人爵的關係。在康德看來，一個命題的謂詞包含在主詞的概念之中，這種命題是分析命題，與此相反的命題就是綜和命題。分析命題謂項的內容實際上就是把主詞的一部分內容獨立出來說明主詞，使主詞這一方面的意義更清楚，所以它不能給主項增添新內容，但由於謂項的內容已包含於主項之中，故而分析命題的主、謂詞之間關係則有普遍的必然性。相反，綜和命題的謂詞內容本來不在主詞之中，而是通過經驗加到主詞上去的，它能使主詞增添新內容，但綜和命題的主謂之間不具備必然性。牟先生指出：孟子所說的：「古之人修其天爵而人爵從之」，並不是一分析命題，而是一綜和命題，這就是說修其天爵而人爵並不必然隨之而來。所以孟子的話是一警戒語，勸勉語。他只是點示人人皆有良貴，勉人誠心體現之以成德，至於德福之間如何才能理想地圓滿地保證恰當的配稱關係以實現最高的公道，孟子並未給予充分注意。牟先生由天爵和人爵聯想到德福關係，由德福關係聯想到康德的圓善，這些聯想實質上實現了孟子與康德之間，中國哲學與西方哲學之間的連續，溝通和跨越，而且這些跨越極有分寸，並不強孟子所難。

與天爵和人爵問題相應，牟先生十分重視孟子對所欲、所樂與所性關係的處理。某種意義上說，所欲、所樂與所性問題是人爵與天爵問題的具體展示。孟子說：「廣土衆民，君子所欲，所樂不在焉。中天下而立，定四海之民，君子所樂，所性不存焉。君子所性，仁義禮智根於心，其生色也睟然見於面，盎於背，施於四體，四體不言而喻」。[13]牟先生認爲，孟子所言的所欲、所樂、所性是一層層進顯的價值之梯級，但所欲、所樂在價值之級度中，而所性則不在價值級度中。所欲所樂與所性之區別是相對價值和絕對價值之區別。

牟先生指出：所欲是低級的，像欲榮華富貴，欲權力，都是感性層面的。縱使是廣土衆民，亦不過是滿足人之感性的權力欲而已。這一切只有利己之心而無利公之念，並無道德價值可言。但所樂與所欲已有不同，它不再只是感性層面的欲望，不再僅僅是利己，而已具有了利公之德，有了道德上的價值。如「中天下而立，定四海之民」而王天下，百姓皆能安居樂業，這就有功於民，就有了道德價值。

所性與所欲、所樂不同，所性是「求在內者」，所欲、所樂是「求在外者」。君子所性就是根於心的仁義禮智。它根於心而彰著於外。「睟然見於面，盎於背，施於四體，四體不言而喻」。

牟先生認爲，所欲、所樂都是有條件的，而所性則是無條件的。所欲、所樂是有待於外者，而所性則無待於外。所欲、所樂乃至富貴榮華皆是幸福原則下的事，而所性則是成德原則下的事。所謂「王天下之樂」「君子三樂」亦是幸福原則下的事。孟子曾言「君子有三樂，而王天下不與存焉。父母俱存，兄弟無故，一樂也；仰不愧於天，俯不怍於人，二樂也。得天下英才而教育之，三樂也。」⓮牟先生指出，三樂中的第一樂是屬於天倫的，第二樂是屬於修身的，第三樂是屬於文化的。而王天下之所樂只屬於政治的。因而第三樂最爲君子所珍視，它比王天下之樂更根本。由感性之所欲王天下之樂進而至君子之三樂，層層升進，不斷獲取了道德價值。然而，由於所欲「求之有道，得之有命」，故而它們仍然是幸福之事，非成德之事。牟先生指出，「是則廣土衆民之可欲不及王天下之可樂，而王天下之可樂不及基本之第三樂。基本之第三樂雖極鄰近於所性，然尚不是所性之本身，因有命存焉，故仍屬於幸福者」。⓯

所性是成德之事。對於所性，人們「求則得之，舍則失之，是求有益於得也，求在我者也」。君子所性只能在「求在我者」處建立。一個人就是大行其道，處處順適，亦於其所性不能增加一點，縱使窮居陋巷，處處不得伸展，亦於其所性不能減損一點。「這是因爲你所以之以爲性者所定之**本分**已經**決定**了之故，即你的本分決定你必須只依義理之當然而行」。⓰這個所性就是仁義禮智之本心。個人順此本心而動表現爲仁義禮智之行，絲毫不顧及窮通順逆，他就獲取了一絕對價值之人格。這種德性人格之型範是每一個人必須如此且亦能如此者，故它是「求則得之，舍則失之，是求有益於得也，求在我者也」。

所以，所性與所欲、所樂根本不同，所性是無條件的必然，是人之絕對價值之所在，是判斷行爲價值之標準，依性而行以成德無待於外，爲我自己所掌握。而所欲所樂皆有待於外，不是我自己所能掌握的，得不得皆有命存焉。而且所性是一切有待於外的行事的評判標準，而所欲所樂是被評判者。這就是說，你的所欲所樂是否「得之有道」必須預設所性爲條件，爲所性所評判。

牟先生指出，所欲所樂是「存在」之事，而所性則是「理性」之事。他說：

> 有存在，即有護持與滋長存在幸福之要求。「**存在**」有**獨立**之意義，**不可化除**，幸福亦有其獨立意義，不可**化除**。但人生有「存在」之實然，同時亦有「**理性**」之**當然**。「所性」即是屬於理性之當然方面者。幸福屬於「**存在**」之事，所性即屬於「**理性**」之事。道德是屬於所性者，故道德屬於理性之事。故道德亦有獨立之意義。……依孟子，定然原則與道德法則皆由所性而發，決不能由經驗與幸福而立。……因此，「存在」(尊生保命)，以及屬於存在者(幸福)固屬重要，但必須以道德爲本。[17]

所性與所欲所樂的關係就是德與福的關係，道德與幸福皆有獨立意義，皆不可化除。但二者必須關聯起來。牟先生認爲，這種關聯不是對立並列的關聯，乃是隸屬的關聯，即本末的關聯。德爲本，福爲末。這裡的本末不是分析的本末，而是綜和的本末。「那就是說，德雖爲本，然有德者不必即有福；反過來，有福者當然更不表示其即有德。此兩者並不是分析此一個概念便可得到另一個」。⑱但人們總是期望兩者皆有且被綜和起來，兩者被綜合起來就是康德所謂的「最高的善」，「圓善」，即整全圓滿之善。「依孟子，天爵與人爵之綜和，所性與所樂之綜和，便是整全而圓滿的善」。⑲對此，孟子並未視其爲一問題而解決之，將圓善視爲一問題則來自西方，正式解答之則始自康德。

牟先生疏解孟子實質上是借孟子以發揮自己的思想，在孟子，天爵與人爵的關係問題，所性與所樂的關係問題，並沒有清楚地意識到是德福的關係問題，更沒有追究它們是分析的關係，還是綜和關係。德福問題是牟通過康德聯想到孟子而自得之。

## 三、康德首論圓善，然終不能解決圓善

牟先生認爲，孟子的天爵與人爵、所性與所樂問題雖已接觸到了圓善問題，然而他並未將其作爲一問題而解決之。圓善問題的提出來自西方，正式解答這一問題則始於康德。但康德的解答是依基督教傳統的解答，並非是一眞實圓滿的解答。

康德認爲，依道德法則，無條件的定然命令去行就是善。善是道德的目標，是實踐理性底直接對象，或者說是依一理性而必然地被意欲的對象。這種依道德法則、無條件定然命令所行的善是純德之善。這種善是無絲毫私利夾雜其中，無任何目的，只遵循無條件定然命令而行，

即使得不到幸福，亦只是如是行，如是做。這種行就是純善或極善。然而極善並非是圓滿的善，圓善是「綜和德與福兩者使它們之間有一種準確的配稱關係，以成德福一致」。⑳圓善亦是實踐理性的對象，但由於它包含了幸福在內，故而它與極善有別。極善是「我欲仁，斯仁至矣」，爲我所掌握，而圓善中幸福之得與不得並非爲我所能掌握。「圓善中德福兩成分在現實人生中常常是不能一致的，不但不能一致，且常相違反」。㉑在現實的人生中，有德者不必有福，而有福者並不表示其有德，因而圓善的實現是很難達到的，縱或偶爾得之，亦不表示其有必然性。在個體存在上，德福的結合是偶然的，因而，德與苦的結合亦是可能的。但依理性，我們總期望德與福有必然的結合，不期望德與苦有必然結合。康德認爲，在圓善中，德福之間的必然結合或是分析的，或是綜和的，它不能是分析的，它必然是綜和的，意即它必須被思議爲是原因與結果之聯繫。爲什麼德福的必然結合不能是分析的呢？因分析命題謂詞包含在主詞裡面，謂詞包含在主詞裡面，主、謂均失去了獨立意義。因而德福之關係只能是綜和的，不能是分析的。德福間的綜和關係是因果式的綜和關係，即德是因，福是果，二者之間的聯繫只有靠實踐聯繫起來，實踐的聯繫就是必然聯繫。但康德認爲，圓滿的善之可能不能在現象界被肯定，而應在智思界中尋求其可能性之根據。由此，康德提出了兩個設準：

1.靈魂不滅。康德認爲，從主觀方面想，我們努力於成德，即力求使自己的心靈完全符合順從於道德法則，達到極善，以確立圓善中的德之基。但吾人是感性的人，吾人不可能完全符合順從於道德，更不能永遠無疵地符順於道德，完全符順於道德就是極善。極善或純善是意志之神聖性。此神聖性吾人的現實意志不能具有之，因此便需要生命之無限拉長，這就需要有靈魂不滅之肯定。這就是說吾人欲使自己的心靈完全符順於道德法則，只有在一無限的生命進程中，在無止底的相續中奮勉以期。

2.上帝存在。康德認爲，德福一致是超感性的關係，不是感觸世界的關係，然則誰保障其可能呢？只有上帝。上帝是我們之外的力量，在圓善中，德是屬於目的王國者，福是屬於自然王國者，這兩王國之合一就是上帝王國。因此，唯人格神的上帝這一個體性的無限存有始能保障德福一致。「靈魂不滅之肯定使圓善中純德一面爲可能，因而亦主觀實踐地或偏面地使圓善爲可能者；而上帝存在之肯定則使是觀而完整地圓善爲可能者」。㉒

牟先生指出，依中國儒釋道三家的觀點觀之，康德的靈魂不滅是消極的，並不是究竟了義。他只說了我們成德向善之堅定性，並未說明此堅定性究竟何以可能。他雖肯定了靈魂不滅，說無限進程，但意志完全符順於道德的神聖性與天福是現實的人無法實現的。不過，在康德的系統中，畢竟有了靈魂不滅，有了無限的相續，有了上帝之智的直覺，所有這些都可依中國傳統之模式而重新予以消化與重鑄，以期達到究竟了義。

牟宗三依據中國哲學立場，對康德以肯定上帝之存在作爲圓善所以可能之根據提出了嚴厲地批評。他指出，康德依基督教傳統所肯定的上帝是一個人格化的智神，是依附於理性的一種超越的情識。他說：「上帝這個概念，自其形成而言，本就有虛幻性」。「圓善所以可能之根據放在這樣一個起於情識決定而有虛幻性的上帝上本是一**大歧出**」。㉓他認爲，在對圓善所以可能的說明中，我們應當排除虛幻的、非理性的情識，以「徹頭徹尾是理性決定」的說明模式來說明之。他說：「道德法則之確立是理性的，意志之自律亦是理性的，要求圓善亦是理性的，要求一絕對而無限的智心之體證與確立亦是理性的。」「在此，中國儒釋道三教之傳統有其圓熟處。我們依此傳統可期望有一『徹頭徹尾是理性決定』的說明模式。」㉔

牟宗三先生立足於中國儒釋道三家立場批評康德，這種批評是嚴肅而深刻的。康德以人格神的上帝來保證德福一致，保證正義與公道，實際上是虛假的，在最終的意義是騙人的。這種圓善在現實的人生中永遠也無法實現。牟先生批評康德實質上是試圖將圓滿善之可能的根據從超人間的領域拉回到現實世界，進而安立在人們的道德本心上。這種剝奪上帝之權利還給現實人的思想，無疑比康德更接近於現實，更接近於圓善的實現。但上帝不能保障，那麼由誰來保證德福一致呢？牟先生認爲是無限心，是圓教，正是「圓教成而圓善明」。讓我們來看一下他對圓滿善這一棘手問題的解決。

## 第二節　圓教成而圓善明

牟宗三先生認爲，圓善所以可能之根據根本不需要一個虛構的人格神上帝之存在來充當，以無限智心以說明圓善可能之根據是唯一必然的途徑。這個途徑即圓教之途徑。圓教成而圓善明，圓善明而實踐的智慧學充極而成，哲學思考就此而止。牟先生視圓善爲哲學之最高形態。

### 一、無限智心開德福一致之機

牟先生指出，康德在西方傳統下，將無限智心判給了上帝，認爲人這有限的存在不能有無限智心。但依中國傳統，無限智心儒釋道三家皆承認之，並都認爲爲人所本有。在儒家，無限智心是本心或良知；在道家，它是道心或玄智；在佛家，它是般若智或如來藏自性清淨心。在中國傳統下，無論是本心良知，還是道心玄智，抑或如來藏自性清淨心般若智，都是實踐理性的呈現，而非思辨理性的虛構，更未將其對象化而成爲人格神。

在牟先生看來，儒家的無限智心由孔子之「仁」而開示。孔子言仁主要是由不安、不忍、憤悱不容已之指點來開啟人之眞實德性生命，中間經過孟子即心說性，《中庸》、《易傳》之神光透發——主觀面的德性生命與客觀面的天命合而爲一，下屬宋明儒程明道之識仁，陸象山之重言本心，王陽明之致良知教，劉蕺山之愼獨，從而使無限智心這一觀念完全確立。這一觀念的確立是由實踐理性的悟入，不是純粹理性的辨證。

牟曾反覆論證仁心就是無限智心。他認爲仁者就是能操存踐履以天下萬物爲一體的人，由大人之操存踐履定知仁心爲無限的智心。此仁心不僅大人有之，一切人皆有之，乃至一切理性的存有皆有之，只是仁者或大人能守住勿喪罷了。此心是一絕對、普遍的理性之心。此心不是思辨理性的思辨物，而是由實踐理性而證立。它由不安不忍而指點之，當機指點之即示當下可以呈現，每一現實之機即是引起其當下可以呈現之緣。「因爲它是心，焉有**既是心而可以不呈現**？此心即是性，焉有**既是性**（人之爲人之超越的性，非生之謂性之性）**而可以不呈現**？」[25]有此無限智心，故能建立道德的必然性且能覺潤萬物、創生萬物使之爲存有。「只此一無限的智心之大本之確立即足以保住『德之純亦不已』之**純淨性**與夫『天地萬物之存在以及其存在之諧和於德』之**必然性**。此即開德福一致所以可能之機」。[26]

道家的無限智心是玄智、道心。「道心玄智一旦呈現，則人之生命虛一而靜，亦和光同塵而成全一切，而天地萬物亦皆歸根復命而得其天常」。「如是，此一無限的道心玄智一旦呈現亦可保住**玄德之純與夫存在之諧和於德**」。㉗此亦開德福一致之機。

佛家無限智心是般若智，是如來藏自性清淨心。如來藏自性清淨心一心開二門，即眞如門與生滅門。這樣「亦可保住無量**無漏功德之純**（佛家意義的德），並可說明一切法（生滅門之染汙法與眞如門之清淨法）之**存在**以及轉識成智後一切**清淨法之存在之諧和於德。**」㉘此亦開德福一致之機。

儒家的仁心，道家的道心，佛家的如來藏自性清淨心，義蘊不同，但都是無限智心，都足以開德福一致之機。牟先生認爲無限智心是康德的自由意志，靈魂不滅，上帝存在的合一。他曾嚴肅地批評康德視自由意志，靈魂不滅，上帝存在爲三個獨立體，認爲這是其理論不通透、不圓潤的表現。既然自由意志，靈魂，上帝都是無限體，無限而絕對不能是多，只能是一。這一就是唯一的無限智心。康德以上帝保障德福的配稱與公道，牟先生則以無限智心代替上帝開德福圓滿之機。

康德以上帝來保障德福的配稱與公道是虛妄的，甚至可以說是騙人的。而牟宗三以無限智心取代康德的上帝，這就是把保障德福一致的主宰權由上帝處還給人，或者說是把德福一致實現的權力還給每一個人。依靠上帝，就將圓善問題推出身外，寄希望一超人的力量，言無限心，則圓善問題之解決不在身外，當下悟入。依靠上帝，必然導致無所作爲的命定論，而依靠自己，或者說依靠無限智心，則必然走向徹底的圓教。

## 二　圓教與圓善

牟宗三先生認爲，無限智心雖開德福一致圓滿之機，但它並不能使人明徹德福一致之眞實可能。欲明徹這一問題，吾人尚需由無限智心進而講圓教，圓教成而圓善明。

圓教觀念西方哲學沒有，儒道兩家亦未明言，此一觀念來自佛家，而佛家又以天台宗對此貢獻最大（請參閱本書第二章第三節）。欲明圓教，先明何者爲教。牟先生說：「凡聖人之所說爲教，一般言之，凡能啟發人之理性，使人運用其理性從事於道德的實踐，或解脫的實踐，或純淨化或聖潔化其生命之實踐，以達至最高的理想之境者爲教」。[29]可見，牟先生所說的教並不是西方意義上的宗教，而是儒家所謂的「修道之謂教」之教。因而，牟先生所謂的教遠比宗教寬泛，亦不限於聖人所說者，在他看來，哲學亦是教。他說：「哲學若非只純技術而且亦有別於科學，則哲學亦是教」。[30]牟對教的理解與把握是中國式的。

所謂圓教，就是圓滿之教。「圓滿之教即是如理而實說之教，凡所說者皆無一毫虛歉處」。有時他亦稱圓滿之教爲「圓實之教」。[31]他認爲圓教有三種，即佛家的圓教，道家的圓教，儒家的圓教。與之相應，圓善之解決亦有三途，即佛家圓教下的解決，道家圓教下的解決，儒家圓教下的解決。佛家之圓教有兩種：一是天台宗之「同教一乘圓教」，一是華嚴宗之「別教一乘圓教」。但牟先生判釋東流一代佛學，獨標天台義理，認爲華嚴宗之「別教一乘圓教」並非是究竟圓實之教，只有天台宗之「同教一乘圓教」才是眞正的圓教。

牟先生認爲天台圓教所成立的基本原則是由「即」字所示，如說菩提，必須說「煩惱即菩提」，說涅槃，必須說「生死即涅槃」，這才是圓說，這裏的「即」是詭譎的即，非分解的即。分解的即是A是A，詭譎的即是同體依而復即，亦可說是同體而異用。

他由「同體之依而復即」而說「一念無明法性心即具三千世間法」，即所謂「一念三千」。由一念即具三千世間無量法而立存有論的圓教。存有論的圓教確立，即可達至佛教式的「德福一致之圓善」。他說：

> 蓋般若、解脫、法身之三德，依德福問題言，俱屬德邊事。但般若之智德是就三千世間法而為智德，解脫之斷德（斷煩惱而清淨為解脫，此亦曰福德，有清淨之福）是就三千世間法而為斷德，涅槃法身德是就三千世間法而為法身德（佛法身即九法界而成佛法身），主觀面之德與客觀面**法之存在**根本未曾須臾離，而幸福即屬於「**法之存在**」者（存在得很如意即為幸福）。在此圓修下，生命之德（神聖的生命）呈現，存在面之福即隨之。……但在圓修下，存在無定性的存在（非如上帝所創造者然），當**德**呈現時，由解心無染，通達惡際即是實際，行於非道通達佛道，魔鬼即佛，是故一切存在即**隨之而轉**。一切善惡淨穢法門皆成佛法，咸稱**常樂**，此即是福。…是則德福必一致，「自然」（存在）必與「德」相諧和。[32]

在圓修下，「一念即具三千世間」，主觀面之德與客觀面之存在合二而為一。生命之德呈現，存在面之幸福亦呈現，一切存在皆隨心轉，一切善惡淨穢皆成佛法，正是惡際即實際，非道通佛道，魔界亦佛，德福不僅一致，而且還渾是一事。

然而，如果不是圓教，則需要「緣理斷九」而成佛，客觀面法之存在原由隨緣起現而本非圓具，色心不能眞正不二，主觀生命之德與客觀面法之存在（幸福）相隔離，有德不必有福，德之與存在（福）無必然之聯繫。在圓教下，德福具有必然聯繫，此必然非分析的必然，乃是詭譎的必然。「此詭譎的必然亦可說爲是德福同體，依而復即，德當體即是福，福亦當體即是德。」㉝佛不壞九斷九，即如在地獄，佛亦就地獄法而成其德，亦就一切地獄法而成其福。

牟先生認爲，道家雖未明確講圓教，但義理已基本具備，道家圓教自老莊始，至王弼、郭象始全幅顯現。道家圓教由迹冥論所顯示，「迹冥即於本，本冥即於迹」，這裏的即亦是詭譎之即，非分析的即。「此一圓境（迹本圓融之境界——引者注）惟是就無限智心（玄智）之體**化應物**（亦曰體化合變）**與物無對**（順物者與物無對）而**成全一切迹用亦即保住一切存在**而說，然而却無對於一切存在作一存有論的根源的說明。」㉞此境是一境界形態之圓境，非一實有形態之圓境。「在此圓滿之境中，一切存在皆隨玄德轉，亦即皆在無限智心（玄智）之朗照順通中。無限智心在迹本圓融中而有具體之表現以成玄德，此即爲圓善中『德』之一面（道家意義的德）；而一切存在（迹用）皆隨玄德轉，即無不順適而調暢，此即圓善中『福』之一面。故主觀地就生命之『體沖和以通無』而言，即謂之爲『德』；客觀地就『體化合變順物無對』而言，即謂之爲『福』。此即是『德福一致』之圓善」。㉟這裏德福之關係既不是分析關係，也不是綜和關係，而是「詭譎的即」之關係，此詭譎的即是依圓聖說。一切圓聖皆是「天之戮民」，然其所受桎梏之戮（天刑）即是福之所在，亦是德之所在。天刑是一切存在狀態之迹，即迹而冥之，迹即是其德之所在；迹隨本轉，迹亦是福之所在。故德即福，福即是德。這就是道家圓教下的德福一致。

牟先生進而講儒家的圓教與圓善。他認爲儒家的圓教與佛道兩家不同，佛家的圓教是由「解心無染」入，道家的圓教是由「無爲無執」入，而儒家則直接從道德意識入。儒家之圓教由孔子踐仁知天始，至孟子盡心知性知天，存心養性事天，相似應於孔子原有之規模而充分予以展現。《中庸》之言愼獨，《易傳》之乾坤並建，尊天法地，均相應於孔子原有之規模而言。下屆宋明儒，周濂溪默契道妙，明實踐工夫，亦不違孔子；張橫渠盛言太和太虛，雖多滯辭，然與孔子原有之規模亦相應而不違；至程明道立「一本」之論，乃眞相應於孔孟圓教之規模者；至程伊川、朱子盛言《大學》之格物窮理，始不自覺走上岐出之路與孔孟原有規模不相應。陸象山起而扭轉朱子之岐出，復合於孔孟原有之規模。王陽明關聯著心、意、知、物四者而言良知，是對儒學的大發展，大貢獻，但其「無善無惡心之體，有善有惡意之動，知善知惡是良知，爲善去惡是格物」之四句教只是究竟圓教之預備規模，尚不是究竟圓教。王龍谿提出「四無」，圓教始充分展現。所謂「四無」即：「無心之心則藏密，無意之意則應圓，無知之知則體寂，無物之物則用神」。心、意、知、物在渾化境中，皆無任何相而自然流行，如如呈現。正是「體用顯微只是一機，心意知物只是一事」，心知是體，是微，意物是顯，是用，但四者只是一機，只是一事。在渾化之境中，俄而心意知物矣，而未知心意知物之果孰心孰意孰知孰物耶？「此即是聖人之冥，亦即是聖人之迹本圓。心知是本，意物是迹。全本是迹，全迹是本，而未知迹本之**果孰迹孰本耶**？」「在聖人之實踐中，萬物攝於聖人之迹而即在聖人之迹中呈現，迹本圓融，此曰地載。」㊱牟先生認爲儒家思想發展至此可謂極矣，然而依佛教天台宗判教之方式判之，此仍非是眞正的圓教，乃「別教一乘圓教」，眞正的圓教是「同教一乘圓教」。眞正能與「同教一乘圓教」相應是胡五峰「天理人欲同體而異用，同行而異情」。在胡五峰，同一世間一切事，無非同一心意知物之事，若念念執著，即是人欲，心不正，只是恐懼、好樂、憂患之私心，意不誠，只是自欺欺人之私意，知只是識知，非智知，物只是現象之物，非無物之物。若能通化，即是天理，心爲無心之心，意爲無意之意，知爲無知之知，物爲無物之物，飲食男女之事不變，視聽言動之事不變，能踐形，則統是天理，不能踐形，則統是人欲。如是說，方是眞圓，方是圓實教。

牟先生認爲，只有在此圓實教中，德福一致之圓善才眞正可能。「因爲在神感神應中，心意知物是一事。吾人之依心意知之自律天理而行即是德，而明覺之感應爲物，物隨心轉，亦在天理中呈現，故物邊順心即是福。此亦可說德與福渾是一事。」[37]德是理性之事，福是存在之事；德爲本，福爲迹，迹本圓融，理性與存在爲一，故德福渾是一事。德福一致的實現並不需要上帝作保障，上帝保障的圓善最終是一句空話。牟先生主張以無限心取代康德的上帝，以無限心開德福一致之機。他說：

> 無限智心能落實而爲人所體現，體現之至於圓極，則爲圓聖。在圓聖理境中，其實義完全得見：既可依其自律而定吾人之天理，又可依其創生遍潤之作用而使萬物（自然）有存在，因而德福一致之實義（眞實可能）亦可得見：圓聖依無限智心之自律天理而行即是德，此爲目的王國；無限智心於神感神應中潤物、生物，使物之存在隨心轉，此即是

> 福，此爲自然王國（此自然是物自身層之自然，非現象層之自然，康德亦說上帝創造自然是創造物自身之自然，不創造現象義的自然）。兩王國「同體相即」即爲圓善。圓教使圓善爲可能；圓聖體現之使圓善爲真實的可能。」[38]

牟先生認爲儒家之判教是始乎士，終乎聖神。由士而賢，由賢而聖，由聖而神，士賢聖神一體而轉。人之實踐之造詣，隨根器不同以及種種特殊境況之限制，而有各種之差別，然而聖賢立教則成始而成終矣。至聖神位，則圓教成。圓教成則圓善明。「圓聖者體現圓善於天下者也。此爲人極之極則矣。哲學思考至此而至」。[39]牟先生認爲圓善爲哲學系統的究極而成。

牟先生的圓善論，以孟子的天爵與人爵，所性與所樂爲契機，引出康德的圓善，復由康德之圓善，進而引起佛家圓教下的圓善，道家圓教下的圓善，最終歸結爲儒家圓教下的圓善，層層展開，步步審視，交相融攝，本儒家之智慧方向，會通中西，融攝釋道，渾然成一家之言。應當指出，牟先生的圓善是時代教相之會通，亦是時代之大判教。他極欣賞康德，視康德哲學爲溝通中西哲學之最佳橋樑。然而，在這裏，他站在儒家立場，尖銳批評康德，明確指出康德以上帝來保證德福一致最終是一句空話。而他以無限智心取代康德之上帝，以圓教來解決圓善是別於康德亦有進於康德。對於佛道兩家，牟先生指出：「吾人若不能洞曉道家『無』之性格與佛家般若之性格之**共通性**，則不能解除後世儒者對於佛老之忌諱，此一忌諱是儒家義理開發之大障碍。」[40]然而佛道兩家存有論只是作用層的存有論，而非創生層的存有論，故而它們均爲偏虛之圓教，而非「大中至正之圓教也」。由是他判儒家之圓教爲眞正「大中至正之圓教」。他用歌訣概括這一判教說：

中西有聖哲，
人極賴以立，
圓教種種說，
尼父得其實。[41]

就中西聖哲言，康德代表了西方教相的最高水準，然而却只達到了別教位，佛道兩家雖是圓教，然而亦只是「偏虛之圓教」，只有儒家之圓教才稱得上是「圓實教」。然而，儒家自孔子沒後，分爲八派，齊頭並進，下屆宋明，朱陸紛爭，勢如冰炭，究竟誰爲儒家之正宗，誰承圓教之眞傳呢？牟先生用十四句歌訣概括他對這一問題的看法。

儒聖冥寂存天常，
孟軻重開日月光。
周張明道皆弗違，
朱子伊川反渺茫。
象山讀孟而自得，
陽明新規亦通方。

四有四無方圓備，
圓教有待龍溪揚。
一本同體是真圓，
明道五峰不尋常。
德福一致渾圓事，
何勞上帝作主張。
我今重宣最高善，
稽首仲尼留憲章。42

這十四句歌訣自孔子始，至孔子終，涉及包括孔子和孟子在內的十一位儒家學者。他們分別爲孔子、孟子、周敦頤、張橫渠，程明道、朱熹、程伊川、陸象山、王陽明、王龍溪、胡五峰。牟先生通過這十四句歌訣爲歷史上十一位儒家大師定了位，用極其簡鍊地語言概括了他對整個儒家圓教評判，反映了他的基本價值取向。

圓善論是牟先生晚年最爲純熟的理論。這一理論的建立標誌著牟先生的學思演進至一個新境域。其說理之透徹，邏輯義理架構之嚴謹，評說中西聖哲之準確，均令人嘆爲觀止。順其理論，品評其德爲本，福爲迹，迹本圓融，德福渾是一事的思想，亦覺意味深長，沁脾徹骨。但轉換牟先生的角度，超越牟先生的理路，我們亦覺僅此不夠。

(一)　牟先生對德福問題的解決只是境界形態的解決，但他對現實解決，社會解決的途徑開發不夠。德福問題不僅僅是主觀境界問題，更是一尖銳複雜的社會問題，現實問題。牟先生所企求的那種由圓聖所體現的圓善，於世間的德福背離無濟，更不能必保天下人人皆可得到與其德相應的福報。

㈡ 僅以無限智心作爲圓善實現的保證，亦顯得不夠。無限智心是無限的、絕對的，順牟先生之理路，它當然可以保證圓善。當無限智心呈現，可謂一了百了。然而現實問題則是了猶未了。千百年來，人間充滿了有德無福，有福無德，甚或無德才有福，有福必無德的現象，這些現象不是無限智心所能解決的。當然，幸福與否與其生命的主觀體驗有關，然而聖人對「陳蔡絕糧」，「匡地被拘」，「微服過宋」等遭際自然會泰然處之，但他決不會認爲這就是福，如果說圓聖所體現的那種迹本圓融，物邊順心爲福，那麼現實、社會中大量存在的是，物不順心，而心必順物。即使聖人七十「從心所欲，不逾矩」，可謂物隨心轉了，然而我們知道他一生是「知其無可奈何而爲之」，臨終仍以不夢見周公爲憾，所謂仲尼臨終亦不免嘆口氣。複雜的人生現實，既充滿了機遇，也布滿了陷阱，既有意外之喜，也有飛來橫禍，存在著大量的隨機、偶然現象。這些是無限智心無法解決的，一個公平、正義、有序的社會是保證德福一致的重要條件。

㈢ 牟先生對德福問題的解決是本體界的解決，而非現象界的解決。他認爲神感神應爲物，物隨心轉，事事如意而無所謂不如意，就是福，亦是德，「德即存在，存在即德，德與福通過這詭譎的相即便形成德福渾是一事」。這裏福完全屬於本體界，而不屬於現象界。它只能存在於聖人的主觀境界中，而無法落實到現實中來，結果與百姓疏離。更何況，當他說德即福，福即德，迹本圓融，德福渾是一事時，雖保證了德福間的必然聯繫，但也取消了他一再強調的德與福間的獨立意義。

(四)　牟先生以天台圓教說明圓善，在其力圖證明佛教實現圓善，儒聖證成了圓善時，他忽略了兩點：第一佛家無需要現實德福，佛家根本上要從現實的紛爭，煩惱中超升出來，它對現實的逃避與解脫亦包括了對德福關係的逃避與解脫，佛家的「福田」之福，「功德」之德只具有借喻意義，而不再具有現實的福、德含義。第二，儒聖超越了德福。儒家積極入世，關切德福關係，然而，達至圓聖亦無所謂德，亦無所謂福，它超越了德福。

總之，自孔子悲顏子之屢空，嘆子貢之不受命，至孟子的天爵人爵，所欲所性之提出，德福問題就是一尖銳的社會問題。康德以上帝來保證德福一致的實現固然是虛偽的，而牟先生以無限智心來開德福一致之機則是徹底唯心的。上帝的保障誠然是一句空話，無限智心的保障亦於現實社會的德福背離無能爲力。圓善的實現，除「進德修業」，「閑邪存誠」，努力提高自我的道德境界以外，更需要一個公平、正直、合理的社會作客觀保障。

牟先生是一位大哲，圓善論是他思想展現的最高形態。圓善論依儒家之智慧方向，會通佛道，融攝西學，完成了儒學向現代形態的過渡。順心性之學之理路，牟先生已將近代復活的陸王心學推向了極頂，恐怕未來很少有人在此再能有所作爲了。香港中文大學的霍韜晦先生提出：第三代新儒家即牟宗三以後的新儒家能做些什麼的問題可謂有心之論。他認爲第三代新儒家隨著時代的步伐，其工作與前兩代亦有所轉變，「他們不一定要建樹新體系；他們可以從事更結實的，基礎更牢固的文獻資料的整理工作及注釋工作，以求儒學資料的現代化，至少增加現代的可讀性，再推向社會，做文化工作和教育工作」。㊸他要求牟先生以後的新儒家走出學院，走向社會，走向生活。這是一種明智而正確的理論選擇。

## 第三節　融納中西慧解，造極當代儒聖

牟宗三先生的一生就是一部哲學大書，他一生的學思就是一變動不居，層層展示，環環相扣的哲學體系。他由早期傾慕西學，尤其垂情於西方的分析哲學和哲學認識論走向儒學，從某種意義上說是中國哲學由近代走向當代的縮影。離開了中西文化，尤其中西哲學的大背影，不了解中國整個近代哲學的發展進程，就無法理解牟宗三。

十九世紀以來，隨著中國統治集團的日益腐朽，中國傳統社會的迅速崩解，儒學這一統治中國長達兩千多年的思想形式在歐風美雨的侵襲下，已日暮途窮，危機四伏。康有爲力圖用西方思想，改造儒學，使儒學走向新生，然而由於他傳統的情識太重和對西學了解的浮光掠影，致使儒學難以在他的手中完成自我革命。嚴復是眞正既懂得西學，又懂得中學的第一人，他以深厚的西學功底，尖銳地批判中學，謳歌西學，然而他翻譯有力，創造無功，破壞有餘，建設不足，使其終難完成中國文化及其哲學的再造工程。康、嚴以後，五四以還，中國純學術領域向人文主義和科學主義兩大方向發展，以胡適、丁文江等爲代表的科學主義者，竭力暴露中國文化的缺點和不足，頌揚西方的科技文明，他們認爲移植即創造，西化即現代化；而以梁漱溟，張君勱等爲代表的人文主義者，竭力頌揚中國文化的價值，揭露西學的負面作用。兩者各

執一端，勢如冰炭。

「仇必合而解」，四十年代中後期，兩股思潮的融和與趨同之勢已見端倪。五十年代，興起於港台一代的新儒家已超越了其前輩對傳統文化的情感維護和對西學的本能反抗，站在更理智、更客觀的立場，反省儒學的不足，承認西學的長處，以儒家人文主義融攝西方的科學主義，力圖實現中國當代儒學的整合與超越，完成儒學向現代形態的過渡。牟宗三先生就是其中最富有代表性的人物之一。

牟宗三的思想實現了傳統儒學的根本變革，眞正意義上的現代新儒家或許應以牟宗三思想體系的完成爲標識，爲定準。誠然，梁漱溟、熊十力、馬一浮在現代新儒家的發展史上功不可抹，但由於他們均視反抗西化主義對儒學的進攻爲第一要務，以復興代替了創造，或視創造就是復興，所以尚難說他們就是全新意義的現代新儒家。更何況儒學由傳統形態向現代形態的過渡需要一個過程，沒有熊十力、梁漱溟諸人的努力當然就不會有牟宗三，但在熊十力、梁漱溟所處的時代尚不完備具備形成全新儒學形態建構的歷史機緣。

至牟宗三，這種歷史的會運終於來臨了，這就是中西學術百餘年來的爭勝較長必然要求一自然之諧和，所謂「仇必合而解」。牟宗三正是這種歷史會運擔當者之一。他之所以能擔當這一歷史使命，首先取決於他比其前人的學術胸懷更開放，眼光更遠大，見識更著卓。具體到儒學言，他不僅僅看到了儒學的價值及其時代意義，而且他還公開抉微儒學的不足，以期蕩腥滌臭，開出中國文化的健康之途；就西學言，他不再停留在對西學簡單的排抑上，而是公開頌揚西方文化的長處，並試圖融攝這些長處以補中國文化之不足，力圖使中西學術在其思想體系中得以自然之諧和。

儒學的全新形態必然融納西學，不能消化西學就很難說他是一位全新意義的現代新儒家。現代新儒家與現代儒者不同，凡生活於現代，信奉儒學，歸宗孔子者皆可稱之爲現代儒者，然而，並不能說他就是現代新儒家。現代新儒家之新必然有其所以爲新的獨立意義。這個獨立意義之一，就是消化西學於儒學之中。如果說西方文化的智慧是「方以智」，中國文化的智慧是「圓而神」，那麼只有由「圓而神」，經過消化西方的「方以智」，重新達到高一層的「圓而神」，始可說是現代儒學的新形態。就此而言，牟宗三先生的思想最具有典型意義，他所建立的兩層存有論，自覺地消化了西方哲學的認識論於儒家的道德的形上學之中，完成了儒家哲學的現代轉型。

現代新儒家「新」之所以爲新的意義之二，在於他以更開放的心靈去匯通佛老，解開傳統儒者對佛老的忌諱。在中國幾千年的學術發展中，佛老一直作爲儒學的對立面而存在，從某種意義上，佛學與老學一直構成了儒學的現實性威脅。自南北朝范縝始，至唐之韓愈，宋之張載直至明末清初的王夫之，都在猛烈地批佛駁老。牟宗三之所以是新儒家在於他自覺地沿熊十力、梁漱溟之理路，融佛老之智慧於其思想架構之中，他說：「吾人若不能洞曉道家『無』之性格與佛家般若之性格之**共通性**，則不能解除後世儒者對佛老之忌諱，此一忌諱是儒家義理開發之大障礙。」就道家言，他認爲道家是「太陰教」，儒家是「太陽教」，二者立義不同，然作用互補，共同對中國文化發生作用；就佛家言，他將天台宗圓教的判教理論引入儒學，建立起儒家的判教系統和圓教理論，使佛學爲其理論服務。這表明現代新儒家已放棄了傳統儒者的思想擔荷，以更爲開放的心靈去消融人類的文明和智慧。當然，牟宗三雖破除了對佛老的忌諱，但他卻對馬克思主義抱有極大的學術忌諱，而他以後的儒者必然比他的心靈更開放，解除他的忌諱。

現代新儒家的出現實質上是儒學發展史上的根本革命，如果說以往儒學之變革只是對前儒「調適上遂」之發展，那麼這次儒學的變革面對西方文化咄咄逼人的嚴峻挑戰則必須進行結構性調整。康有爲試圖在儒家的原典中考證出民主、平等、博愛的企圖終因其生拉硬扯、牽強附會而失敗。梁漱溟意識到中西文化路向根本不同，然而他卻陷入了既要復興中國文化，走孔家的路，又要學習西方的民主與科學的矛盾困惑之中，他無法調和兩者路向根本不同的文化內容。牟宗三本內聖之學解決新外王問題將儒學的結構性調整上升到理論自覺的程度。他提出的「良知自我坎陷」說從根本上解除了梁漱溟的困惑。就中國文化的生成、發展言，「良知自我坎陷」說是其走向民主與科學的理論方式，就中西文化關係言，它是溝通中西文化的途徑，從某種意義上說，牟宗三先生的「良知自我坎陷」理論完成了儒家「內聖外王本末一貫之道」的新布局，完成了傳統儒學的自我革命。

現代新儒家的出現是中國文化面對西方文化的挑戰自我變革的結果。這一變革自康有爲開始嘗試，經梁漱溟、熊十力等人努力，至牟宗三達到了新的理論高峰。牟宗三的意義在於他完成了儒學由傳統形態向現代形態的轉進，集當代儒學發展之大成。

牟宗三先生由邏輯學走向哲學認識論，由哲學認識論走向文化意識的闡揚，由文化意識的闡揚走向道德的形上學建立，由道德的形上學走向圓教與圓善，長途跋涉，斬荊截棘，一路向儒家的極峰走去。「會當凌絶頂，一覽衆山小」。牟宗三的問題集中體現了當代新儒家的問題，甚至體現了儒家的出路和走向問題。無論人們對儒學抱什麼態度，對當代新儒家抱什麼態度，人們將不期然而然地將目光轉向牟宗三。

儒學由烽火遍地，刀光劍影的春秋戰國至今，已延續了數千年，牟宗三以後，儒學也將會繼續延續下去。儒學之所以有如此堅強的生命力就在於它能與時俱進，與世推移，在於它有博大的胸懷，任何固步自封的做法和偏狹氣量都終將有礙儒家義理的開發。

## 注釋

❶《公孫龍子》《堅白論》。
❷《現象與自身》第四五三頁。
❸ 同上書，第四五五頁。
❹ 同上書，第四六三頁。
❺《圓善論·序言》。
❻ 同上。
❼ 同上書，《序言》。
❽ 同上書，第六頁。
❾ 同上書，第二一頁。
❿ 同上書。第二二頁。
⓫ 同上書，《序言》。

⑫《孟子·告子篇上》。
⑬《孟子·盡心篇上》。
⑭《孟子·盡心篇上》。
⑮《圓善論》，第一六七頁。
⑯同上書，第一六一頁。
⑰同上書，第一七〇——一七一頁。
⑱同上書，第一七二頁。
⑲同上。
⑳同上書，第一八五頁。
㉑同上書，第一八六頁。
㉒同上書，第二一一頁。
㉓同上書，第二三九頁。
㉔同上書，第二四一頁。
㉕同上書，第二六三頁。
㉖同上書，第二六三頁
㉗同上書，第二六四頁。
㉘同上書，第二六五頁。
㉙同上書，第二六七頁。
㉚同上書，《序言》。
㉛同上書，第二六七頁。
㉜同上書，第二七八——二七九頁。

㉝ 同上書，第二七九頁。
㉞ 同上書，第三〇二頁。
㉟ 同上書，第三〇三—三〇四頁。
㊱ 同上書，第三二三頁。
㊲ 同上書，第三二五頁。
㊳ 同上書，第三三三頁。
㊴ 同上書，第三三四頁。
㊵ 同上書，《序言》。
㊶ 同上書，第三三四頁。
㊷ 同上書，第三三四—三三五頁。
㊸ 霍韜晦《第三代儒學能做些什麼?》載《當代新儒學論文集·總論篇》。

# 後　記

自一九八四年起，研讀牟宗三先生的論著，距今已有十年了。回想十年來的風風雨雨，人事滄桑，眞是「別有一番滋味在心頭」。

牟宗三先生是中國近代以來最有成就的哲學家之一，一位兼通中西學術的學者，一代儒學宗師。其思想匯納百川，汪洋浩博，令人嘆爲觀止。作爲學術界的一名小卒，貿然選擇牟先生作爲研究對象，也許是一種不自量力的舉措。對本人而言，研究牟先生是難事，又是幸事。難的是牟先生的理路不易契入，更不易超出；幸的是一旦讀完牟先生的學術論著，就有一種「獨上高樓，望盡天涯路」之感。

本平常心，實事求是地分析、評論牟先生的學術思想，是本書的追求。「文章千古事，得失寸心知。」本人學識淺陋，千古文章不敢奢想，但一點靈明尚在，得失或許知之。本書對牟先生的論著雖下過一番功夫，但對牟先生的觀點、思想的分析、評價還存在著許多不當乃至錯誤之處，懇請方家指正。

本書在寫作過程中，得到許多師友的支持、幫助乃至鼓勵。良師益友，惠我實多，謹借後記之末，向關心、支持、培養過本人的師友，向爲本書出版作出貢獻的同仁、師長表示衷心的感謝。

顏炳罡

一九九三年十二月十八日

於山東大學

# 附錄

# 牟宗三先生學術論著編年目錄

（一九三二—一九九三年）

本目錄在編寫過程中，曾得到山東大學圖書館、山東省圖書館、北京圖書館、復旦大學圖書館等單位的幫助。由於牟先生學術生涯的時間跨度大，活動區域複雜，本目錄所列論著難以一一檢討，故而遺漏乃至錯誤之處在所難免，懇請方家指正。

## 一九三二年

公孫龍子的知識論
《百科知識》第一期　一九三二年七月

## 一九三三年

社會根本原則之確立
《再生》一卷第一一期　一九三三年三月

墨子之兼愛與孟子之等差

《益世報·社會思想》　一九三三年四月十日

## 一九三四年

從社會形態的發展方面改造現社會

《再生》二卷四期　一九三四年一月

從社會形態的發展方面改造現社會(續)

《再生》二卷五期　一九三四年二月

理解，創造與鑒賞

《再生》二卷六期　一九三四年四月

復興農村的出路何在？

《再生》二卷一一、一二合期　一九三四年八月

辯證唯物論的限制

《唯物辯證法論戰》　一九三四年八月

邏輯與辯證邏輯

《唯物辯證法論戰》　一九三四年八月

唯物史觀與經濟結構

《唯物辯證法論戰》　一九三四年八月

## 一九三五年

民族命運之升降線

《再生》三卷二期　一九三五年四月

中國農村生產方式

《再生》三卷三期　一九三五年五月

從周易方面研究中國之元學與道德哲學

《大公報》社出版　天津　一九三五年五月

中國農村經濟局面與社會形態

《再生》三卷四、五合期　一九三五年七月

最近年來之中國哲學界

《晨報・思辯》第一七期　一九三五年十月七日

《紅樓夢》悲劇之演成

《文哲月刊》一卷三期　一九三五年十二月

## 一九三六年

《紅樓夢》悲劇之演成（續）

《文哲月刊》一卷四期　一九三六年一月

關於邏輯的幾個問題

《文哲月刊》一卷六期　一九三六年三月

象數義理辯

北平《晨報・思辯》第三三期　一九三六年四月八月

**一九四〇年**

宗教與禮教

《再生》第五〇期　一九四〇年六月

**一九四一年**

邏輯典範

香港商務印書館出版　一九四一年九月

**一九四三年**

評羅素新著《意義與眞理》

《理想與文化》三、四合期　一九四三年一月

懷特海論知覺兩式

《理想與文化》第五期　一九四三年

### 一九四四年

純粹理性與實踐理性
《文史雜誌》三卷一一、一二合期　一九四四年六月

論純理
《思想與時代》第七期　一九四四年七月

### 一九四六年

傳統邏輯與康德的範疇
《理想與文化》第八期　一九四六年五月

### 一九四七年

大難後的反省——一個骨幹　代發刊詞
《歷史與文化》第一期　一九四七年一月

略案陳獨秀的根本意見
《歷史與文化》第一期　一九四七年一月

本刊旨趣問答
《歷史與文化》第一期　一九四七年一月

華族活動所依據之基礎型式之首次湧現
《歷史與文化》第二期　一九四七年三月
公羊義略記
《歷史與文化》第二期　一九四七年三月
評杜威論邏輯
《學原》一卷四期　一九四七年八月
王陽明致良知教
《歷史與文化》第三期　一九四七年八月

**一九四八年**

知覺現象之客觀化問題
《學原》一卷九期　一九四八年一月
王陽明致良知教
《理想歷史文化》第一期　一九四八年三月
時空爲直覺底形式之考察
《學原》二卷第二期　一九四八年六月
時空與數學
《學原》二卷第六期　一九四八年十月

**一九四九年**

儒家學術的發展及其使命

《民主評論》一卷第六期　一九四九年九月

理性的理想主義

《民主評論》一卷十期　一九四九年十一月

道德的理想主義與人性論

《民主評論》一卷第一一期　一九四九年十一月

理想主義的實踐之函義

《民主評論》一卷第一二、一三期　一九四九年十二月

**一九五〇年**

理性的理想主義

香港人文出版社　一九五〇年

認識之前提

《學原》三卷二期　一九五〇年十月

**一九五一年**

佛老中韓與共黨
《思想與革命》一卷第一期　一九五一年一月
論凡存在即合理
《民主評論》二卷第一三期　一九五一年一月
關於「生命」的學問——論五十年來的中國思想
《中國一周》　一九五一年一月
論黑格爾的辯證法
《思想與革命》一卷第六期　一九五一年六月

## 一九五二年

春秋戰國時代之政治意義
《民主評論》三卷第八期　一九五二年四月
要求一個嚴肅的文化運動
《中央日報》　一九五二年五月二十五日
論文化意識
台灣《新生報》　一九五二年五月二十八日
哲學智慧之開發
台灣《新生報》　一九五二年六月四日

開明的深入

台灣《新生報》　一九五二年六月二十六日

祀孔與讀經

《中央日報》　一九五二年九月二十八日

孟荀合論——孟子與道德精神主體（上）

《民主評論》三卷第二一期　一九五二年十一月

孟荀合論——荀子與知性（下）

《民主評論》三卷第二二期　一九五二年十一月

## 一九五三年

天才時代的來臨

《民主評論》四卷第一期　一九五三年一月

反共救國中的文化意識

《幼獅》一卷第一期　一九五三年一月

說懷鄉

《人生雜誌》　一九五三年二月

中國歷史文化形態之特質

《民主評論》四卷第八期　一九五三年四月

中國文化之特質

《中國文化論集》一　一九五三年三月

理想、團結與世界國家

《中央日報》　一九五三年六月二十八日

唐君毅著：中國文化之精神價值

《人生雜誌》　一九五三年七月

文化途徑的抉擇

《中央日報》　一九五三年七月二十六日

關於文化與中國文化

《中國文化月刊》一卷第五期　一九五三年八月

略論對於中國文化了解之過程

《自由青年》九卷第七期　一九五三年九月

實在哲學的人文價值

《大陸》七卷第五期　一九五三年九月

人文主義的基本精神

《人文學刊》二卷第一期　一九五三年十一月

論上帝隱退

《民主評論》四卷第二三期　一九五三年十二月

論無人性與人文定義

《學術季刊》二卷第二期　一九五三年十二月

**一九五四年**

論堅定與開拓

《中央日報》　一九五四年一月三日

世界有窮願無窮（講中國文化可大可久）

《民主評論》　一九五四年四月

現時中國之宗教趨勢

《新思潮》　第三九期　一九五四年七月

王船山之論佛老與申韓

《幼獅月刊》二卷第八期　一九五四年八月

荀學大略

中央文物供應社印行　一九五四年

王陽明致良知教

中央文物供應社印行　一九五四年

論中國的治道

《中國政治思想與制度史論集》　一九五四年十一月

《比較中日陽明學》校後記
一九五四年十二月

中國文化之特質
《中國文化論集》㈠ 一九五四年十二月

一九五五年

王陽明學行簡述
《幼獅月刊》 一九五五年三月

人文主義與宗教
《人生雜誌》 一九五五年四月

理性的運用表現與架構表現
《民主評論》六卷第十九期 一九五五年十月

歷史哲學
強生出版社 一九五五年

理則學
正中書局 一九五五年十一月

一九五六年

道德心靈與人文世界

《人生雜誌》一一卷第四期　一九五六年一月

中國數十年來的政治意識

《張君勱先生七十壽慶論文集》　一九五六年一月

從學問成長到義理承擔

《人生雜誌》一一卷第五期　一九五六年一月

關於歷史哲學：酬答唐君毅先生

《民主評論》七卷第四期　一九五六年二月

《認識心之批判》上冊

香港友聯出版社　一九五六年

黑格爾的歷史哲學

《黑格爾論文集》　一九五六年

古人講學的義法——人文講習錄之十六

《人生雜誌》一一卷第七期　一九五六年二月

創造心與認識心——人文講習錄之十七

《人生雜誌》一一卷九期　一九五六年三月

中國文化的發展——人文講習錄之十八

《人生雜誌》一一卷第一二期　一九五六年五月

事與理——人文講習錄之十九

《人生雜誌》一二卷一期　一九五六年五月

略論儒家的工夫

《人生雜誌》一二卷第二期　一九五六年六月

民主政治與道德理性——人文講習錄之二十五

《人生雜誌》一二卷一一期　一九五六年十月

## 一九五七年

《認識心之批判》下冊

香港友聯出版社　一九五七年

直覺的解悟與架構的思辯

《自由學人》二卷第五期　一九五七年五月

略論道統學統政統

《人生雜誌》一四卷第二期　一九五七年六月

儒教耶教與中西文化

《人生雜誌》一四卷三期　一九五七年六月

孔子與「人文教」

《人生雜誌》一四卷第七期　一九五七年九月

## 一九五八年

為中國文化敬告世界人士宣言
《民主評論》九卷一期　一九五八年一月

論政治神話與命運及預言
《民主評論》九卷第三期　一九五八年二月

政治如何從神話轉為理性的
《民主評論》九卷一一——一二期　一九五八年六月

近代學術的流變
《東風》第四期　一九五八年六月

## 一九五九年

道德的理想主義
東海大學出版社　一九五九年

魏晉名理與先秦名家
《東風》第七期　一九五九年三月

從范縝的《神靈論》略談形與神的離合問題
《東風》第八期　一九五九年六月

道德判斷與歷史判斷
《東海學報》一卷一期 一九五九年六月
《人物志》系統的解析及其人的基本原理
《民主評論》十卷第一五期 一九五九年八月
《道德的理想主義》序言
《民主評論》十卷第二四期 一九五九年十二月

一九六〇年

作爲宗教的儒教
《人生雜誌》二〇卷第一期 一九六〇年五月
中國哲學的特質㈠、㈡、㈢、㈣、㈤
《民主評論》一三卷二、三、四、五、六期 一九六二年一、二、二、三、三月。
王充之性命論
《民主評論》一一卷第八期 一九六〇年九月
魏晉名理正名
《新亞書院學術年刊》第二期 一九六〇年九月
魏晉名士及其玄學名理
《人生雜誌》二一卷第二—四期 一九六〇年十二月 一九六一年一月

## 一九六一年

心靈發展之途徑
《人生雜誌》二一卷第七—八期　一九六一年二月
政道與治道
台北廣文書局　一九六一年二月
王弼之老學
《民主評論》一二卷第五期　一九六一年三月
向郭之注莊
《民主評論》一二卷第六期　一九六一年三月
《國家時代與歷史文化》序
《人生雜誌》二一卷第四期　一九六一年一月
關於「生命」的學問——論五十年來的中國思想
《中國一周》第五五八期　一九六一年一月
王弼玄理之易學
《民主評論》一二卷第一期　一九六一年一月
嵇康之名理
《民主評論》一二卷第七期　一九六一年四月

王弼易學之史迹
《人生雜誌》二一卷第一〇—一一期　一九六一年四月

惠施與辯者之徒之怪說
《東方文化》六卷一—二合期　一九六一年五月

朱子苦參中和之經過
《新亞書院學術年刊》　一九六一年九月

有感於羅素之入地獄
《民主評論》一二卷第一九期　一九六一年十月

一九六二年

《歷史哲學》增訂版
人生出版社　一九六二年三月

觀念的災害
《人生雜誌》　一九六二年六月

自然與名教
《民主評論》一三卷第一六期　一九六二年八月

《才性與玄理》自序
《人生雜誌》二四卷第九期　一九六二年九月

## 一九六三年

公孫龍之名理
《民主評論》一四卷第一期　一九六三年一月
公孫龍子《白馬論》篇疏解
《民主評論》一四卷第二期　一九六三年一月
公孫龍子《通變論》篇疏解
《民主評論》一四卷第三期　一九六三年二月
公孫龍子《堅白論》篇疏解
《民主評論》一四卷第五期　一九六三年三月
關於宗教的態度與立場——酬答澹思先生
《人生雜誌》一九六三年七月
寂寞眞兒生化之理與「道德的形而上學」之完成
《民主評論》一四卷第一六期　一九六三年八月
道德性的實理、天理與實然自然之契合
《民主評論》一四卷第一七期　一九六三年九月
康德所以只有「道德的神學」而無「道德的形而上學」之故（上）（下）
《民主評論》一四卷第一八期　一九期　一九六三年九月、十月

「道德的形上學」之完成
《民主評論》一四卷第二〇期　一九六三年十月
才性與玄理
香港人生出版社　一九六三年

**一九六四年**

存在主義
《中國一周》第一三三期　一九六四年五月
「心即理」之淵源——胡五峰之知言（上）（中）（下）
《民主評論》一五卷第九、十、十一期　一九六四年五、五、六月
十年來中國的文化思想問題
《中國一周》第七三六期　一九六四年六月
關於葉水心《總述講學大旨》之衡定㈠、㈡、㈢、㈣
《民主評論》一五卷第二二—二三期　一六卷第一—二期　一九六四年十二月　一九六五年　一月　一日

**一九六五年**

《墨學研究》序

《人生雜誌》二九卷第一一期　一九六五年四月

陸象山與朱子之爭辯㈠、㈡、㈢、㈣

《民主評論》一六卷第八、九、一〇、一一期　一九六五年四、五、五、六月

**一九六八年**

《心體與性體》第一冊

台北正中書局　一九六八年五月

《儒墨平議》序

《人生雜誌》三三卷第一期　一九六八年五月

綜述朱子三十七歲前之大體傾向以及此後其成熟之義理系統之型態

《新亞書院學術年刊》第一〇期　一九六八年九月

《心體與性體》第二冊

台北正中書局　一九六八年一〇月

**一九六九年**

《心體與性體》第三冊

台北正中書局　一九六九年六月

**一九七〇年**

我與熊十力先生

《中國學人》第一期　一九七〇年三月

生命的學問

台北三民書局　一九七〇年九月

**一九七一年**

智的直覺與中國哲學

台北商務印書館　一九七一年三月

龍樹辯破數與時

《新亞學術年刊》　一九七一年九月

存在主義入門

《存在主義與人生問題》　一九七一年十二月

我的存在感受

《存在主義與人生問題》　一九七一年十二月

**一九七二年**

哲學的用處

《中國文化》第四二期　一九七二年四月

王學的分化與發展

《新亞學術年刊》　一九七二年九月

**一九七三年**

「致知識辯」疏解

《新亞學術年刊》第一五期　一九七三年九月

**一九七四年**

智者大師之位居五品

《新亞學術年刊》第一六期　一九七四年九月

**一九七五年**

中國傳統思想與西方民主精神之滙通與相濟問題

《人與社會》三卷第二期　一九七五年六月

陽明學是孟子學（上）（下）

《鵝湖》一卷第一、二期　一九七五年七、八月

現象與物自身

台北學生書局　一九七五年八月

儒家之道德形上學

《鵝湖》一卷第三期　一九七五年九月

道家之無底智慧與境界形態的形上學

《鵝湖》一卷第四期　一九七五年十月

佛家存有論

《鵝湖》一卷第六期　一九七五年十二月

## 一九七六年

宋明理學之三系

《鵝湖》一卷第七期　一九七六年一月

如來禪與祖師禪（上）（下）

《鵝湖》一卷第八期、九期　一九七六年二月、三月

分別說與非分別說（上）（下）

《鵝湖》一卷第一一、一二期　一九七六年五、六月

惠施與辯者之徒之怪說（上）（中）㈢、㈣

《鵝湖》二卷第一、二、三、四期　一九七六年七、八、九、十月

劉蕺山誠意之學（節錄）——陸王一系之心性之學

《哲學宋明》　一九七六年八月

中國哲學的重點何以落在主體性與道德性
《哲學總論》　一九七六年八月
王陽明知行合一與致知疑難
《哲學宋明》　一九七六年八月
直覺的解悟與架構的思辯（上）（下）
《鵝湖》二卷第五、六期　一九七六年十一、十二月

## 一九七七年

公孫龍之名理（一—五）
《鵝湖》二卷第八、九、十、十二期　三卷　第一期　一九七七年二、三、四、六、七月
海外青年應如何認識中國及自家文化
《鵝湖》二卷第一〇期　一九七七年四月
佛性與般若（上下冊）
台北學生書局　一九七七年六月
《佛性與般若》序
《書目季刊》一一卷第一期　一九七七年六月
講南北朝隋唐佛學之緣起
《哲學與文化》四卷第一〇期　一九七七年十〇月

一九七八年

哀悼唐君毅先生

《鵝湖》三卷第九期　一九七八年三月

象山之「心即理」

《鵝湖》三卷第一一期　一九七八年五月

《現象與物自身》序

《鵝湖》三卷第一一期　一九七八年五月

道德的理想主義（修訂三版）

台北學生書局　一九七八年八月

一九七九年

從索忍尼辛批評美國說起

《聯合報副刊》　一九七九年一月十四日

名家與荀子

台北學生書局　一九七九年三月

李著《荀子集釋》序

《鵝湖》四卷第九期　一九七九年三月

關於李滌生《荀子集釋》
　《中華日報》　一九七九年三月十五日

「文化意識宇宙」一詞釋義
　《鵝湖》四卷第一一期　一九七九年五月

五四與現代化
　《台灣日報》　一九七九年五月二十九日——六月二日連載

肯定自由、肯定民主
　《聯合報副刊》　一九七九年六月二日

熊十力先生追悼會講話
　《鵝湖》五卷第二期　一九七九年八月

從陸象山到劉蕺山
　台北學生書局　一九七九年八月

黑格爾與王船山
　《古今談》第一七四期　一九七九年十一月

從儒家當前的使命說中國文化的現代意義
　《中國文化》第一期　一九七九年十一月

從儒家當前的使命說中國文化的現代意義
　《青年戰士報》　一九七九年十二月七——十一日

中國哲學之簡述及其所涵蘊的問題
《中國文化》第二期　一九七九年十二月

一九八〇年

平反與平正
《鵝湖》五卷第七期　一九八〇年一月

康德與西方當代哲學之趨勢
《鵝湖》五卷第八期　一九八〇年二月

政道與治道
台北學生書局重印　一九八〇年四月

墨子與墨學
《鵝湖》五卷第一一期　一九八〇年五月

三十年來大陸知識分子想些什麼
《聯合報副刊》　一九八〇年六月二十一日

談民國以來大學的哲學系
《鵝湖》六卷第一期　一九八〇年七月

訪韓觀感
《鵝湖》六卷第二期　一九八〇年八月

訪韓問答錄

《鵝湖》六卷第三期　一九八〇年九月

中國知識分子的命運

《鵝湖》六卷第四期　一九八〇年十月

中國文化的斷續問題

《聯合報副刊》　一九八〇年十月

## 一九八一年

中國哲學之簡述與其所涵蘊的問題

《中國文化》第一八期　一九八一年四月

中國哲學之簡述及其所涵蘊的問題

《中國文化》第一九期　一九八一年五月

中國哲學的未來拓展

《鵝湖》六卷第一二期　一九八一年六月

文化建設的道路——歷史的回顧

《鵝湖》七卷第一期　一九八一年七月

文化建設的道路——現時代文化建設的意義

《鵝湖》七卷第二期　一九八一年八月

一九八二年

僻執、理性與坦途

《鵝湖》七卷第八期　一九八二年二月

悼念徐復觀先生

《鵝湖》七卷第一〇期　一九八二年七月

《康德道德哲學》譯者之言

《鵝湖》八卷第一期　一九八二年七月

康德的道德哲學　譯

台北學生書局　一九八二年九月

康德道德哲學述評

《鵝湖》八卷第五期　一九八二年十一月

《純粹理性批判》譯者之言

《鵝湖》八卷第六期　一九八二年十二月

漢宋知識分子之規格與現時代知識分子出身處世之道

《聯合報副刊》　一九八二年十二月二十五日

一九八三年

康德純粹理性之批判　譯　上冊
台北學生書局　一九八三年三月
康德純粹理性之批判　譯　下冊
台北學生書局　一九八三年七月
康德《純粹理性之批判》下冊——譯者之言
《鵝湖》九卷第二期　一九八二年八月
中國文化大動脈之「現實關心問題」
《聯合報副刊》　一九八三年九月十三——十五日
中國文化大動脈之「終極關心問題」
《聯合報副刊》　一九八三年九月二十八——十月五日
中國哲學十九講
台北學生書局　一九八三年十月
中國文化大動脈中的現實問題與終極關心問題
《鵝湖》九卷第六期　一九八三年十二月
《時代與感受》序言
《鵝湖》九卷六期　一九八三年十二月

## 一九八五年

孟子告子篇上第六章釋義
《鵝湖》一一〇卷第八期　一九八五年二月

研究中國哲學之文獻途徑
《鵝湖》一一一卷第一期　一九八五年七月

中西哲學之會通(一)、(二)
《鵝湖》一一一卷第四、六期　一九八五年十、十二月

中西哲學之會通(三)、(四)、(五)
《中國文化》第七一、七二、七三期　一九八五年　九、十、十一月

熊十力先生的智慧方向
《鵝湖》一一一卷第五期　一九八五年十一月

《圓善論》序
《鵝湖》第一一一卷第五期　一九八五年一月

一九八六年

中西哲學之會通(十二)
《中國文化》第八〇期　一九八六年一月

生命的智慧與方向——從熊十力先生談起
《聯合報》　一九八六年一月十二日

中國文化發展中義理開創的大辯論

《中國時報》　一九八六年十二月

**一九八七年**

名理論　譯

台北學生書局　一九八七年八月

**一九八八年**

周易的自然哲學與道德函義

台北文津出版社　一九八八年四月

客觀的悲情

《鵝湖》一三卷第一一期　一九八八年五月

《周易的自然哲學與道德函義》重印誌言

《鵝湖》一三卷第一一期　一九八八年五月

宋明理學演講錄

《鵝湖》一三卷第一二期　一九八八年六月

宋明理學演講錄

《鵝湖》一四卷第一期　一九八八年七月

宋明理學演講錄

《鵝湖》一四卷第二期　一九八八年八月

宋明理學演講錄

《鵝湖》一四卷第三期　一九八八年九月

依通、別、圓三教看佛家的「中道義」

《鵝湖》一四卷第四期　一九八八年十月

文化意識宇宙

《哲學與文化》一五卷第一〇期　一九八八年日月

一九八九年

《五十自述》序

《鵝湖》一四卷第七期　一九八九年一月

中國文化的過去與未來

《鵝湖》一四卷第一一期　一九八九年五月

《陽明學術討論會》引言

《鵝湖》一五卷第三期　一九八九年九月

一九九〇年

中西哲學之會通十四講

台北學生書局出版　一九九〇年三月

哲學之路——我的學思進程

台灣《聯合報》副刊　一九九〇年五月

《鵝湖》月刊一七九期　一九九〇年五月

中國文化的發展與現代化

台灣《聯合報》　一九九〇年十一月八日

當代新儒家——答問錄

台灣《聯合報》副刊　一九九〇年十二月二十八日

**一九九一年**

客觀的了解與中國文化之再造

《當代新儒學論文集》　台灣文津出版社　一九九一年五月

**一九九二年**

以合目的性之原則爲審美判斷力之超越原則之疑竇與商榷

《鵝湖》月刊　第二〇二、二〇三、二〇四期　一九九二年四、五、六月

《康德判斷力之批判》譯者之言

《鵝湖》月刊 第二〇六期 一九九二年八月

康德判斷力之批判 上冊

台北學生書局出版 一九九二年十月

學思·譯著——訪談錄

《鵝湖》月刊 第二一一期 一九九二年十月

中國文化發展中的大綜和與中西傳統的融會

台灣《聯合報》副刊 一九九二年十二月二十——二一日

一九九三年

康德判斷力之批判 下冊

台北學生書局 一九九三年一月

# 校後記

牟宗三先生以耄耋之年，通讀了本書的全部手稿，並以極爲負責的學術態度對本書進行了增減和修改，作爲本書的作者，對此十分興奮！

隨著時間的推移，本書作爲研究牟先生學術思想的引玉之磚將被擱置。然牟先生對本書修改所留下的思想痕迹則是永存的。沾溉惠澤，實爲本書之光榮。

本書對先生思想的批評肯定有不相應乃至錯誤之處。牟先生通讀本書說明其學術胸懷博大，能容納不同的學術觀點；同時也說明牟先生指導和勸勉後學不遺餘力。本人在此對牟先生謹表示深深的敬意！

顏炳罡

一九九四年十二月十一日

國立中央圖書館出版品預行編目資料

**整合與重鑄**：當代大儒牟宗三先生思想研究／ 顏炳罡著，
——初版. ——臺北市：臺灣學生，民84
面； 公分.
ISBN 957-15-0670-2（精裝）
ISBN 957-15-0671-0（平裝）.

1. 牟宗三 - 學術思想 - 哲學

128 84001184

整合與重鑄（全一冊）
——當代大儒牟宗三先生思想研究

著作者：顏炳罡
出版者：臺灣學生書局
發行人：丁文治
發行所：台灣學生書局
臺北市和平東路一段一九八號
郵政劃撥帳號○○○二四六六八號
電話：三六三四一五六
FAX：三六三六三三四
本書局登記證字號：行政院新聞局局版臺業字第一一○○號
印刷所：常新印刷有限公司
地址：板橋市翠華街八巷一三號
電話：九五二四一一九

定價 精裝新臺幣四○○元 平裝新臺幣三四○元

中華民國八十四年二月初版

12804


ISBN 957-15-0670-2（精裝）
ISBN 957-15-0671-0（平裝）

# 牟宗三先生著作目錄：

|  |  |
|---|---|
| 從周易方面研究中國之玄學與道德哲學 | 二十四年自印本 |
| 邏輯典範 | 三十年商務版 |
| 認識心之批判（上下册） | 臺灣學生書局 |
| 理則學 | 臺北正中書局 |
| 道德的理想主義 | 臺灣學生書局 |
| 歷史哲學 | 臺灣學生書局 |
| 政道與治道 | 臺灣學生書局 |
| 生命的學問 | 臺北三民書局 |
| 名家與荀子 | 臺灣學生書局 |
| 才性與玄理 | 臺灣學生書局 |

| | |
|---|---|
| 佛性與般若（上下册） | 臺灣學生書局 |
| 心體與性體（三册） | 臺北正中書局 |
| 從陸象山到劉蕺山（心體與性體第四册） | 臺灣學生書局 |
| 智的直覺與中國哲學 | 臺北商務印書館 |
| 現象與物自身 | 臺灣學生書局 |
| 康德的道德哲學 | 臺灣學生書局 |
| 康德「純粹理性之批判」譯註（上下册） | 臺灣學生書局 |
| 中國哲學的特質 | 臺灣學生書局 |
| 中國哲學十九講 | 臺灣學生書局 |
| 牟宗三先生的哲學與著作（七十壽慶論文集） | 臺灣學生書局 |
| 圓善論 | 臺灣學生書局 |
| 名理論 | 臺灣學生書局 |
| 中西哲學之會通十四講 | 臺灣學生書局 |
| 康德判斷力之批判（上下册） | 臺灣學生書局 |